|부 통신

매년 이맘때가 되면 코끝을 스치는 찬 공기와 함께 특별한 이유 없이 왠지 모르게 기분이 자꾸 들뜨는 것 같은 느낌이 들곤 하는데요. 독자 여러분은 어떠신가요? 아무래도 한 해의 마지막을 뜻하는 '연말'이라는 단어가 우리의 감정을 묘하게 자극하기 때문이 아닐까 싶기도 합니다. 올해도 역시나 다양한 이슈와 사건사고를 비롯해 정말 많은 일이 있었지만, 저희 '이슈&시사상식' 편집부에게 2023년은 조금 특별한 한 해로 기억될 것 같습니다. 오랫동안 월간지로 출간되며 매달 독자분들께 새로운 소식들을 전해드렸던 '이슈&시사상식'이 올해 하반기부터 발행주기가 변경돼 격월간지로 독자분들과 만나고 있기 때문인데요. 물론 격월간지로 개편되면서 아쉬운 점도 없지 않았지만, 보다 밀도 있는 구성과 내용 보강을 위해 내린 결정인 만큼 더 유익하고 활용도 높은 정보를 담아내기 위해 늘 노력하고 있습니다. 다소 갑작스러웠던 개편에도 불구하고 지난 1년간 변함없는 관심과 사랑으로 '이슈&시사상식'을 찾아주신 모든 분께 감사드립니다. 2024년에도 알차고 새로운 소식들을 풍성하게 담아 전해드릴 수 있도록 최선을 다하겠습니다. 2023년도 얼마 남지 않았습니다. 사랑하는 사람들과 따뜻하고 행복한 연말연시 되시길 바랍니다.

발행일 | 2023년 12월 5일   발행인 | 박영일   책임편집 | 이해욱   동영상강의 | 조한   편집/기획 | 김준일, 김은영, 이보영, 이세경, 남민우, 김유진
표지디자인 | 김지수   내지디자인 | 장성복, 채현주, 곽은슬, 윤준호   창간호 | 2006년 12월 28일   마케팅홍보 | 오혁종   대표전화 | 1600-3600
편저 | 시사상식연구소   발행처 | (주)시대고시기획   홈페이지 | www.sdedu.co.kr   주소 | 서울시 마포구 큰우물로 75[도화동 538번지 성지B/D] 9F
등록번호 | 제10-1521호   인쇄 | 미성아트

대체 불가능한 인재 IRREPLACEABLE PEOPLE

어떤 회사도 놓치고 싶지 않은 훌륭한 인재상!

▸ 조직을 한 수준 끌어올릴 수 있는 누구도 대체할 수 없는 인재를 원한다.

▸ 단지 평균 수준의 인재가 아닌, 회사와 동반성장할 수 있는 직원이면 안성맞춤!

▸ AI가 업무에 활용되는 시대에 독자적인 창의성과 능력을 겸비한 인재가 필요하다.

웰니스 WELLNESS

직원을 더 행복하고 만족스럽게!

▸ '웰니스'란 웰빙(Well-bing)과 행복(Happiness), 건강(Fitness)의 합성어다.

▸ 육체 · 정신건강의 조화로 건강한 삶을 추구하는 웰니스 트렌드가 직장에도 유입되고 있다.

▸ '연결되지 않을 권리', '워케이션', '건강보조 · 관리' 등 직원의 웰니스를 위한 적절한 서비스를 제공한다.

다이렉트 소싱 DIRECT SOURCING

직접 맞춤인재를 찾아 나서는 기업들

▸ 헤드헌터에게 의뢰하는 대신, 꼭 맞는 인재를 찾기 위해 기업들이 직접 나서고 있다.

▸ 기업이 채용플랫폼 등 인력풀에 뛰어들어 인재와 직접 접촉하는 커뮤니케이션이 이뤄지고 있다.

▸ 알맞은 경력자를 가려내기 어려운 기업이 효율적으로 경력직을 채용하기 위한 방법으로서 떠오르고 있다.

직원 리텐션 EMPLOYEE RETENTION

대퇴직시대, 머무르는 조직을 만들어라!

▸ 퇴직과 이직이 빈번해진 시대에 기업은 생산성 보전을 위해 직원편제를 유지하는 것이 중요하다.

▸ 높은 퇴직률은 기업의 이미지에도 악영향을 주므로, 직원이탈을 막기 위해 다양한 관리 프로그램을 시행한다.

▸ 직원의 직무만족도를 일정하게 유지해 퇴직을 방지하고, 그런 가운데 직무수행도를 꾸준히 향상시키는 것이 핵심이다.

컬쳐 핏 CULTURE FIT

이제 업무보다 조직문화가 더 중요해

▸ 조직문화 적합성을 뜻하며 기업이 추구하는 업무의 정서적 색채와 직원과의 일치도를 말한다.

▸ 기업들은 채용과정에서 진솔한 소통을 하는 '컬쳐 핏 면접'을 개설해, 업무 스킬이나 방식보다 지원자가 자사의 조직문화에 얼마나 적합한지 따져보고 있다.

▸ 미리 조직문화와 맞는 직원을 채용해 조직 부적응과 그로 인한 이탈도 방지할 수 있다.

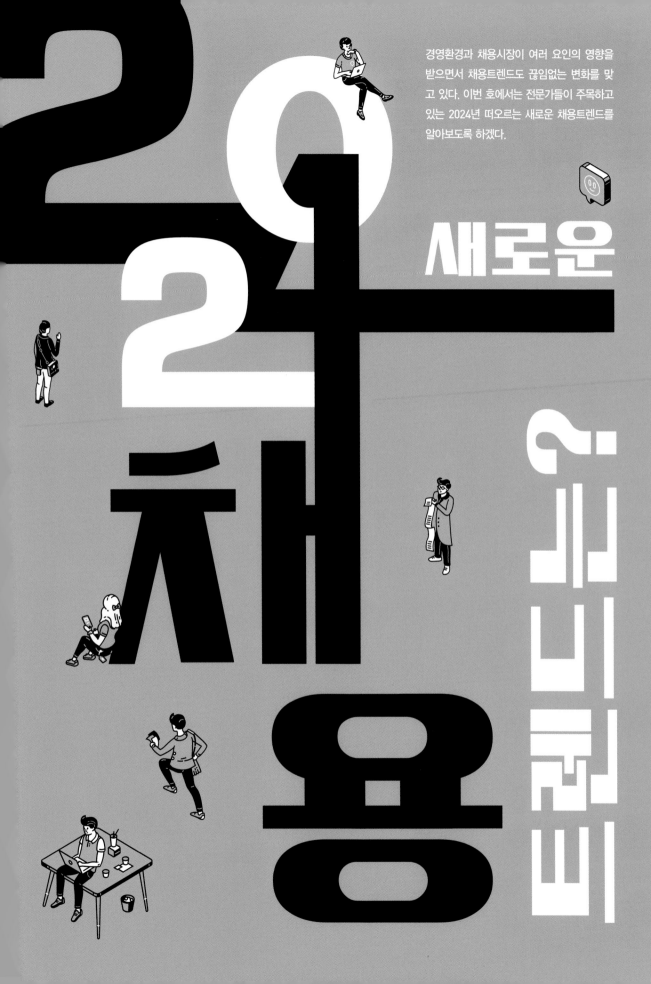

2024 새로운 채용 트렌드?

경영환경과 채용시장이 여러 요인의 영향을 받으면서 채용트렌드도 끊임없는 변화를 맞고 있다. 이번 호에서는 전문가들이 주목하고 있는 2024년 떠오르는 새로운 채용트렌드를 알아보도록 하겠다.

공모전·대외활동·자격증 접수/모집 일정

12 December

SUN	MON	TUE	WED	THU	FRI	SAT
					1 모 소외계층을 위한 AI 활용 아이디어 공모전 접수 마감	2 자 포천도시공사·전남관광재단·한국화학연구원 필기 실시 자 한국사능력검정시험 실시
3 모 아름드리 일읽산타 대학생 봉사자 모집 마감 자 한국어촌어항공단 필기 실시	4 모 컴투스 대학생 서포터즈 모집 마감	5 자 안산문화재단 필기 실시	6 모 굿네이버스 그린가드 모집 마감 자 한국해양수산연수원 필기 실시	7 자 국토연구원·한국문화예술교육진흥원 필기 실시	8 모 오지국민안심캠페인 아이러브뿌리무드 공모전 접수 마감	9 자 코레일네트웍스·국립공원공단·대한결핵협회·한국문화재단 필기 실시
10 자 농림수산식품교육문화정보원 필기 실시 자 TOEIC 제504회 실시	11 경기연구원 행정직 필기 실시	12	13 모 세계 한센인의 날 포스터 접수 마감	14 모 DB 대학생 온라인 기업경영 체험스쿨 모집 마감	15 모 ISTANS 산업통계 우수활용사례 공모전 접수 마감	16 자 충남정보문화산업진흥원 필기 실시 자 한국실용글쓰기시험 실시
17 모 계룡시 숏폼 영상 공모전 접수 마감 자 KBS 한국어능력시험 실시	18	19	20	21	22	23
24/31 모 대한민국청소년 의회 청소년의원 모집 마감 자 TOEIC 제505회 실시	25 모 잠자리프렌즈 서포터즈 모집 마감	26	27 모 KT&G 국제대학생 창업교류전 한국대표 모집 마감	28	29	30

대외활동 Focus · 27일 마감

2024 KT&G Alliance Students' Venture Forum 실시
2024 국제 대학생 창업교류전 한국대표 모집

국제대학생 창업교류전
KT&G가 24회째 여는 국제대학생 창업 교류전에서 한국 대학생 대표를 모집한다. 각국의 대학생들이 모여 창업, 문화, 비즈니스에 대한 아이디어를 나누고 교류하는 자리이다.

자격시험 Focus · 17일 실시

 KBS

KBS 한국어능력시험
공영방송 KBS가 주관하는 국가공인자격시험으로 올바른 한국어 사용능력을 갖추고 있는지 평가한다. 공무원, 공기업, 언론사 등 채용시험에서 가산점을 받을 수 있다.

01 January

대 대외활동 채 채용 공 공모전 자 자격증

SUN	MON	TUE	WED	THU	FRI	SAT
	1	2	3	4 공 한솔제지 인스퍼 어워드 접수 마감 채 공무원 세대공감 영상 제 접수 마감	5	6
7	8	9	10	11	12	13 채 TOEIC 제506회 실시 채 공군 부사관후보생 필기실시
14	15 공 WONDERCHILD 창의발명대회 접수 마감 공 KPR 대학생 PR 아이디어 공모전 마감	16	17	18	19	20
21	22	23	24	25	26	27
28 채 TOEIC 제507회 실시	29	30	31 공 중환자실 수기 공모전 접수 마감 공 엔지니어링산업 대국민 슬로건 및 콘텐츠 공모전 마감			

공모전 Focus 4월 마감

INSPER

한솔제지 인스퍼 어워드

인스퍼는 한솔제지의 디자인 페이퍼 브랜드로 4일까지 책, 패키지, 문구류 등 종이로 디자인할 수 있는 출판·제작물을 공모한다. 종이 디자인에 관심 있는 사람이라면 누구나 지원 가능하다.

채용 Focus 13일 실시

공군 부사관 후보생

공군 부사관 후보생 지원을 위한 2024년 첫 필기시험이 13일 실시된다. 249기를 선발하며 언어논리, 자료해석, 공간능력 등을 포함한 KIDA 간부선발도구 시험을 치른다.

❖ 일정은 향후 조율될 수 있습니다. 참고 뒤 상세일정은 관련 누리집에서 직접 확인해주세요.

2023
이슈&시사상식

VOL.199

CONTENTS

HOT ISSUE

1위

김포시 서울 편입?
지역균형발전은 어디로

여당인 국민의힘이 김포를 비롯한 구리·광명·하남시 등 행정구역상 서울에 인접하고 생활권이 같은 인구 50만명 이내 중소 기초단체를 서울에 편입하는 안을 당론으로 추진한다고 밝히면서 논란의 중심에 섰다. 여당은 서울을 '메가서울'로 만들어 국토발전을 꾀한다는 입장이고, 야당은 수세에 몰려 있는 경기도권에서 부동산시장을 흔들어 표를 얻어보겠다는 총선용 정치쇼라고 맞서고 있다. 이런 가운데 경기도민을 대상으로 하는 각종 여론조사에서 김포의 서울 편입에 60% 이상이 반대하는 것으로 나타났다.

국민의힘이 경기도 김포시를 서울시에 편입하는 방안을 당론으로 추진하겠다고 밝히면서 정치권을 비롯해 수도권이 들썩이면서 11월 초의 이슈를 점유했다. 김기현 국민의힘 대표는 10월 30일 김포 한강차량기지에서 열린 '수도권 신도시 교통대책 간담회'에서 "당 내부에서 검토한 결과 김포를 서울에 편입하는 것이 바람직하다는 결론을 내렸다"며 "김포를 편입하면 서울 서부권 배후경제권도 발달시킬 수 있고, 김포의 해외무역 · 외국투자 · 관광 등이 서울시의 자원이 될 수 있기 때문"이라고 했다.

이어서 김 대표는 "김포가 대표적이긴 하지만, 서울과 맞닿아 있는 주변 도시 중에 상당수가 행정구역만 서울과 나누어져 있을 뿐 서울 생활권이자 문화권"이라며 "그렇다 보니 특정사안에 대해 지자체끼리 협의하는 과정이 굉장히 복잡하고, 협의과정에서 새로운 갈등도 야기된다. 이런 경우 생활권을 합쳐야 한다"고 했다. 그러면서 "런던, 뉴욕, 베를린, 베이징과 비교해보면 서울시의 면적이 좁다. 서울특별시의 인구 대비 면적을 넓히는 게 바람직하다는 기본적 방향을 가지고 있다"는 말도 했다.

윤재옥 원내대표도 국회에서 원내대책회의를 마친 뒤 기자들과 만난 자리(10월 31일)에서 "지역민들의 숙원을 당이 선제적으로 챙기겠다는 의미로 이해해 주면 좋을 것 같다"며 "선거를 앞두고 정당의 입장에서 지역민의 요구를 응답하는 것이 의무"라고 말했다. 김포시 서울 편입 당론 추진이 총선전략이라는 해석에 선을 그으면서도 지역의 요구에 따라 다른 곳도 편입을 검토할 수 있다고 밝힌 것이다.

광명, 구리, 하남 등 인접도시도 고려

김 대표는 "주민들 의견을 존중해서 절차를 진행할 경우 원칙적으로 (해당 도시를) 서울시에 편입하는 걸 당론으로 정하고 추진하려 한다"며 김포시가 아니더라도 서울과 생활권이 겹치는 도시라면 서울시로 편입할 수 있다는 구상도 공개했다. 김포뿐 아니라 서울과 인접한 소규모 도시의 경우도 생활권, 통학권, 직장과 주거지의 통근상황 등을 고려해 해당 지역주민들이 원할 경우 서울 편입을 적극적으로 검토한다는 것이다.

국민의힘 지도부가 공식적으로 '서울 메갈로폴리스* (Megalopolis, 메가시티)' 구상을 밝힌 것은 이번이 처음이다. 이를 위해 국민의힘은 당 차원에서 '메가시티 서울' 추진을 논의할 기구로 '뉴시티 프로젝트 특별위원회(특위)'를 11월 7일 공식출범시키고, 조경태 의원을 위원장으로 임명했다. 또한 '김포 등 일부 지역을 선제적으로 담고, 타 지역 주민들의 요구가 있을 경우 지역을 추가한다는 계획' 아래 관련 법안(특별법)을 발의하는 등 신속하게 움직이고 있다.

서울 생활권에 근접한 경기도 내 도시

포천시
파주시
양주시
가평군
의정부시
김포(2)
고양(4)
남양주시
경기분도경계
구리
양평군
서울특별시
하남
인천광역시
부천(4)
광명(2)
과천
광주시
서해
시흥시
안양시
의왕시
성남시
군포시
안산시
용인시
수원시

국민의힘 당론으로
서울 편입 추진
※ ( ) : 총선 선거구 수

여러 개의 대도시가 연결된 도시지역을 말한다. '크다'라는 그리스어와 '도시'라는 그리스어의 합성어로 문자적으로 '큰 도시'를 의미한다. 고대그리스의 에파미논다스가 아카디아 남부에 건설한 도시에서 유래됐으며, 프랑스의 지리학자 장 고트망이 처음 사용했다. 고트망은 보스턴 북부의 뉴햄프셔 주 남부로부터 버지니아주 노퍽에 이르기까지의 960km에 걸쳐 전개되는 거대도시의 연속지대를 메갈로폴리스라고 명명했다.

서울은 이미 메가시티

오늘날 사회학에서 메가시티는 핵심도시를 중심으로 일일생활권이 형성된 도시권을 말하는데, 보통 글로벌 비즈니스가 가능한 인구 1,000만명 이상의 거대도시를 이른다. 그런 의미에서 보면 서울은 지금 거론되고 있는 인접도시를 제외하고도 이미 국제적으로 인정받고 있는 메가시티다.

국민의힘 소속 홍준표 대구시장도 사회관계망서비스(SNS)를 통해 "부산·경남을 통합해서 부산특별시로 만드는 등 지방 시·도를 통합해 메가시티로 만드는 것은 지방화시대 국토균형발전을 위해 바람직할지 모르나 이미 메가시티가 된 서울을 더욱 비대화시키고 수도권 집중 심화만 초래하는 서울 확대정책이 맞는가"라고 의문을 제기했다. 유정복 인천시장도 기자회견을 열고 "실현 불가능한 허상이자 국민 혼란만 일으키는 정치쇼"라며 "선거를 5개월 앞둔 시점에 '아니면 말고' 식의 이슈화는 국민 혼란만 초래하는 무책임한 일"이라고 직격하기도 했다. 야당의 비판도 거세다. 제1야당인 더불어민주당은 11월 5일 메가시티 서울 구상에 대해 "유례를 찾기 어려운 무책임한 여당의 행태"라고 일축했다. 권칠승 수석대변인은 기자들과 만나 "국민의힘 측에서 사전에 당사자들과 아무런 토론이나 대화, 논의가 없는 상태에서 정략적 이유를 근거로 야당에게 찬성이냐 반대냐를 묻는다"며 이같이 밝혔다.

권 수석대변인은 "이런 엄청난 기획을 사전에 아무런 정식 조사, 연구, 검토 없이 심지어 김포시민들에 대한 설문조사 없이 결정하고 던졌다"면서 "(민주당의 입장을 밝히기 전에) 국민의힘 측에서 그간에 연구하거나 검토한 근거자료를 제시했으면 좋겠다"고 지적했다. 그러면서 "수도권 선거판 흔들기, 선거기획 차원에서의 정략적 행위라고 민주당은 판단한다"며 "지금처럼 이슈몰이하는 방식은 정말 부적절하다"고 비판했다. 이재명 민주당 대표도 '누구도 이해하지 못하는 서울 확장정책'이라면서 "조금씩 조금씩 확장하다 보면 결국 제주도 빼고 전부 서울 되는 것 아니냐는 비난들이 쏟아지고 있다"고 반대의사를 표했다.

경기도도 서울 편입 시 불이익을 부각하며 적극적으로 반박하고 있다. 김동연 경기도지사는 6일 내년도 본예산안 설명 후 질의응답 형식을 빌려 '김포 서울 편입'의 정치적 목적을 비판한 데 이어 7일에는 오후석 경기도 행정2부지사 주최 기자간담회에서 '서울 확장 시 달라지는 점'이라는 제목의 A4용지 4장 분량 자료를 제시하고 지자체의 권한과 시민혜택 축소를 집중적으로 언급했다.

이 자료에 따르면 서울시 편입으로 성장관리권역에서 과밀억제권역으로 변경되면 규제가 강화돼 산업단지 신규조성이 금지되고 4년제 대학 이전도 못 하게 된다. 또 대형건축물에 과밀부담금(표준건축비의 5~10%)이 부과되고 서울시의 개발제한구역(그린벨트) 총량 고갈로 김포시 신규사업 협의에 고초를 겪게 된다. 올해 1조 6,103억원인 재정규모도 축소가 예상된다며 인구가 비슷한 서울시 관악구(50만여 명·예산 9,715억원)와 비교했고, 도시계획 권한상실 등으로 인한 혐오시설 집중 가능성도 제기했다. 시민들 입장에서는 농어촌자녀 대입 특별전형 제외,

취득세 등의 중과세율 적용, 읍·면 지역 저소득자 건강보험 축소 등의 피해를 볼 것으로 우려했다.

김포시 서울시 편입 관련 질문에 답하는 김동연 경기도지사

또한 경기북부특별자치도 설치를 추진하면서 '김포 서울 편입'이 촉발됐다는 김병수 김포시장의 발언에 대해서는 "경기북부특별자치도는 처음 추진할 때부터 북부 10개 시군 360만명이 대상이었고, 김포시는 포함되지 않았다"면서 "김포시가 서울시로 들어간다는 얘기는 발표되고 나서 처음 들었"고 "오세훈 서울시장과 김 시장의 면담에 대해서 서울시는 경기도에 아무런 통지도 없었고 김포시도 사전에 아무런 협의도 없었다"고 반박했다.

서울 집중은 지역균형발전에 저해

김포를 비롯한 서울 인근 지역을 합쳐 확장하는 일명 '메가시티 서울' 구상이 수도권 집중을 심화하고 지방균형발전에 역행하는 것 아니냐는 비판도 커졌다. 이에 김 대표는 11월 6일 최고위원회의에서 "비수도권에서도 주민들이 뜻을 모아 지역별 거점역할을 하는 메가시티를 키우겠다는 의지를 표명해오시면 주민의 뜻을 존중해 검토해나갈 것"이라면서 "김포의 서울 편입 문제는 수도권 비대화와 아무 관련이 없고 오히려 수도권이라는 운동장에 불합리하게 그어진 금을 합리적으로 새로 고쳐 긋자는 것"이라고 강조했다. 또한 메가시티가 수도권 비대화 현상

을 심화하는 것 아니냐는 지적에는 "지방이 스스로 위기의식을 느껴야 한다"며 "지방에서 메가시티로 초광역화 하지 않으면 지방 경쟁력이 상실된다는 것을 본인들이 느껴야 한다"고 반박했다.

그러나 윤 대통령의 공약이자 국정기조로 강조해온 '지방분권을 기반으로 한 지역균형발전'에 정면으로 반한다는 목소리가 높다. 윤 대통령은 지난해 4월 당선인 시절 전국 시도지사 간담회에서 "지역발전이 국가발전이고 지역균형발전은 필수사항"이라고 강조하며 "이는 대한민국 국민은 어디서 살든 공정한 기회를 누려야 한다는 의미"라고 설명했다. 또한 이와 함께 6대 국정목표 중 하나로 '대한민국 어디서나 살기좋은 지방시대'로 정하고, 지역균형발전에 대한 강한 의지를 보였다.

그런데 이번에 국민의힘이 추진하는 김포 서울 편입 등 서울을 물리적으로 확장하는 것은 그간 비수도권 지역의 자생력을 키우겠다는 국정기조와 상충할 수밖에 없다고 전문가들은 지적한다. 최은영 한국도시연구소장은 "(여당이 말한 대로) 서울의 공간을 더 넓히면 서울은 정말 모든 것을 빨아들이는 거대한 블랙홀이 될 것"이라며 지방시대 종합계획과 김포시 서울 편입은 "완전히 충돌한다"고 지적했다. 그나마 수도권 억제 정책을 시행해오면서 서울 인구가 경기·충청·강원권으로 조금씩 옮겨왔는데, 이러한 노력이 모두 물거품이 될 수 있다는 우려다. 백인길 경실련 도시개혁센터 이사장도 "서울을 확장하면서 지방균형발전을 이야기하는 건 어불성설"이라고 지적했다.

김포시 등 경기권 도시가 서울로 편입할 경우 경기도 인접도시의 집값이 오르는 효과를 가져와 수도권과 비수도권 사이의 경제적 격차가 더 벌어질 수밖

에 없다는 지적도 나온다. 지역소멸문제를 연구해온 전문가는 "지역과 수도권 사이에 더욱 강력한 '사회적 장벽'이 만들어지는 것"이라며 "초광역권 발전 논의는 인구가 적은 여러 지역이 광역경제권을 형성하고 (그 안에서) 순환체계를 만들자는 얘기인데 '메가서울'은 이를 무너뜨리는 발상"이라고 비판했다.

김포시의 서울시 편입절차 : 정부발의

❶ 김포시, 경기도에 관할구역 변경계획 제출

❷ 김포시 · 경기도 · 서울시, 지방의회에 각각 행정구역 변경안 제출

❸ 김포시 · 경기도 · 서울시 의회 각각 의결 (단체장이 행정안전부에 주민투표 신청 가능)

❹ 김포시 · 경기도 · 서울시, 행정안전부에 관할구역 변경 정식 건의

❺ 행정안전부, 국회에 경기도 · 서울시 관할구역 변경 법안 제출

❻ 국회, 법안 의결

❼ 국무회의 의결 및 공포

연구도 공론화도 없어 … 총선 대비 어젠다 확보

이번 국민의힘의 김포 서울 편입 이슈는 공론화 과정 없이 당론으로 추진하면서 단번에 폭발성 강한 화두로 급부상했다. 그로 인해 강서 보궐선거의 패배, 계속되는 인사참사, 국정감사를 통해 드러난 양평 고속도로 비리 및 10 · 29 이태원 · 오송 참사 대응부실 등이 한꺼번에 묻혀 버렸다. 총선 직전 수도권 표심 확보를 위해 아껴두었던 총선용 공약을 여러 악재로 위기에 몰린 정부와 여당이 이슈몰이용으로 급하게 사용했다는 분석이 나오는 이유다.

행정구역 통폐합에는 많은 시간과 복잡한 절차가 필요한 것도 문제다. 우선 지방자치단체의 통폐합은 주민투표법에 따라 주민투표를 통해 결정하거나 지방자치법에 따라 특별법을 만들어 진행한다. 특별법 제정으로 진행하더라도 통폐합하는 지역의 주민총

의를 확인한 후 진행해야 한다. 그리고 최종적으로 국회에서 표결을 거쳐야 한다. 참고로 2009년에 본격화된 광양만권(광양, 순천, 여수) 통합은 십수년째 여전히 논의 중이다.

재정에 관한 것도 고려해야 한다. 지방자치법에 따르면 지방자치단체를 폐지하거나 설치하거나 나누거나 합칠 경우 그 지역을 관할하게 된 지방자치단체가 그 지역의 사무와 재산을 승계하도록 돼 있다. 그런데 2023년 기준으로 행정안전부 '지방재정365' 자료에 따르면 김포시의 재정자립도는 32.8%로 경기도의 28개 시 중에 16위를 차지하고 있다. 반면 서울은 2023년 상반기 75.4%였다. 재정자립도가 낮은 김포시가 서울에 편입되면 서울시 자치구 균형발전에 부정적 영향을 끼칠 수 있다.

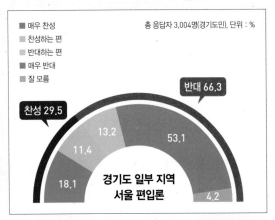

자료 / 리얼미터

한편 김포 편입 소식이 전해진 당일 언론은 곧바로 해당 지역들의 부동산가격이 들썩인다는 보도를 쏟아냈다. 그러나 11월 9일 한국부동산원의 주간 아파트값 동향 보고서에 따르면 발표 이후 김포 아파트값 변동률은 0.00%로 1주일간 변화가 없었다.

2위

2028학년도 대입개편,
다시 공통과목 체제로

10월 10일 교육부가 '2028학년도 대입제도 개편시안'을 발표했다. 올해 중학교 2학년 학생들이 치르게 될 2028학년도 대학수학능력시험에서는 국어와 수학, 탐구영역의 선택과목이 사라지고, 모든 수험생이 공통과목으로 응시하게 된다. 또 현 중학교 2학년생들이 고등학교에 진학하는 2025학년도부터 고등학교 내신평가 체계가 기존 9등급에서 5등급 상대평가로 바뀐다. 미래형 인재를 기르기 위한 불가피한 개편이라는 설명과 함께 잦은 입시제도 변화와 변화방향이 학생·학부모에게 큰 부담이 된다는 지적이 나온다.

선택과목 폐지하고 전면 통합과목 체계로

10월 10일 공개된 '2028학년도 대입제도 개편시안'을 보면 교육부는 대학수학능력시험에서 선택과목을 폐지하고 통합형 과목체계를 도입하기로 했다. 이에 따라 2022학년도 문·이과 통합형 수능 시행과 함께 도입됐던 국어·수학의 '공통+선택과목' 체제는 6년 만에 다시 공통과목 체제로 돌아간다. 현재 국어의 경우 공통과목인 독서·문학에서 75%, 선택과목에서 25%가 출제되는데, 선택과목은 '화법과 작문' 또는 '언어와 매체' 가운데 1개를 택하는 식이다. 그러나 2028학년도부터는 모든 학생이 '화법과 언어', '독서와 작문', '문학'을 출제범위로 하는 공통문항을 풀게 된다.

2028 대학입시제도 개편시안 발표하는 이주호 교육부총리

수학영역 역시 '대수', '미적분 I', '확률과 통계'에서 공통으로 출제된다. 다만 교육부는 '미적분 II + 기하'를 선택과목인 '심화수학'으로 포함하는 방안을 국가교육위원회에 검토해달라고 요청했다. 첨단분야 인재양성을 위해서는 고등학교에서 미적분과 기하를 공부하고 그 수학능력을 평가할 필요가 있다는 학계의 요구 때문이다. 다만 심화수학을 선택과목으로 남겨둘 경우 진정한 의미의 문·이과 통합이 이뤄지지 않는다는 지적이 따를 수 있다. 반대로 심화수학을 수능에서 제외한다면 수능 최상위권인 의학계열을 중심으로 대입에서 변별력 논란이 일 가능성이 크다.

탐구영역 역시 공통과목 체제로 바뀌고, 모든 학생이 '사회·과학'에 함께 응시하게 된다. 기존에는 사회 9과목과 과학 8과목 등 17과목에서 최대 2과목을 택해서 치렀는데, 앞으로는 통합사회·통합과학을 공통으로 치른다. 교육부의 이러한 개편은 선택과목을 둘러싸고 심화한 '공정성 논란' 때문으로 풀이된다. 학생들이 진로·적성과 관계없이 높은 표준점수를 받을 수 있는 선택과목에 몰리고, 대학전공과 관계없는 과목을 택하는 부작용을 낳고 있다는 판단 때문이다.

2025년부터 고교 내신평가도 5등급 상대평가로

고등학교 내신평가도 변화가 예고됐다. 교육부는 고교학점제*가 시작되는 2025년부터 1·2·3학년 전 과목에 5등급 성취평가(절대평가)와 상대평가를 함께 적용하기로 했다. 사실상 5등급 상대평가 체제가 되는 셈이다. 앞서 문재인정부는 2021년 고교학점제 도입계획을 발표하면서 1학년이 주로 배우는 공통과목은 9등급 상대평가를 하고, 2·3학년이 주로 배우는 선택과목은 5등급 절대평가를 한다고 밝혔다. 하지만 1학년만 상대평가를 할 경우 고1 학생들 사이에서 내신경쟁과 사교육이 과열되고, 고2·3은 '내신 부풀리기' 때문에 대입 변별력이 떨어질 것이라는 지적이 제기됐다. 이 때문에 교육부는 전 학년 상대평가 체제를 유지하기로 결정했다.

> **고교학점제**
>
> 고등학생도 대학생처럼 진로와 적성에 맞는 과목을 골라 수업하고 일정수준 이상의 학점을 채우면 졸업할 수 있도록 한 제도다. 일부 공통과목은 필수로 이수해야 하고, 3년간 총 192학점을 이수하면 졸업할 수 있다. 교육부는 고교학점제를 2025년에 전면적으로 시행하기 위해, 2023년부터 부분적으로 도입했다. 다양한 선택과목들을 개설해 자율성을 살리고 진로를 감안해 수업을 선택한다.

다만 교육부는 상위 4%만 1등급을 받을 수 있는 현행 내신평가 제도가 학생 수 감소 속에서 과도한 경쟁을 부추긴다고 보고 이 또한 개편하기로 했다. 이에 따라 고교 내신평가 체제는 전 과목 5등급 상대평가로 일원화하고, 1등급은 기존 4%에서 2025학년도부터 10%로 늘린다. 교육부는 고교내신에서 암기 위주의 오지선다형 평가 대신 미래사회에 필요한 사고력과 문제해결력을 기를 수 있도록 논·서술형 평가중심으로 재편하기로 했다. 이 과정에서 내신에 대한 학생·학부모의 신뢰를 높이고자 과목별 성취수준을 표준화하고, 모든 교사가 전문적인 평가역량을 갖추도록 연수 등을 통해 지원하기로 했다. 한편 교육부는 국가교육위원회를 중심으로 의견을 수렴해 11월 대국민 공청회 등을 거쳐 올해 안에 대입개편안을 확정할 예정이라고 밝혔다.

잦은 입시제도 변화·방향에 우려의 목소리도

교육부는 10월 30일 서울 한 호텔에서 사전신청을 한 수도권 학부모 250여 명을 대상으로 대입개편시안에 대한 '찾아가는 학부모 정책설명회'를 열었다. 이날 설명회에서 정성훈 교육부 인재선발제도과장은 내신 5등급제 도입으로 특목고·자사고 학생이 유리하지 않냐는 우려에 대해 "더 유리하지 않을 것이다. 5등급제로 과도한 경쟁이 완화될 수 있어 내신 사교육은 줄어들 것"이라고 답했다.

하지만 학부모들의 현장 분위기는 달랐다. 특히 대입개편시안이 처음 적용되는 현 중2 학부모들은 "아이가 실험대상으로 첫 스타트를 끊게 됐다"고 말하면서 유감과 우려를 표했다. 한 학부모는 "논·서술형 시험을 도입하면 교사가 마음에 들지 않으면 점수를 깎지 않나. 공정할 수 있는지 의문이 든다"고 말했다. 또 "고교학점제를 도입하면서 수능과 내신의 상대평가 체제를 유지하는 것이 이해가 되지 않

는다"는 한 대학생의 질문에 교육부 관계자는 "대학의 입장에서 전혀 해본 적 없는 고교학점제와 절대평가자료를 가지고 평가기준을 만들어야 하며, 이는 추상적일 수 있다"며 "아직 학교현장의 준비가 덜 돼 있다"고 설명했다. 바뀐 입시제도로 각 대학에서 제대로 학생을 선별할 수 있을지 걱정이 된다는 다른 학부모 질문에 정환 고려대 인재발굴처장은 "현재 시행하는 전형에는 큰 변화가 있지는 않을 것"이라며 "다만 정시에서도 교과를 볼 수 있고, 수시에서도 학생부를 볼 때 학생이 어떤 과목을 들었을지 정성적으로 평가할 수 있을 것 같다. 저희도 어떻게 전형을 설계할지 연구를 계속해보겠다"고 답했다.

교육단체와 교사들도 이번 개편시안에 우려를 표했다. 전국교직원노동조합 등 43개 교육 시민단체는 "정부가 특권층과 사교육계의 눈치를 보며 시대를 역행하는 대입체제 개편안을 발표했다"며 수능의 절대평가 전환과 자격고사화를 촉구했다. 그러면서 "지금까지 과도한 사교육과 줄 세우기 경쟁의 원인으로 지목된 수능시험은 그대로 두고 엉뚱한 학교 내신평가만 고치겠다는 것"이라며 "수능에 유리한 특목고와 사회경제적 배경이 우수한 계층의 상위권 대학 독점이 더욱 강화될 것"이라고 했다.

중·고교 진로·진학교사단체도 "상대평가 유지로 학생들은 다시 지나친 경쟁 속에 빠질 수밖에 없다"며 "학생들은 등급이 잘 나올 수 있는 과목만 선택하게 돼 고교학점제의 정상적인 운영이 불가능해질 가능성이 높다"고 꼬집었다. 심화수학 개설과 관련해서는 "서울 주요대학이나 의약학 계열 등은 심화수학을 선택한 학생이 입시에서 유리한 전형을 만들 가능성이 높다"며 "학생의 학습부담이 늘어나면서 사교육비도 증가할 것"이라고 강조했다. 시대

3위

신 중동전쟁 확산 우려
이스라엘-하마스 전쟁

팔레스타인 가자지구를 통치하는 민족주의 정당이자 준군사조직 하마스가 10월 7일(현지시간) 새벽 이스라엘에 수천발의 로켓을 발사하며 대대적인 공격을 가했다. 이스라엘은 하마스의 로켓공격을 전쟁으로 규정하고 '피의 보복'에 나섰다. 이번 무력충돌은 성지 알아크사 사원을 둘러싼 갈등 속에 벌어졌던 2021년 5월 이스라엘과 하마스 간 치러진 '11일 전쟁' 이후 최대규모다. 전쟁이 한 달 넘게 이어지면서 양측의 사망자는 이미 1만명을 넘어섰고, 불안한 중동정세에 국제유가마저 꿈틀거리며 세계경제에 암운을 드리우고 있다.

또 터진 화약고, 끝이 안 보이는 '죽음의 전투'

지난 1년 동안 가자지구를 괴롭혀온 이스라엘 네타냐후정권의 강경정책과 빈번한 공습에 대한 보복 차원에서 하마스가 이스라엘을 기습적으로 공격한 지 11월 7일(현지시간) 기준 한 달을 넘어섰지만, 여전히 한치 앞을 내다볼 수 없는 상황으로 치닫고 있다. 10월 7일은 유대교의 절기 중 하나인 초막절 종료 직후 찾아온 안식일이었다. 무장대원들은 이날 새벽 키부츠(집단 농업공동체)와 소도시 등에 들어가 닥치는 대로 사람들을 죽이고 240명이 넘는 군인과 민간인 등을 인질로 잡아 가자지구로 끌고 갔다.

이스라엘군 공습으로 가자지구에 피어오른 연기

이후 이스라엘군은 전투기와 야포, 드론 등을 동원해 하마스 관련 시설 등 1만 1,000여 곳을 타격했고, 가자지구를 포위한 채 10월 말부터 본격적인 지상전에 돌입했다. 한 달간 이어진 전쟁에서 발생한 사망자(양측 집계기준)는 이미 10월 말 1만명을 넘어섰다. 특히 이스라엘군이 지상전 개시 전후로 가자지구 전역에 공습수위를 높이면서 한때 가자지구에서는 하루 500명~700명의 사망자가 나오는 참극이 벌어지기도 했다. 특히 가자지구 주민에게 최후통첩성 피란경고를 한 뒤 병원과 학교, 난민촌 등 비전투지역과 민간인만을 대상으로 한 이스라엘군의 공격에서 뚜렷한 전쟁범죄의 정황이 나타났다는 주장도 잇따르고 있다.

지상전 견제하려는 '저항의 축' 속속 개입

이번 전쟁에는 이란의 지원을 받는 중동의 무장세력들이 잇따라 개입해 판을 키우는 양상이 나타났다. 서방과 이스라엘은 '이란의 대리 세력(Proxy)'으로, 스스로는 '저항의 축'으로 부르는 하마스의 우호세력 중에는 레바논의 친이란 **시아파***인 무장정파 헤즈볼라가 가장 먼저 전쟁에 개입했다. 헤즈볼라는 개전 직후부터 이스라엘의 북부 국경지대를 공격해왔고, 이스라엘의 가자지구 지상전 전후로 개입빈도와 강도를 높이고 있다. 또 예멘의 후티 반군도 10월 말부터 드론과 미사일로 이스라엘의 동부 국경지대를 위협하면서 본격적인 전쟁 개입을 선언했다. 여기에 시리아에서 활동하는 친(親)이란 민병대 '이맘 후세인 여단'도 헤즈볼라를 지원하기 위해 레바논 남부로 이동했다고 이스라엘군이 밝힌 바 있다.

시아파

이슬람은 크게 수니파와 시아파로 나뉘며, 현재 전세계 무슬림 인구의 80~90%가 수니파, 나머지 10%정도가 시아파로 분류되는데, 이슬람 공동체의 지도자였던 무함마드 사후, 누가 그를 계승하느냐에 대한 교권 문제를 다투는 과정에서 탄생했다. 그중 시아파는 예언자 무함마드의 혈통만이 대리자인 '칼리프'가 될 수 있다는 믿음에 따라 사촌인 알리만을 정통 칼리프로 인정한다. 4대 칼리프 알리가 정통 칼리프로 계승되는 과정에서 발생한 정치적 갈등 중 사망하면서 수니파와 시아파가 분리됐다. 중동의 국가 중 이란, 이라크, 시리아 등이 대표적인 시아파 국가에 속한다.

그러나 이번 전쟁에 개입하는 무장세력들은 확전보다는 이스라엘의 지상전을 견제하려는 목적이 큰 것으로 보인다. 실제로 하스 나스랄라 헤즈볼라 사무총장도 군사개입의 목적이 이스라엘의 가자지구 침공을 멈추기 위해서라고 밝혔다. 후티 반군도 전쟁 개입을 공식화할 당시 "예멘군은 이스라엘의 도발이 멈출 때까지 미사일과 드론공격을 계속할 것"이라고 강조했다.

'끝장 보복' 예고한 이스라엘 … 장기전 예고

그러나 이스라엘은 미국을 비롯한 국제사회의 만류에도 불구하고 가자지구에 전차부대와 지상군을 투입해 본격적인 하마스 소탕에 나섰다. 이스라엘군은 11월 초 가자지구의 심장부인 가자시티를 포위한 채 본격적인 시가전에 들어갔다. 하지만 가자지구의 특정 타깃을 향해 폭탄을 쏟아부었던 그동안의 전면적 싸움과 달리 지상전에서는 하마스 세력의 은신처를 하나하나 찾아내 제압해야 하는 만큼 전쟁이 장기화할 것이란 예측이 나왔다. 앞선 시가전을 통해 총연장 500km에 이르는 것으로 알려진 지하터널에 은신한 하마스 대원들을 일일이 찾아내야 하므로 적잖은 시간이 소요되고 이 과정에서 병력과 자원의 손실도 불가피하기 때문이다. 시가전이 공격보다 수비에 유리하다는 것을 과거 경험으로 알고 있는 하마스도 거미줄 같은 땅굴을 구축하고 몇 년에 걸쳐 방어준비를 해왔기 때문에 쉽지 않은 싸움이 될 것이라는 관측이 많다.

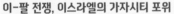

이-팔 전쟁, 이스라엘의 가자시티 포위

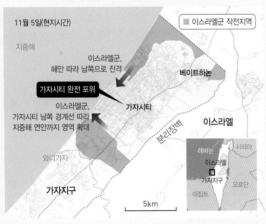

자료 / 미국 전쟁연구소(ISW)

인질문제도 이스라엘군의 지상전 셈법을 복잡하게 하는 요인 중 하나로 꼽힌다. 이스라엘 추산 납치된 인질규모가 240여 명에 달하는 가운데 하마스는 한번에 소수인원만 석방하는 전술을 구사하며 인질들을 협상카드로 쓰고 있다. 일각에서는 이라크가 이슬람국가(IS)로부터 모술시를 탈환하기 위해 2016~2017년 벌인 것과 같은 '죽음의 전투'를 예상하는 전문가들도 있다.

중동 '시아파 맹주' 이란의 선택 주목

한편 이번 사태를 계기로 중동정세는 갈수록 긴박해지고 있다. 국제사회의 이목은 이스라엘과 하마스의 국지전을 넘어 '제5차 중동전쟁'으로 번질 가능성에 집중된다. 네타냐후 이스라엘 총리는 11월 3일 민간인 살상논란과 인도주의적 비난 속에서도 "인질석방 전까지 가자지구에 휴전은 없다"고 못 박으며 하마스 지휘부 소탕을 위한 가자지구 지상작전 확대를 고수하겠다는 의지를 내비쳤다. 이에 메아리치듯 하마스와 연대하는 주변 중동 · 아랍권 국가와 무장세력은 거듭 물리적 개입가능성을 시사했다.

특히 헤즈볼라의 근거지인 레바논 남부국경에 접한 이스라엘 북부지역의 경우 이번 사태가 발발한 직후 헤즈볼라의 산발적인 포격과 침투시도가 지속돼왔다. 이러한 배경에는 중동 내 '시아파 벨트'에서 반(反)이스라엘 · 반미 세력을 이끄는 중동 시아파 맹주 이란의 존재가 자리 잡고 있다. 하마스를 물밑 지원해온 것으로 알려진 이란은 10월 29일 이스라엘을 향해 "시온주의 정권의 범죄가 레드라인을 넘었다"라고 경고장을 날리는 등 아랍 주변국의 반이스라엘 정서를 지속해서 자극하는 모습이다. 여기에 서방 군사동맹인 북대서양조약기구(NATO, 나토) 회원국이자 러시아-우크라이나 전쟁 국면에서 중재자 역할을 자임했던 튀르키예가 이번 사태에서는 이란과 하마스 등 이슬람세계로 급격하게 기우는 모습이다. 무엇보다 이란이 직접적으로 이번 전쟁에 개입 · 참전하느냐에 따라 신중동전쟁으로의 확전이 현실화할지 여부가 가려질 전망이다. 시대

4위

근로시간 개편안 발표 …
"주 52시간 유지하며 일부 개선"

정부가 현행 '주 52시간제'의 틀을 유지하되 일부 업종과 직종에 한해 바쁠 때 더 일하고 한가할 때 쉴 수 있게 유연화하기로 했다. 유연화 대상 업종과 직종, 주 상한 근로시간 등은 실태조사와 사회적 대화를 통해 추후 확정할 계획이다.

이성희 고용노동부 차관

노동부, 대국민 설문 반영해 '주 52시간제' 틀 유지

11월 13일 고용노동부(노동부)는 지난 6~8월 국민 6,030명을 대상으로 실시한 근로시간 관련 대면 설문조사의 결과와 이를 반영한 제도 개편방향을 발표했다. 이성희 고용노동부 차관은 "조사결과를 전폭 수용해 주 52시간제를 유지하면서 일부 업종·직종에 한해 개선방안을 마련하는 방향으로 추진하려고 한다"고 밝혔다. 정부는 앞서 지난 3월 연장근로 단위를 현행 '주'에서 '월·분기·반기·연' 등으로 유연화하는 개편안을 발표했다가 주 최대 근로시간이 69시간까지 늘어나는 데 대한 반발이 거세자 재검토에 들어갔다. 8개월여 만에 다시 발표된 이번 정책 방향은 3월의 '전체 유연화'에서 '일부 업종·직종 유연화'로 한발 물러선 것이다.

노동부는 근로자 3,839명, 사업주 976명, 일반 국민 1,215명을 대상으로 한 이번 조사결과 현행 주 52시간제(기본 40시간+연장근로 12시간)가 상당 부분 정착됐지만, 일부 업종과 직종에서는 애로를 겪고 있다고 분석했다. 근로자 41.4%, 사업주 38.2%, 국민 46.4%가 연장근로 단위를 확대해 "바쁠 때 더 일하고 그렇지 않을 때 적게 일해 연장 근로시간을 주 평균 12시간 이하로 하는 방안"에 대해 동의했다. 이를 일부 업종·직종에 적용하자는 데 대해서는 동의율(근로자 43.0%, 사업주 47.5%, 국민 54.4%)이 더 올라갔다. 연장근로 단위를 '주'에서 '월'로 확대하면 최대 연장근로 시간은 주 12시간 대신 월 52시간(12시간×4.345주)이 된다. 특정 주에 58시간을 일해도 그 다음 주에 45시간을 근무해 월 연장근로 시간을 한도 내로 유지하면 위법이 아니다.

설문 응답자들이 연장근로 단위 확대가 필요하다고 생각하는 업종으론 '제조업'을, 직종으론 '설치·장비·생산직'을 가장 많이 꼽았다. 주당 최대 근로단위시간 한도를 '주 60시간 이내', '64시간 이내', '64시간 초과', '모르겠음' 중 고르는 문항에서는 근로자 75.3%, 사업주 74.7%가 60시간 이내를 택했다.

노동계 반발 심해 총선 전 확정 힘들 듯

노동부는 설문결과를 반영해 일부 업종과 직종에 대해 노사가 원하는 경우 연장근로 관리 단위를 선택할 수 있도록 하는 보완방안을 논의하겠다고 밝혔다. 다만 세부방안은 추후 노사정 대화를 통해 구체화하겠다는 입장이다. 지난 개편안이 장시간 근로와 노동자 건강권에 대한 우려를 불러온 만큼 설문결과를 반영해 주당 상한 근로시간 설정, 근로일 간 최소 휴식 도입 등의 안전장치도 마련하기로 했다.

그러나 장시간 근로 우려가 완전히 가시지 않았고, 세부안을 놓고도 견해차가 클 것으로 보여 실제 근로시간 개편까지 가는 길은 험난할 것으로 보인다. 최근 한국노총이 **경제사회노동위원회***(경사위)에 복귀하기로 했지만 본격적인 대화까진 시간이 걸릴 전망이다. 정부도 한번 좌절을 겪었던 정책을 무리하게 추진하지는 않을 것으로 보여 내년 4월 총선 전까지 근로시간 개편이 확정되기는 사실상 어려울 것이라는 관측이 나온다. 이날 정부의 발표를 두고 한국노총의 이지현 대변인은 "정부 설문결과에서도 주 52시간제는 현장에 잘 정착하는 것으로 나타났다"며 "일부 업종에 애로사항이 있으면 바로잡아 전반적으로 주 52시간제를 안착시키는 방향으로 가는 게 맞지 애로사항이 있다고 (장시간 근로의) 길을 터주는 것은 바람직하지 않다"고 꼬집었다. 정부 설문조사에서도 주 52시간제로 인한 애로사항이 '없다'고 답한 사업주는 85.5%에 달했다.

경제사회노동위원회

근로자, 사용자, 정부가 고용노동정책 및 관련 경제·사회정책 등을 협의하기 위해 설립된 사회적 대화기구이자 대통령 직속 자문위원회. 주요 노동정책 및 이에 관련해 중대한 영향을 미치는 산업경제·사회정책, 노사관계 발전을 위한 제도·의식 및 관행 개선, 노사정 협력증진을 위한 사업지원에 대해 각 집단의 대표들이 함께 입장을 조율하고 타협하는 등의 역할을 한다.

권오성 성신여대 법학과 교수는 "연장근로 관리단위 확대를 희망하는 업종의 경우 시간당 임금이 높

지 않아 총소득을 높이기 위해 더 일하겠다는 분들이 많을 텐데, 그분들을 더 일하라고 등 떠미는 것이 국가가 할 일인가"라고 물었다. 근로시간을 늘리는 것보다는 시간당 임금을 높이도록 노력해야 한다는 얘기다. 나아가 권 교수는 "특례업종부터 없애야 한다"고 지적했다. 현재 육상운송업·수상운송업·항공운송업·기타 운송 관련 서비스업·보건업 등 5개 근로시간 특례업종은 노사 합의가 된 경우 '주 12시간 넘는 연장근로'가 가능해 장시간 근로에 무방비라는 지적을 받아왔다.

HOT ISSUE **5위**

정부의 국민연금 개혁안, 보험료 인상 주장했으나 수치 빠져

정부가 보험료율이나 **소득대체율*** 등 구체적인 모수(숫자) 개혁방안이 빠진 국민연금 개혁안을 내놓았다. 국민연금 개혁을 국정과제로 추진하면서도 구체안을 내놓지 못한 만큼 개혁의지가 부족하다는 지적이 나왔다.

연금수령액이 연금에 가입한 사람의 생애평균소득에서 차지하는 비율을 말한다. 우리나라 국민연금은 소득대체율을 연금에 가입한 후 40년일 때를 기준으로 정한다. 소득대체율이 높으면 연금을 많이 받을 수 있지만, 한편으로는 국가 재정운용에 무리가 갈 수 있다. 국민연금의 본질인 보장성을 나타내는 핵심이라고 할 수 있다.

보험료 인상 필요 강조 … 명확한 수치 제시 못 해

보건복지부(복지부)가 10월 27일 정부서울청사에서 '제5차 국민연금 종합운영계획(계획)'을 공개했다. 계획은 보험료가 얼마나 높아져야 한다는 식의 목표수치는 직접 제시하지 않으면서 보험료 인상이 필요하다는 점만 강조했다. 또한 "경제협력개발기구(OECD) 가입국과 비교하면 소득대체율은 유사하지만, 보험료율은 절반수준이어서 지속가능성 제고를 위해 점진적인 보험료율 인상이 불가피하다"며 "인상수준에 대해서는 공론화를 통해 구체화한다"고 적었다. 구체적으로는 "세대별 형평성을 고려해 보험료율 인상속도를 연령그룹에 따라 차등하는 방안을 추진한다"며 "급격한 인구변화를 감안한 적정 보험료율을 검토한다"고만 밝혔다.

반면 보장성과 관련한 명목소득대체율에 대해서는 "기초연금, 퇴직연금 등 다층노후소득보장 틀 속에서 구조개혁 논의와 연계해 계속 검토한다"며 조심스럽게 기술했다. 특히 "명목소득대체율 상향 시 지속가능성 제고를 위해서는 보험료율 인상이 불가피하다"고 적기도 했다. 국민연금 개혁방안을 놓고는 보험료율을 인상해 재정의 지속가능성을 높여야 한다는 '재정안정론'에 방점을 뒀다. '더 받는' 개혁보다 '더 내는' 개혁에 무게가 쏠린 것이다. 복지부는 이렇듯 특정개혁안을 내놓지 않은 것과 관련해 "공론화 과정을 통해 폭넓은 논의가 이뤄질 수 있도록 방향성을 제시한 것"이라고 밝혔다. 이어 "국회 연

금개혁특별위원회에서 구조개혁 논의가 진행되고 있는 점을 고려했다. 국회와 함께 공론화를 통해 구체적인 수준을 결정해나갈 계획"이라고 밝혀 공을 국회에 넘겼다.

국민연금 개혁안을 발표하는 조규홍 보건복지부 장관

또 계획은 올해 63세인 지급개시연령과 관련해서는 "고령자 계속고용여건이 성숙된 이후 늦추는 방안을 논의한다"고 했다. 지급개시연령은 이전 개혁에서 정한 스케줄에 따라 2033년까지 5년에 1세씩 상향 조정돼 65세가 되는데, 이를 더 늦추면 그만큼 재정안정에 도움이 돼 기금소진 시점을 늦출 수 있다. 의무가입연령(59세)과 관련해서도 "고령자 계속고용여건이 성숙된 이후 수급개시연령과 순차적으로 일치시키는 방안을 추진한다"고 밝혔다.

전문가 "구체적 숫자 내놓았어야" 비판

국민연금 재정계산위원회의 보고서에 이어 정부 또한 구체적인 숫자가 빠진 계획을 내놓자 전문가들은 비판적 의견을 내놨다. 국민연금연구원장을 지낸 이용하 전주대 초빙교수는 "결국 다 논의하겠다고 하면서 '뭘 하겠다'는 구체적인 건 하나도 없다"며 "공론화가 필요하다고 하지만, 국민들이 보험료를 얼마나 내야 하고 얼마나 받아야 할지 결정할 수 있겠나? 구체적인 방안을 걸어놓고 그에 대한 적정성을 공론화에 부치는 게 맞다"고 지적했다.

인상속도를 연령그룹에 따라 차등을 추진한다는 '세대별 보험료 차등 인상안'에 대해서도 전문가들은 '형평성'이라는 취지는 인정하면서도 실현가능성에 대체로 의문을 표했다. 남재우 자본시장연구원 연금연구위원은 "미래세대 부담을 줄이자는 방향에는 동의한다"면서도 "기금이 소진되고 부과방식으로 전환되는 시기 이후의 세대라면 모를까, 현세대 내에서 형평성을 제고하는 방안이라면 어떻게 설계할지 의문이다"고 평했다. 차등인상에 대한 사회적 합의도 큰 걸림돌이다. 이 교수는 "퇴직이 임박한 사람일수록 노후를 준비할 기회가 적기 때문에 그런 사람들보고 보험료를 더 내라고 한다면 가입을 안 할 가능성이 크다"고 내다봤다. 또 "성별 등 다른 요소는 고려하지 않고 연령에 따라 차등을 두는 이유를 설명해야 하는데, 이는 어려울 듯하다"고 덧붙였다.

국민연금 보험료율 인상 추진 예시

구분	보험료율 5%p 인상 예시	인상되는 특정시점	특징
중장년층 (40~50대)	5년 만에 인상	더 높은 인상률 적용	가파른 인상률 적용에 따른 반발 예상
젊은층 (20~30대)	10년 만에 인상	상대적으로 낮은 인상률	불안감 해소 및 보장성 강화

확정급여(DB) ➡ 확정기여형(DC) 방식전환 논의제안

확정급여(DB) 급여수준을 미리 정해놓고 확정된 급여 지급, 소득보장 안정·손실위험은 국가부담

확정기여(DC) 보험료 수준 미리 확정·납부한 보험료+이자를 더한 금액지급, 재정안정·손실위험은 개인부담 (연금기금의 적립금 수준 낮은 나라에서 운용 중)

자료 / 보건복지부

2024년 상반기까지 공매도 금지 … 외국인 이탈 우려

금융위원회와 금융감독원(금감원)이 11월 5일 오후 정부서울청사에서 열린 브리핑에서 2024년 상반기 말까지 증시에 상장된 모든 종목의 공매도를 전면 금지한다고 밝혔다.

브리핑하는 김주현 금융위원장(왼쪽)과 이복현 금감원장

코스피·코스닥·코넥스 전종목 해당

공매도는 주가가 하락할 것을 예상하고 갖고 있지 않은 주식을 빌려서 팔았다가 주가가 내려가면 싸게 사서 되갚는 방식으로 이익을 내는 투자기법이다. 정부는 11월 6일부터 내년 6월 말까지 국내증시 전체 종목(코스피, 코스닥, 코넥스)에 대해 공매도를 전면 금지하기로 했다. 다만 이전의 공매도 전면 금지 때와 마찬가지로 시장조성자와 유동성공급자 등의 **차입공매도***는 허용하기로 했다. 공매도 전면 금지조치는 2008년 글로벌 금융위기와 2011년 유럽 재정위기, 2020년 코로나19 위기 이후 이번이 네 번째다. 2021년 5월부터 코스피200과 코스닥150 지수 구성 종목에 한해 공매도가 다시 허용됐지만, 나머지 중소형주는 현재까지 공매도 금지가 계속 적용되고 있다.

김주현 금융위원장은 공매도 재허용 시기와 범위에 대한 질문에 "공매도를 금지한 이유가 시장이 불안정하고 외국 주요 투자은행(IB)들의 관행적인 불공정 거래로 공정한 거래질서가 불가능하다고 판단했기 때문"이라며 "내년 6월에 가서 이런 상황이 얼마나 개선됐는지 여부를 고려해야 할 것"이라고 답했다. 또 공매도 전면 금지가 글로벌 스탠더드와 맞지 않다는 지적에 대해서는 전 세계적으로 드문 상황이라는 점을 인정하면서도 "우리나라 특유의 이러한 (문제) 상황을 고치지 않고는 자본시장이 건실하게 발전하기 어렵다면 (공매도 전면 금지가) 오히려 중장기적으로는 외국인 투자자들한테도 더 도움이 될 것"이라고 말했다.

정부는 공매도 관련 불공정 문제가 반복되지 않도록 시장전문가 및 유관기관과의 긴밀한 협의를 통한 전향적인 제도개선도 추진하기로 했다. 우선 그간 개인과 기관 간 대주 상환기간, 담보비율 등의 차이로 형평성 문제가 불거지면서 '기울어진 운동장'이란 비판이 지속돼온 만큼 이를 근본적으로 해소할 수 있는 방안을 적극 검토하기로 했다. 현재 차입공매도와 관련해 개인투자자의 상환기간은 90일이지만 외국인과 기관은 제한이 없다. 담보비율 역시 개인은 120%로 외국인과 기관에 비해 높다. 정부는 또 불법 무차입공매도를 사전에 방지하기 위해 정치권 등에서 요구하고 있는 실시간 차단시스템 구축에 대해서도 대안을 검토하는 등 다각적인 방안을 논의

해 입법을 추진한다는 계획이다. 아울러 최근 글로벌 IB의 관행화된 대규모 무차입공매도를 처음 적발한 것을 계기로 10여 개 글로벌 IB 전수조사를 실시하기로 했다. 추가적인 불법 무차입공매도가 적발될 경우 엄정 제재, 적극적인 형사고발 등 무관용 원칙을 적용한다는 방침이다.

숏커버링 기대 ··· 중장기 외국인 이탈 우려도

한편 공매도 전면 금지조치에 그간 거래규모가 컸던 외국인 투자자가 향후 얼마만큼 숏커버링(환매수)에 나설지 주목된다. 숏커버링이란 빌려서 판 주식을 갚기 위해 사들이는 것으로 증권가에서는 국내증시가 반등하면서 기존 공매도 물량의 숏커버링이 발생해 단기수급에 긍정적인 영향을 줄 수 있을 것으로 기대했다. 특히 그간 공매도 거래비중이 컸던 종목을 중심으로 수급이 개선될 것으로 봤다.

6일 전장보다 5% 넘게 급등해 2,500대로 오른 코스피

숏커버링 효과로 공매도의 선행지표라고 할 수 있는 대차거래 규모도 감소할 것으로 예상된다. 대차거래는 주식을 빌리는 것으로 국내에서는 무차입공매도가 금지돼 있어 주식을 빌려 매도한 뒤 재매입해 갚는 공매도를 위해서는 대차거래가 필수다. 대차거래의 경우 주식차입뿐 아니라 상장지수펀드(ETF) 설정과 환매 등을 위한 주식대여나 결제 목적의 증권차입 등 다양한 목적으로 시행되지만, 공매도 금지

로 차입 목적의 대차거래가 감소할 수 있어서다. 다만 중·장기적으로는 주식시장의 투명성 저해라는 관점에서 좋지 않은 영향을 끼칠 수 있는 만큼 외국인의 증시 이탈 가능성도 점쳐졌다.

그러나 공매도 전면 금지 첫날인 11월 6일 전례 없이 급등했던 주식시장은 공매도 전면 금지 하루 만에 2% 이상 하락하면서 공매도 금지효과가 단명했다는 반응이 나왔다. 전날 주가지수를 역대 최대폭으로 끌어올린 주인공인 이차전지 관련 종목들이 일제히 급락하며 조정 분위기를 주도했다. 전날 하루 동안 유가증권시장과 코스닥시장에서 총 1조 2,000억원어치의 주식을 순매수했던 외국인 투자자들은 순매도로 전환해 하락압력을 높였다. 이에 따라 숏 커버링에 따른 증시의 수급개선 효과가 예상보다 더 빨리 소멸할 것이란 관측에 무게가 실리고 있다.

HOT ISSUE

7위

필수의료분야 인력수급 심각 …
복지부, 의대정원 확대 추진

정부가 필수의료분야 인력확충의 시급성을 감안해 2025학년도부터 의대정원을 증원하는 방안을 우선 검토하겠다고 발표했다. 야권과 시민사회에서 요구가 많은 지역의대 신설과 관련해서는 수요가 있는지 살펴보고, **지역의사제*** 도입도 지속적으로 검토할 계획이다.

지역의사제

지역의대에서 전액 장학금을 받고 졸업한 의료인이 10년간 대학 소재 병원급 이상 의료기관의 공공·필수의료분야에서 의무적으로 근무하도록 한 제도다. 현재 의사인력이 부족한 지역·필수의료를 살리기 위해 도입이 논의되고 있다. 그러나 의협을 비롯한 의료계는 직업선택의 자유 등 기본권을 침해할 수 있으며, 지역 의료문제 해결에도 도움되지 않는다며 제도 시행을 반대하고 있다.

대학별 수요조사 … 연내 확대폭 확정 가능성

조규홍 보건복지부(복지부) 장관은 10월 26일 정부서울청사에서 기자회견을 열고 "대학에 증원 여력이 있는 경우 2025학년도 정원에 우선 고려할 것"이라며 "증원수요는 있으나, 추가적인 교육역량을 확보해야 하는 경우는 대학의 투자계획 이행 여부를 확인해 2026학년도 이후 단계적으로 증원한다"고 밝혔다. 복지부는 일정기간 지역근무 의무를 부여하는 지역의사제 도입도 '지속적인 검토' 과제에 넣었다.

의대정원 확대 추진 주요 일정

2023년 10월 26일~	지역 및 필수의료 혁신 이행을 위한 추진계획 발표 정부(복지부·교육부), 각 의대 증원 수요·수용 역량조사
	정부 : 교원·시설 등 교육역량 및 투자계획
	조사 ↓ ↑ 회신
	대학 : 내부 협의 통해 증원수요 작성
11월	의학교육점검반 구성 및 서면검토, 현장점검 실시 • 반장 : 복지부 보건의료정책실장 • 복지부·교육부 관계자, 의학계, 교육계, 평가 전문가 등 참여
12월	의대정원 확대폭 결정 • 복지부 : 교육부에 2025학년도 의대정원 통보 • 교육부 : 대학에 정원 배정계획 안내 등 후속절차 진행
2024년 상반기	대학별 정원 배정 확정
2025학년도	기존 대학 중심 증원 우선 검토, 지역의대 신설 지속적 검토
2026학년도	대학 사정(투자계획 이행 여부 등 확인) 고려해 단계적 증원

자료 / 보건복지부

정부는 대학별 증원수준을 결정하기 위해 이날부터 각 의대의 증원수요와 수용역량 조사에 착수했다. 정부가 교원, 시설 등 교육역량과 투자계획을 조사하면 각 대학은 증원수요를 작성해 대학본부를 통해 회신한다. 11월에는 교육부, 전문가와 함께 '의학교육점검반'을 꾸려 서면검토와 현장점검을 한다. 정부가 기한을 정해 수요조사를 하는 데다 '신속한 결정'을 강조하는 만큼 이르면 올해 안에 의대정원 확대폭이 정해질 가능성이 있다. 다만 의료계와의 협의나 전문가, 소비자단체 등과의 사회적 논의에 시간이 걸릴 경우 확정이 늦어질 여지는 있다.

조 장관은 "급격한 인구고령화 추세를 고려할 때 전체 인구가 감소하더라도 의료이용이 많은 고령인구가 증가한다면 2050년까지 의료수요가 지속적으로 많아지고, 임상의사는 더 부족해질 전망"이라며 "의사인력 확대는 더이상 미룰 수 없는 과제"라고 강조했다. 정부는 2035년 기준 부족한 의사인력이 1만명 안팎으로 전망되는 만큼 2006년 이후 3,058명으로 유지되고 있는 의대정원을 1,000명 이상 늘리는 방안을 검토 중이다. 정부는 의대증원 문제를 놓고 대한의사협회(의협) 등 의사단체뿐만 아니라 다양한 의료계 직역과 소비자, 환자단체 등의 의견을 적극 수렴할 방침이다.

병원·간호사·환자들은 의대증원 '찬성'

한편 정부의 의대정원 확대추진을 놓고 의협이 강하게 반대하는 가운데 이들을 제외한 의료계 안팎에서는 '충분한 의사인력이 필요하다'는 것에 대체로 동의하는 분위기다. 대한병원협회(병협)는 그간 의대정원 확대에 대한 공식적인 입장표명을 피해왔으나, 최근 외과 등 필수의료분야에서 의료인력 수급문제가 심각하다고 보고 의약분업 당시 감소분(3,507명→3,058명)만큼은 늘려야 한다는 쪽으로 의견을 정리했다. 한의협과 약사회 등은 의대정원 확대에 대한 구체적인 입장을 정리하지 못했으나, 한의협은 한의사가 공급초과 상태이므로 한의대정원을 감축해 의대정원 확대에 반영하는 걸 고려해달라는 제안을 하기도 했다.

의대정원 확대에 반대하는 이필수 의협 회장

반면 대한간호협회는 고령화 등으로 인한 의료서비스 수요증가를 생각하지 않을 수 없다며 의대정원 확대에 꾸준히 찬성한다는 입장을 표명해왔다. 보건의료 수요자인 환자·소비자 단체들도 의대정원을 늘려 인력을 확보해야 한다고 강조했다. 아울러 지역의료를 살리기 위해 국립대를 중심으로 하는 지역의사제 도입과 공공의대 설립 등도 검토해야 한다고 말했다. 이처럼 의료계 안팎의 의견이 찬성하는 쪽으로 기울면서 의협은 심기가 불편한 모양새다. 의협은 의대정원 확대 논의를 의협과 병협, 간호협회는 물론 환자단체연합회와 한국소비자연맹 등이 모두 참여하는 보건의료정책심의위원회(보정심)가 아닌, 정부와 의협 양자 간 논의체인 의료현안협의체를 중심으로 진행해야 한다고 주장하고 있다.

8위

2024 예산국회 개막, 예산전쟁 돌입

여야가 2024년도 정부 예산안을 두고 본격적인 심사에 돌입했다. 국회 예산결산특별위원회(예결위)는 11월 1일 공청회를 시작으로 경제부처 심사, 비경제부처 심사, 종합정책질의를 각각 진행했다. 국회 각 상임위원회도 소관 부처의 내년도 예산안 심사에 착수했다. 예산안 처리 법정시한은 12월 2일로 예결위 예산안조정소위원회의 증·감액 심사와 예결위 전체회의, 국회 본회의를 거쳐 최종 확정된다.

국회 예산결산특별위원회 전체회의

여 "건전재정 해야" vs 야 "민생 팽개치나"

정부는 앞서 656조 9,000억원 규모의 2024년도 예산안을 편성해 국회에 제출했다. 올해 본예산보다 2.8% 늘어난 것으로 재정통계가 정비된 2005년 이후로 20년 만의 최소 증가폭이었다. 국민의힘은 정부의 긴축기조에 발맞춰 건전재정에 방점을 찍으면

서도 소상공인과 청년 등 민생예산의 중점확보를 강조하는 한편, 최대쟁점이었던 연구·개발(R&D)예산도 국회논의 과정에서 증액가능성을 내비쳤다. 그러나 국민의힘 예결위 간사인 송언석 의원은 10월 31일 국회 예산정책처 토론회에서 "R&D가 국가경쟁력이나 성장을 선도하기 위한 기술입국 등에 정말 기여했는지 의문"이라며 "노벨상이 나온 것도 아니고 유니콘기업*을 엄청 많이 만들어낸 것도, 초격차를 이루기 위한 선도기술을 만들어낸 것도 아니다"라고 말했다.

유니콘기업

설립한 지 10년 이하이면서 뛰어난 기술력과 시장지배력으로 10억달러 이상의 기업가치를 인정받는 비상장 벤처기업을 말한다. 유니콘(Unicorn)은 이마에 뿔이 하나 달린 전설상의 동물로 기업가치가 10억달러를 넘어서는 것을 마치 유니콘처럼 상상 속에서나 존재할 수 있는, 엄청난 일로 받아들인다는 차원에서 이름 붙였다.

반면 더불어민주당은 민생경제가 최악으로 치닫는 와중에 긴축재정 자체에 문제가 있다는 입장을 굽히지 않으며 R&D를 비롯해 지역화폐·소상공인 및 자영업자·가계대출 등 지원예산을 대폭 증액하겠다고 맞섰다. 윤영덕 민주당 원내대변인은 "아무런 비전도 없는 마구잡이 삭감으로 점철된 예산안에 대한민국의 미래, 국민의 내일은 없었다"며 "(부자감세로) 세수펑크를 초래한 것으로 부족해 민생을 내팽개치고 국가 미래마저 펑크를 내려고 하는가"라고 비판했다. 실제로 올해 1~9월 국세수입은 전년보다 50조원 넘게 줄었다. 기업 실적부진에 따른 법인세의 감소가 세수펑크에 주된 영향을 미쳤다. 정부는 9월 올해 남은 기간 예상되는 국세수입을 341조 4,000억원으로 수정 전망했다. 이를 기준으로 남은 기간 세수는 3조 5,000억원가량 덜 걷히게 될 것으로 추산됐다.

정부, 야권의 확장재정 요구 일축

정부는 민주당 등 야권의 확장재정 요구를 일축했다. 추경호 부총리 겸 기획재정부 장관은 11월 3일 경제부처 예산안 심사를 위한 국회 예결위 전체회의에서 이재명 민주당 대표가 정부에 확장재정을 요구한 데 대해 "그동안 빚이 급속도로 늘어 방만하게 재정을 운용하면 국가부채가 너무 커지고 대외신인도, 물가안정에 문제가 된다"며 거듭 불가입장을 밝혔다. 그러면서 "지출을 늘리는 데 전제는 대규모 빚을 내는 것인데, 굉장히 조심스럽고 신중한 접근이 필요하다"고 덧붙였다. "재정이 정부의 성장률을 끌어내린다"는 야당의 지적에 대해서는 "올해 1~3분기 성장에 정부 기여도가 44%"라며 "과거 정부의 성장 기여도는 25% 안팎"이라고 대답하기도 했다.

추경호 경제부총리 겸 기획재정부 장관

또한 윤석열 대통령이 전날 R&D예산 삭감을 두고 "연구현장의 우려도 잘 알고 있다"고 말해 예산안 보완을 시사한 것이라는 해석이 나오는 데 대해서는 "대한민국 발전동력이 R&D에서 나온다는 게 확고한 철학"이라고 말했다. 그러면서 "연구인력 관련 예산에 사후에 문제가 제기돼 부정적 영향이 없도록 심사할 것"이라며 "전문가와 학계의견을 들어 필요한 부분은 앞으로도 대거 증액하겠다"고 밝혔다. 아울러 새만금 사회간접자본(SOC) 예산이 삭감됐다는 평가에 대해 "새만금뿐만 아니라 모든 SOC 사업을 원점에서 재검토해 예산을 편성했다"며 "새만금 사업 재검토 관련용역이 진행되는 만큼 필요한 예산은 반영할 것"이라고 말했다.

9위

카카오, 창사 이래 최대 위기 … 전방위 쇄신안 내놓을까

카카오가 SM엔터테인먼트(이하 SM) 인수 후폭풍에 휩싸인 상황에서 카카오모빌리티의 독점적 지위 등 문제마저 겹치며 창사 이래 최대에 직면했다. 배재현 카카오 투자총괄대표(CIO)가 SM 인수 당시 시세조종 혐의로 구속된 데 이어 창업자인 김범수 전 이사회 의장(미래이니셔티브센터장)과 홍은택 대표도 검찰에 송치됐다.

금감원에 출석한 김범수 카카오 전 의장

준법경영 시스템·인적쇄신 방안에 이목

정부와 검찰이 카카오를 향해 칼끝을 겨누면서 김 전 의장은 10월 30일 카카오 공동체 최고경영자(CEO)와 임원 20여 명이 참석한 회의를 주재하고 한층 강화한 준법경영·통제 시스템 마련을 주문했다. 김 전 의장은 카카오가 처한 현 상황을 최고수위의 비상경영 단계로 인식하고, 경영체계 자체를 일신하기 위한 변화방향을 검토해야 한다는 점도 분명히 했다.

카카오는 우선 **각 공동체의 준법경영 실태를 점검하는 기구를 마련해 사회적 눈높이에 부응하는 경영시스템을 갖춰 나갈 방침**이다. 또 문제의 원인을 강도 높게 조사하고, 준법감시를 위해 향후 외부통제까지 받아들이는 방안도 함께 논의됐다. 신사업이나 대규모 투자를 진행할 경우 사회적 영향에 대한 외부평가를 받는 방안도 논의에 포함됐다. 또 카카오택시의 전면적 수수료체계 개편에도 나서기로 했다. 윤석열 대통령이 11월 1일 비상경제민생회의에서 "카카오의 택시에 대한 횡포는 매우 부도덕하다"며 카카오모빌리티를 질타한 데 따른 것으로 늦어도 11월 중 택시기사 등의 의견을 수렴하는 긴급간담회를 개최하겠다고 밝혔다.

아울러 카카오 주요 계열사의 대표임기가 내년 3~4월 만료되는 만큼 조기 인적쇄신의 가능성도 점쳐진다. 카카오 사법리스크의 중심에 있는 카카오엔터테인먼트의 이진수 대표와 카카오모빌리티의 류긍선 대표의 임기는 내년 3월 27일까지다. 이 대표는 회사의 몸집을 키우는 과정에서 증대된 경영상의 비효율성과 사법리스크에 대한 책임소재에서 벗어날 수 없는 처지다. 류 대표 역시 카카오모빌리티가 화물 중개시장 진출을 앞둔 시점에 중소기업의 기술을 탈취했다는 논란에 휩싸인 데다 최근에는 기업공개(IPO)를 위해 매출을 부풀리는 **분식회계***를 했다는 의혹으로 금융감독원의 회계감리를 받고 있어 비슷한 상황이다. 카카오 경영을 총괄지휘하는 홍은택 대표를 비롯한 다른 계열사 대표들의 임기 역시 대부분 3월~4월 말에 끝난다.

분식회계

'분식(粉飾)'이란 '실제보다 좋게 보이도록 거짓으로 꾸미는 것'으로 분식회계는 회사의 실적을 실제보다 좋게 보이게 하기 위한 목적으로 회사의 장부를 조작하는 일을 말한다. 이는 주주와 채권자들의 판단을 왜곡시켜 손해를 끼칠 수 있기 때문에 법적으로 금지돼 있지만, 정기적으로 실시하는 회계감사를 통해서도 드러나지 않는 경우가 많다.

경영쇄신위 출범 … 김 전 의장이 진두지휘

카카오는 11월 3일 외부감독기구 격인 '준법과 신뢰위원회'를 설립해 초대 위원장으로 김소영 전 대법관을 위촉한 데 이어 6일에는 김 전 의장을 위원장으로 하는 내부기구인 '경영쇄신위원회'를 신설하기로 했다. 준법과 신뢰위원회는 카카오 관계사의 준법 감시 및 내부통제 체계를 강화하는 집행기구 역할을 맡고, 경영쇄신위원회는 카카오가 위기를 극복할 때까지 카카오 공동체 전체의 변화와 혁신을 주도하는 역할을 맡는다. 다만 카카오는 김 전 의장이 쇄신을 주도하는 것일 뿐 경영일선에 복귀한 것은 아니라고 설명했다. 김 전 의장은 카카오페이 경영진의 '먹튀' 논란이 지속되던 작년 3월 글로벌시장 확대 등을 이유로 이사회 의장에서 사임하며 국내경영 일선에서는 물러난 상태다. 지난 9월 위기관리·경영지원·사업·투자 4대 총괄체제로 전환한 CA 협의체도 유지된다.

정보기술(IT)업계에서는 근본적으로 카카오의 문어발식 계열사 확장이 이번 사태를 초래했으므로 카카오의 쇄신안·자구책에 계열사 정리문제가 반드시 포함돼야 한다는 의견을 냈다. 그러나 IT업계의 한 관계자는 "카카오는 계열사들이 본체에서 분리된 형태가 아니라 이종사업 간의 결합형태로 이뤄진 그룹"이라며 "느슨하게 엮인 카카오와 계열사 구조상 현재의 그룹형태를 유지하면서 혁신적인 자구책을 내놓기는 쉽지 않다"고 말했다. 2018년 65개였던 카카오의 계열사는 이후 전방위 사업확장에 따라 올해 8월까지 144개로 빠르게 증가했다.

10위

2023 노벨상 수상자 발표 …
'여성 권익' 적극 옹호 주목

지구촌에 드리운 전쟁과 질병의 먹구름 속에서도 한 줄기 인류의 행복과 안녕을 찾는 데 기여한 공로를 인정받는 노벨상 수상자가 10월 2일부터 9일까지 차례로 발표됐다. 특히 이번 시즌에는 **11명의 수상자 중 4명이 여성이라는 점과 여성들의 사회적 권익 증진에 기여한 공로를 수상이유로 직접 명시했다는** 점에서 그동안 '백인남성들의 전유물'이라는 비판을 받아온 노벨상의 권위주의에 균열이 커지고 있다는 평가가 나왔다.

2023년 노벨물리학상 수상자 발표

백신 개발·아토초시대 개척·양자점 발견 기여

생리의학상은 커털린 커리코(68)와 드루 와이스먼(64)에게 돌아갔다. 이들은 뉴클레오시드 염기 변형에 대한 발견을 통해 전례 없는 속도로 코로나19 메신저리보핵산(mRNA) 백신 개발을 가능하게 한 공로를 인정받았다. 두 사람은 바이러스 표면에 있는 단백질 정보가 담긴 mRNA 정보를 일부 변형해 인체세포에 넣어주면 인체 면역체계를 자극해서 면역반응을 일으킬 수 있다는 사실을 밝혀냈고, 이는 화이자와 바이오엔테크, 모더나의 코로나19 mRNA 백신 개발의 토대가 됐다.

물리학상은 원자 내부에 있는 전자의 움직임을 잡아낼 정도로 파장이 짧은 '찰나의 빛'을 만들어내는 새 실험방법을 고안해낸 과학자 피에르 아고스티니(70)와 페렌츠 크라우스(61), 안 륄리에(65)가 수상했다. 이중 륄리에는 역대 다섯 번째이자 3년 만에 나온 여성 물리학상 수상자이기도 하다. 이들은 전자가 움직이거나 에너지량이 변화하는 과정을 측정할 수 있는 극도로 짧은 파장을 지닌 빛을 만들어내는 방법을 선보임으로써 **아토초***시대에 이전까지 불가능했던 전자세계 연구의 신기원을 열었다.

화학상은 nm(나노미터) 단위에서 특수한 성질을 가지는 양자점(퀀텀 도트) 발견과 합성에 기여한 문지 바웬디(62), 루이스 브루스(80), 알렉세이 예키모프(78)에게 돌아갔다. 이를 통해 원자의 구조를 바꾸지 않고 나노기술로 양자점의 크기를 조절해 같은 물질에서 여러 빛깔의 선명한 가시광선을 원하는 대로 만들어낼 수 있게 됐다. 학계에서는 양자점이 향후 휠 수 있는 전자기기, 초소형 센서, 초박형 태양전지, 양자 암호통신 등 여러 분야에 활용할 수 있을 것으로 기대하고 있다.

문학상은 노르웨이 작가 욘 포세(64)가 수상했다. 그는 소설가로 데뷔했으나 극작을 시작한 이후 세계에서 가장 널리 작품이 상연되는 극작가 중 한 명으로 꼽히며, 현대 연극의 최전선을 이끌고 있다는 평가를 받고 있다. 스웨덴 한림원은 그의 "혁신적인 희곡과 산문은 이루 말로 다 할 수 없는 것들을 말로 표현했다"고 선정이유를 밝혔다.

여성 인권운동·노동시장 분석한 수상자들 주목

평화상은 이란의 대표 여성 인권운동가이자 반정부 인사인 나르게스 모하마디(51)에게 돌아갔다. 이란의 두 번째 여성 수상자인 모하마디는 이란 여성에 대한 압제와 차별에 저항하고 인권과 자유를 위한 투쟁에 앞장선 인물로 20여 년간 이란의 민주주의 운동과 사형제 반대운동을 이끌었다. 그가 현지에서 인권침해로 악명이 높은 테헤란 에빈 교도소에서 수감 중인 때 수상자로 발표돼 노벨위원회가 이란정부에 석방을 요구하기도 했다.

경제학상 수상한 클로디아 골딘

경제학상은 미국의 저명한 노동경제학자 클로디아 골딘(77)이 수상했다. 골딘은 200년이 넘는 기간 동안 축적된 미국의 노동시장 관련 자료를 분석한 뒤 시간의 흐름에 따라 성별에 따른 소득과 고용률 격차가 어떻게 변화하는지 살피고, 이러한 차이가 나타나는 핵심동인이 '출산'과 '육아'라는 사실에 대한 설명을 처음으로 제공했다. 그의 연구에 따르면 19세기 초 농업사회에서 산업사회로 전환되면서 기혼여성의 노동시장 참여가 감소했다가 20세기 이후 서비스산업이 성장하면서 다시 증가했으며, 교육수준도 지속적으로 향상돼 대다수의 고소득국가에서는 여성의 교육수준이 남성을 추월한 상황이다. 그러나 여성은 여전히 세계 노동시장에서 과소대표되고 있으며, 소득도 여전히 남성보다 적은 것으로 나타났다. 골딘은 관련 연구를 진행하며 이러한 문제를 해결하기 위해서는 사회적 차원에서 돌봄을 제공하는 등 일과 삶이 양립가능한 사회체계를 구축해야 한다고 주장해왔다.

후쿠시마 원전 알프스, 연이은 고장에도 3차 방류

일본 후쿠시마 원전 오염수를 처리하는 **다핵종제거설비***(ALPS, 알프스)의 고장 발생건수가 기기별로 보면 최소 30건이 넘는 것으로 밝혀진 가운데 일본은 11월 2일 3차 방류를 시작했다.

다핵종제거설비

2011년 3월 11일 도호쿠 지방 태평양 해역 지진에 의해 발생된 후쿠시마 원자력 발전소 사고에 대처하기 위해 2012년 10월 도시바가 개발한 설비. 사고로 발생한 방사성물질 함유 오염수를 삼중수소 이외의 방사성물질에 있어서 규제기준을 만족할 때까지 정화 처리하는 게 목적이다. 그러나 정화능력이 규제기준을 밑도는 점, 삼중수소의 경우 바닷물로 농도를 희석함으로써 처리수에 함유된 방사성물질의 농도를 규제기준을 크게 밑도는 수준으로 떨어뜨릴 뿐이라는 점에서 실효성을 의심받는다.

3차, 19일 동안 7,800만t 방류

후쿠시마 원전 오염수 방류를 2차까지 마친 도쿄전력이 2일 3차 방류를 시작했다고 밝혔다. 1, 2차와 마찬가지로 7,800톤(t)을 방류할 방침이며 같은 달 20일 종료된다고 전했다. 이 목표치에 따라 도쿄전력은 ALPS를 거친 오염수를 1km의 해저터널을 통해 원전 앞 바다에 하루 460t씩 내보냈다. 최초 방류가 이뤄졌던 지난 8월 24일부터 9월 11일까지는 오염수 7,888t이, 10월 5일부터 10월 23일까지 이뤄

졌던 2차 방류에서는 오염수 7,810t가 방출됐다. 올해 4차 방류까지 진행될 예정이다.

신재식 원자력안전위원회 방사선방재국장은 3차 방류가 있던 2일 후쿠시마 오염수 관련 일일브리핑에서 도쿄전력이 1일 17시 발표한 오염수 분석결과를 공개했다. 도쿄전력은 지난 10월 30일부터 3차 방류를 위해 ALPS와 오염수 이송배관 점검 등을 진행했는데, 신 국장은 점검결과 삼중수소(트리튬) 농도는 리터당 약 55~77배크렐(Bq)로 배출기준인 1,500Bq 미만이며 희석비율을 고려해 계산한 희석 후 삼중수소 농도 범위인 49~194Bq에 포함되는 수치라고 밝혔다.

후쿠시마 제1원전 오염수 보관탱크

앞서 도쿄전력도 준비작업 과정에서 '희석한 오염수 샘플링을 검사한 결과 삼중수소가 기준치 이하였다'며 '방류에 문제가 없다'고 밝혔다. 하지만 10월 25일 오염수 설비배관 청소 중 오염수가 분출돼 작업자들이 오염수를 덮어쓰는 사고가 일어나 내부설비 관리가 도마에 오른 바 있다. 이때 일본 원자력규제위원회 측은 운전관리에 부주의가 있었다며 사고경위와 작업자의 정확한 피폭량을 요구했다. 특히 도쿄전력이 하청업체 소속 작업자에 대한 교육훈련을 제대로 시행하지 않았다고 지적했다. 이와 함께 앞선 2차 방류 기간 방수구 근처 바닷물에서 검출 하

한치를 넘는 삼중수소가 검출된 점도 돌발변수가 생길 수 있다는 불안감을 주고 있다. 오염수에 가장 강하게 반발해온 중국이 도쿄전력이 가지고 있던 문제점이 드러났는데도 3차 방류까지 강행한다며 공세 수위를 높인 데는 이런 이유가 있다.

잦은 ALPS 고장, 방류기간 무기한 연장 우려

지난 6월에는 ALPS의 고장 발생건수가 기기별로 보면 최소 30건이 넘었다는 것이 알려졌고, 9월에는 ALPS 정화 처리과정에서 방사성물질이 공기 중으로 배출되는 걸 막아주는 필터 25개 중 24개, 하나 빼고 다 손상됐다는 것이 폭로됐다. 여기에 원전 폐로작업은 첫 단계인 핵연료봉 파편(데브리)에 접근하는 것부터 연속 실패하면서 시작조차 못한 것으로 드러났다. 이 때문에 당초 일본정부가 오염수 방류기간을 30~40년으로 내다본 것과 달리 지금의 작업속도라면 방류기간은 100년 이상, 최악의 경우 무기한 연장될 것이라는 우려가 커지고 있다.

핵오염수 투기 규탄 및 일본 수산물 수입중단 촉구 기자회견

일본의 니혼게이자이신문마저 "폐로과정에서 예상치 못한 사태가 일어날 수도 있지만, 원자로 내부에서 무엇이 발생하고 있는지, 왜 폐로비용이 기하급수적으로 늘어나는지에 대해 상세히 설명하지 않는 한 부담을 짊어지는 미래세대에 대한 책임은 피할 수 없다"고 지적하고 있는 상황이다.

12위

국민의힘 새 혁신위원장 인요한, 진짜 혁신 이뤄질까

국민의힘이 10월 23일 당 쇄신작업을 이끌 혁신위원회(혁신위) 위원장에 인요한(64) 연세대 의대 교수를 임명했다. 김기현 국민의힘 대표는 "인 교수는 지역주의 해소와 국민통합에 대해 깊은 안목과 식견을 가진 분"이라고 소개했다. 인 위원장은 기자들과 만나 "통합을 추진하려고 한다"며 "생각은 달라도 사람은 미워하지 말자는 통합"이라고 말했다. 또 "많이 바뀌어야 한다. 국민의힘의 많은 사람이 내려와서 듣고 변하고 희생할 각오가 있어야 한다"고 강조했다.

인요한 국민의힘 혁신위원장

이준석 전 대표·홍준표 대구시장 '대사면' 건의

혁신위는 10월 27일 여의도 당사에서 인 위원장 주재로 첫 회의를 열어 이준석 전 대표와 홍준표 대구시장 등에 대한 징계해제 논의를 '1호 안건'으로 정했다. 혁신위는 "당내통합과 대화합을 위한 대사면 차원"이라고 강조했다. 이 전 대표는 앞서 '성상납

증거인멸 교사 의혹', 윤석열 대통령과 당에 대한 거듭된 공개비난 등으로 1년 6개월 당원권 정지징계를 받고 2024년 1월에 징계가 풀릴 예정이었다. 홍 시장은 '수해골프 논란*'으로 당원권 정지 10개월 징계를 받았다. 정지기간은 2024년 5월까지였다. 국민의힘은 11월 2일 혁신위 제안에 따라 이 전 대표와 홍 시장 등에 대한 당원권 정지징계를 취소했다.

홍준표 대구시장 수해골프 논란

지난 7월 집중호우로 전국 곳곳에서 수해가 일어났던 당시 홍준표 대구시장이 주말골프를 쳤던 것으로 드러나 구설수에 올랐다. 이에 홍 시장은 "대구지역은 비가 오지 않았다"며 "매뉴얼을 어긴 것도 없고, 대통령 외 공직자의 주말은 비상근무 외에는 자유다"라고 말해 더 큰 논란을 불렀다. 잇따른 비판에 홍 시장은 사과했으나, 국민의힘 중앙윤리위원회는 홍 시장에 대한 징계절차에 나서 당원권 정지 10개월이라는 중징계를 내렸다.

한편 사면 당사자들은 "모욕을 주고 이제 와서 사면하겠다고 한들 내가 그걸 받아 주겠나(홍 시장)", "당 윤리위원회 징계를 희화화하면서 사용해왔던 사람들이 이것을 또 무슨 대단한 시혜적 조치인 것처럼 하고 있다(이 전 대표)"며 싸늘한 반응을 보였다. 이에 인 위원장은 11월 8일 대구에서 홍 시장을 만나 당 혁신에 도움을 요청하고, 이 전 대표에 대해서는 "당에 돌아와 총선에서 중책을 맡아 우리를 도와야 한다"고 말했다. 그러나 앞서 이 전 대표는 "당이

홍준표 대구시장(왼쪽)과 이준석 전 국민의힘 대표

바뀌지 않을 경우 12월 말 신당 창당에 나설 수 있다"고 예고해 갈등해결이 쉽지 않을 전망이다.

인 위원장 "당 중진의원들 험지출마 해달라"

혁신위는 대사면에 이어 11월 3일 당 지도부와 중진의원, 친윤(친윤석열)계 의원들에게 2024년 총선 불출마 또는 수도권 험지출마를 결단하라고 요구했다. 인 위원장은 "우리 당은 위기다. 더 나아가 나라가 위기인데 그걸 바로잡기 위해서는 희생의 틀 아래에서 결단이 요구된다"고 강조했다. 인 위원장이 구체적 대상을 거명하지는 않았지만, 지도부는 김 대표와 윤재옥 원내대표를 비롯한 주요 당직자를 염두에 둔 것으로 추측됐다. 중진의원에 대해서도 구체적인 선수(選數)를 밝히지 않았으나, 현재 당내에서 상당 비중을 차지하는 3선 이상의 영남권 중진들을 지칭한 것으로 해석됐다. 친윤계 의원은 일명 '윤핵관(윤 대통령 핵심관계자)'이라 불려 온 권성동 · 장제원 · 이철규 의원 등을 지목한 것으로 보였다.

윤재옥 국민의힘 원내대표(왼쪽)와 김기현 대표

인 위원장은 연일 언론 인터뷰를 통해 불출마 · 험지출마 요구를 강하게 이어갔으나, 정작 요구 당사자들은 침묵을 유지했다. 인 위원장이 김 대표 등 지도부를 향해 답변을 요구했지만, 지도부는 인 위원장의 권고가 개별의원이 결단해야 할 영역이라고 보고 공식반응을 자제한 것으로 알려졌다. 일부 중진의원

들은 반발의 목소리를 내고 있지만, 친윤 의원들도 공개적으로는 별다른 반응을 보이지 않았다. 일각에서는 중진들의 연쇄적인 불출마선언이 이뤄지기 위해서는 김 대표나 장 의원 등 상징적인 인물이 신호탄을 쏘아야 한다는 목소리도 나왔다. 다만 내년 총선을 5개월이나 남겨둔 상황에서 불출마나 험지출마를 선언하기 너무 이르다는 점이 당사자들의 무반응을 불러온 것이라는 분석도 있다. 희생을 결단하더라도 현재로서는 정치적 이득을 얻을 게 없다는 분석이다.

HOT ISSUE **13**위

논란 끝 '노란봉투법' 국회 통과 … 거부권 놓고 갈등 이어질 듯

더불어민주당이 찬성하고 국민의힘은 반대해온 '노란봉투법'과 '방송 3법'이 11월 9일 원내 다수당인 민주당 주도로 국회 본회의를 통과했다.

노란봉투법·방송3법 국회 본회의 상정

'사용자 범위·손해배상 책임' 어디까지인지 쟁점

이번에 통과된 노란봉투법은 노조법 제2조와 제3조 개정안이다. 2014년 법원이 쌍용차 파업 노동자들에 대해 47억원의 손해배상 판결을 하자 시민들이 성금을 모아 노란 봉투에 담아 전달한 데서 '노란봉투법'이라는 이름이 유래됐다.

노조법 2조는 근로자, 사용자, 노동쟁의 등에 대한 정의를 담고 있는데, '사용자'를 "사업주, 사업의 경영담당자 또는 그 사업의 근로자에 관한 사항에 대해 사업주를 위해 행동하는 자"라고 규정했다. 개정안은 여기에 "근로계약 체결의 당사자가 아니더라도 근로자의 근로조건에 대해 실질적이고 구체적으로 지배·결정할 수 있는 지위에 있는 자"도 사용자의 범위에 추가했다. 이는 사용자의 범위를 '원청업체' 등으로 넓힌다는 뜻으로 하청업체 등 간접고용 근로자도 원청사용자와 단체교섭 등을 할 수 있도록 해 노동권을 보장한다는 취지다. 또 '노동쟁의'의 대상을 "근로조건의 결정"에 관한 사항에서 "근로조건"에 관한 사항으로 확대해 범위를 넓히는 내용도 담았다.

3조는 손해배상 청구의 제한에 관한 내용이다. 현행법은 "사용자는 이 법에 의한 단체교섭 또는 쟁의행위로 인해 손해를 입은 경우에 노동조합 또는 근로자에 대해 그 배상을 청구할 수 없다"고 돼 있다. '적법한' 쟁의행위 등에는 손해배상 청구를 제한한 것인데, 개정안은 여기에 법원이 '적법하지 않은' 행위로 보고 귀책사유와 기여도에 따라 손해배상 책임을 인정하는 경우에도 손해배상 범위를 제한하는 내용을 추가했다. 불법파업 등으로 손배 판결이 내려질 때 각자의 책임범위를 산정하지 않은 채 조합원 모두가 거액의 손해발생액을 부담하는 것을 막겠다는 취지다. 여기에 제3자인 신원보증인에게도 손배 청구가 가능하다는 점이 노조활동을 위축시킨다는 문제의식에 따라 "신원보증인은 단체교섭, 쟁의행위, 그 밖의 노동조합의 활동으로 인해 발생한 손해에 대해서는 배상할 책임이 없다"는 내용도 추가했다.

노사·여야 입장 첨예 … 거부권 전망

노란봉투법을 둘러싼 노사정과 여야의 입장은 극명히 엇갈려 왔다. 노동계는 노란봉투법을 '손배폭탄 방지법'으로 부르며 과도하고 무분별한 손해배상 소송으로 노조활동이 위축되는 것을 막고, 하청 노동자들의 **노동3권***을 보장하기 위한 것이라고 주장하며 조속한 처리를 촉구해왔다. 또 대법원이 이미 2010년 원청이 하청노동자의 실질적인 사용자라고 인정하는 등 최근의 판례들에 비춰봐도 반드시 개정돼야 한다고 주장했다.

노동3권

근로자들의 인간다운 생활 보장과 근로조건 향상을 위해 부여한 권리를 말한다. 노동3권에는 ▲ 근로자가 자주적으로 근로자단체(노동조합)를 결성할 수 있는 단결권 ▲ 노동조합의 대표가 근로조건에 대해 사용자와 단체협약을 체결·교섭할 수 있는 단체교섭권 ▲ 단체행동권을 가질 수 있는 권리가 있다. 단, 공무원과 교원, 방위사업체 등은 권리행사에 대해 일부 제한이 있다.

반면 경영계는 사용자나 쟁의행위 범위 확대와 손배 제한이 산업현장에 혼란을 불러올 것이라고 주장한다. 사용자 범위가 확대돼 하청업체가 원청사용자를 대상으로 교섭을 요구하면 결국 기업활동을 영위할 수 없게 되며, 투자결정과 같은 경영상 판단도 쟁의행위 대상이 될 수 있다는 것이다.

경제6단체, 노조법 개정안 입법 중단 촉구

정부도 반대입장을 분명히 밝혔다. 추경호 경제부총리 겸 기획재정부 장관은 전날 "노란봉투법은 산업현장에 막대한 혼란 야기 등 우리 경제에 악영향을 미칠 수 있다"고 말했다. 이정식 고용노동부 장관 역시 "쟁의행위 범위 확대가 파업만능주의로 귀착될 것"이라고 우려했다. 이미 여당은 노란봉투법 통과 시 윤석열 대통령에게 거부권 행사를 건의할 것이라고 밝힌 만큼 윤 대통령이 양곡법, 간호법에 이어 세 번째로 거부권을 행사할 가능성이 있다는 관측도 제기됐다. 대통령은 정부로 이송된 법률안을 15일 이내에 서명·공포하거나, 이의가 있을 시 국회에 재의 요구를 해야 한다.

HOT ISSUE *14위*

자동육아휴직 도입 추진 … 부모들 "현실 모르는 탁상행정"

정부 내 저출산·고령화 정책을 총괄하는 **저출산고령사회위원회***(저고위)가 출산휴가 후 자동으로 육아휴직으로 연결되는 '자동육아휴직제' 도입을 검토 중이라는 사실이 알려지며 부모들 사이에서 논란이 됐다. 낮아지기만 하는 출산율의 반등을 모색하는 과정에서 나온 고육지책이지만, 육아휴직을 하면 수입이 크게 감소하는 상황에서 현실성이 없다는 지적이 나온다.

대통령이 위원장을 맡은 직속기구로 정부가 추진하는 저출산·고령화 관련 정책을 총괄하는 일종의 컨트롤타워다. 점차 심화하고 있는 저출산 및 인구고령화에 대비해 중장기 정책목표와 추진방향에 관한 사항을 조정 및 평가·심의하며, 다부처·지역 협력과제나 개혁적 과제를 집중지원해 최종적으로는 모든 국민의 삶의 질을 향상시킬 수 있는 정책의 실현을 목표로 한다.

현실은 '육아휴직 소득대체율' OECD 최저

10월 31일 저고위 관계자는 저출산 대책으로 출산휴가가 끝나면 예외적 사유를 제외하고는 육아휴직을 하도록 하는 제도의 도입을 검토하고 있다고 밝혔다. 이는 육아휴직을 꺼리는 사회적 분위기가 여전하다고 판단했기 때문이다. 저고위는 보다 적극적으로 육아휴직을 사용하는 분위기가 만들어지면 출산율을 높이는 지렛대 역할을 할 수 있다고 봤다.

한국 최저임금·육아휴직급여 비교

* 육아휴직 30일 이상 부여받은 근로자(고용보험 가입 180일 이상)

자료 / OECD, 저출산고령사회위원회

국회입법조사처의 '육아 페널티의 현실, 육아휴직 사용권 보장을 위한 개선 과제(2021년)' 보고서에 따르면 우리나라의 출생아 100명당 육아휴직 사용자 비율은 여성 21.4명, 남성 1.3명이다. 관련 정보가 공개된 OECD 19개 국가 중 사용자 수가 가장

적었다. 하지만 저고위가 이런 정책을 검토 중이라는 보도가 나온 뒤 현실성이 없는 탁상행정이라는 지적이 쏟아졌다. 육아휴직 급여가 낮아 수입이 반토막 이하로 떨어지는데, 정부가 육아휴직을 자동으로 받도록 한다면 오히려 출산을 꺼리게 될 수 있다는 것이다.

육아휴직은 고용보험 가입 180일 이상 된 근로자만 8세 이하 또는 초등학교 2학년 이하 자녀의 양육을 위해 최장 1년(내년부터는 1년 6개월)까지 받을 수 있다. 육아휴직 급여는 통상임금의 80%인데, 상한액 150만원, 하한액 70만원이 적용된다. 또 자동 육아휴직제도가 도입될 경우 소요될 막대한 규모의 재원을 마련하는 것이 현실적으로 어렵다는 점과 특수고용노동자나 자영업자 등은 육아휴직 혜택을 받을 수 없는 점, 휴직 여부와 시기 등 개인의 선택권을 제한한다는 점 등을 고려할 때 현실과 지나치게 동떨어져 있다는 비판을 피하긴 어렵다.

부부 함께 육아휴직하면 최대 월 900만원 지급

한편 10월 6일 고용노동부는 부부가 함께 아이를 돌보는 '맞돌봄' 문화를 확산하기 위해 기존의 '3+3 부모 육아휴직제'를 '6+6 부모 육아휴직제'로 확대 개편하는 내용의 고용보험법 하위법령 개정안을 입법예고했다. 지난해 도입된 '3+3 부모 육아휴직제'는 생후 12개월 내의 자녀를 돌보기 위해 부모가 동시 또는 순차적으로 육아휴직을 하면 첫 3개월간 부모 각자에게 통상임금의 100%(월 최대 200만~300만원)를 지급하는 제도다. 기본적인 육아휴직 급여는 통상임금의 80%(월 최대 150만원)다. 이 같은 영아기 맞돌봄 특례 등에 힘입어 남성 육아휴직자 비율은 2019년 21.2%에서 지난해 28.9% 수준까지 상승했으나, 여전히 여성이 70% 이상을 차지하고 있다.

이에 정부는 이르면 내년 1월부터 해당 특례를 적용받는 기간을 첫 3개월에서 첫 6개월로 늘리고, 자녀 연령도 생후 12개월 내에서 생후 18개월 내로 확대하기로 했다. 육아휴직 급여 상한액도 200만~450만원으로 인상하고, 상한액은 매월 50만원씩 오른다. 이에 따라 만약 부부 모두 통상임금이 월 450만원이 넘을 경우 동반 육아휴직 첫 달에는 200만원씩 400만원을 받고, 6개월 차에는 450만원씩 900만원을 받게 된다.

15위

'수출플러스·무역흑자' 동시 달성 … 턴어라운드 조짐?

10월 수출이 13개월 만에 플러스로 전환되고, 무역수지는 6월 이후 5개월 연속 흑자를 달성했다. '수출플러스'와 '무역수지 흑자'를 동시에 이룬 것은 지난해 2월 이후 20개월 만에 처음이다. 반도체 수출이 지난 1분기 바닥을 찍고 회복되는 흐름과 맞물려 대(對)중국 수출이 개선세를 타면서 턴어라운드 조짐을 보인다는 전망이 조심스럽게 제기됐다.

바닥 찍은 반도체, 최저 감소율

11월 1일 산업통상자원부(산업부)가 발표한 10월 수출입 동향에 따르면 수출은 전년 동월보다 5.1% 증가한 550억 9,000만달러, 무역수지는 16억 4,000만달러 흑자로 나타났다. 여기에는 최대 수출품목인 반도체 수출이 호조세로 전환한 것이 적지 않은 영향을 미쳤다. 10월 반도체 수출액은 89억 4,000만달러로 작년 동월 대비 3.1% 감소했지만, 감소율이 지난해 8월 이후 최저 수준이다.

반도체 수출은 지난해 3분기(-3.9%)부터 마이너스로 돌아선 이후 올해 1분기 -40%로 바닥을 찍었다. 이후 올해 2분기 -34.8%, 3분기 -22.6% 등으로 개선 흐름을 지속하고 있다. 특히 메모리반도체의 10월 수출액은 45억 1,000만달러를 기록해 작년 같은 달(44억 7,000만달러, -35.7%)보다 1% 늘었다. 이는 삼성전자와 SK하이닉스의 상반기 메모리 감산효과가 가시화하고, 스마트폰 신제품과 인공지능(AI) 서버용 고부가제품의 수요가 확대한 데 따른 것이다. 10월에는 D램과 낸드의 현물가격과 고정가격이 상승하면서 가격여건도 미미하지만 개선됐다.

최대 흑자국이었던 중국 수출은 지난해 5월 적자로 돌아선 이후 18개월 동안 여전히 뒷걸음질 치고 있지만, 반도체 회복세와 맞물려 대중국 수출 역시 개선 조짐을 보였다. 10월 대중국 수출액은 110억달러로 지난 8월부터 3개월 연속 100억달러 이상의 실적을 이어갔다. 중국으로의 반도체 수출 감소율도 올해 1분기 -44.6%, 2분기 -34.7%, 3분기 -34.8%를 거쳐 지난달 1~25일에는 -2.9%까지 감소폭이 줄었다. **리오프닝*** 이후 중국의 경기둔화 우려가 지속되고 있지만, 대중국 최대 수출품목인 반도체 수출감소율은 크게 개선된 모양새다. 이에 따라 대중국 수출감소율은 -9.5%로 올해 최저치였다.

다만 무역수지는 지난 9월(−1억 4,000만달러)보다 늘어난 −15억 5,000만달러로 나타났다.

본격적인 경기회복? … 향후 추세는

이를 두고 본격적인 경기회복의 신호탄으로 봐야 할지에 관심이 쏠린다. 일단 정부는 그간의 추세를 놓고 볼 때 안정적인 '수출 우상향' 모멘텀이 당분간 지속될 것이란 전망을 내놨다. 수출 주력품목인 자동차, 선박, 일반기계 등이 일제히 호조세를 보이고, 반도체의 반등이 시작되는 양상이라는 설명이다.

10월 수출입동향을 발표하는 김완기 산업부 무역투자실장

일부 전문가들 또한 한국수출이 완전히 회복국면으로 접어들었는지는 연말까지 추이를 지켜봐야 한다면서도 반도체·대중 수출이 바닥을 확인한 뒤 상승세를 보이고 있는 점은 긍정적으로 평가했다. 조상현 한국무역협회 국제무역통상연구원장은 "전체적으로 바닥을 확인했고, 조심스럽지만 턴어라운드하는 모습"이라며 "작년 실적이 좋지 않았기 때문에

기저효과가 있는 것은 분명하며, 본격적인 회복국면에 접어들었는지는 내년 초까지 지켜봐야 할 것"이라고 말했다. 그러나 지난달 수출플러스가 지난해 하반기부터 수출실적이 악화한 데 따른 기저효과라는 지적도 있다. 즉, 지난해 바닥을 친 수출실적 때문에 약간의 상승임에도 크게 보이는 착시현상을 일으켰다는 것이다.

대법원장 공백 현실화 …
검증, 여 "신속히" vs 야 "철저히"

대법원장 공백사태가 현실화하면서 대법원이 9월 25일부터 선임 대법관 권한대행체제로 전환됐다. 법조계에서는 대법원의 '존재이유'로 꼽히는 **전원합의체*** 심리·판결이 사실상 불가능해졌다는 우려가 나왔다. 일선 법원의 법률해석을 바꾸고 우리사회에 큰 영향을 미치는 판결이 전원합의체에서 나오는데, 10월까지 총 5건이 전원합의체 심리대상사건으로 계류된 상태다.

한 차례 임명동의안 부결, 공백 지속

윤석열 대통령은 앞서 8월 22일 이균용 서울고등법원 부장판사를 신임 대법원장 후보자로 지명했으나,

임명동의안이 10월 6일 국회에서 부결되면서 대법원장 장기공백 사태를 피할 수 없게 됐다. 대법관들은 이와 관련한 대응방안을 논의하는 회의를 9월 25일과 10월 16일 두 차례 열었는데, 결과적으로 안철상 대법원장 권한대행은 후임 대법관들 인선을 위한 사전절차를 진행하지 않기로 했다. 이로써 2024년 1월 1일자로 임기가 만료되는 대법관 2명의 후임 인선절차도 지연이 불가피해졌다.

안철상 대법원장 권한대행

국민의힘은 해당사태에 대해 더불어민주당의 책임을 부각했다. 이양수 국민의힘 원내수석부대표는 "통상 대법관 인선절차는 천거, 검증, 제청을 거쳐 국회 인사청문회와 임명동의까지 약 3개월이 소요된다. 하지만 대법관 회의 결론대로라면 내년 1월에 대법관 14명 중 11명만 남게 돼 재판파행도 우려되는 상황"이라고 지적했다. 또 김예령 국민의힘 대변인은 "사법공백 사태에 대해 이재명 민주당 대표 안위를 위해 국민권리를 인질로 잡고 입법폭력을 휘두른 민주당을 탓하지 않을 수 없다"면서 "정쟁으로 인해 사법체계를 무너뜨리고 국민에게까지 피해가 가는 일은 절대 있어서는 안 된다"고 강조했다.

아울러 국민의힘은 윤 대통령이 10월 18일 헌법재판소장 후보자에 이종석 헌법재판관을 지명한 것과 관련해 "야권은 벌써 '대통령 친구'라는 이유로 '묻지마 반대' 검증을 예고했다"며 "헌법재판소장은 정치적 거래의 대상이 될 수 없다"고 밝혔다. 전주혜 국민의힘 원내대변인은 "민주당이 헌법재판소마저 공백사태를 불러일으켜 사법부 길들이기에 나선 것은 아닌지 심히 우려스럽다"고 말했다.

이종석 헌법재판소장 후보자

새 대법원장 후보 지명, 청문회 각 세우는 여야

윤 대통령은 11월 8일 대법원장 후보자로 조희대 전 대법관을 지명했다. 대통령실은 "원칙과 정의, 상식에 기반해 사법부를 끌어나감으로써 사법신뢰를 신속히 회복할 수 있는 적임자라 판단했다"고 강조했다. 대통령실은 "조 후보자가 나이 때문에 6년 임기를 못 채울 것으로 예상되는 데도 지명한 이유는 무엇이냐"는 기자 질문에 "후임자를 고르는 데 있어 임명동의안이 국회를 통과하는 부분과 대법원장 공백사태가 오래되면 안 되는 부분에 신경을 많이 썼

조희대 대법원장 후보자

다"며 "조 후보자가 국회·야당에서도 문제없이 될 수 있겠다고 판단했다"고 답했다. 1957년생인 조 후보자는 대법원장 정년(70세) 규정상 임기 6년을 다 채울 수 없다.

새 후보가 나온 가운데 여당은 신속한 인사청문회를 촉구한 반면 야당은 철저한 검증을 내세웠다. 전 국민의힘 원내대변인은 "국회는 내실 있는 인사청문회를 신속히 실시할 의무가 있다"며 "아니면 말고 식의 폭로와 억지로 대법원장과 헌법재판소장 임명이 또다시 지연되는 사태가 일어나서는 결코 안 된다"고 강조했다. 반면 윤영덕 민주당 원내대변인은 "조 후보자를 국민의 눈높이에서 철저히 검증하겠다"며 "이제 남은 일은 윤 대통령의 지명이 잘못된 인사의 반성 위에서 이뤄졌는지 살피는 것이다. 부디 조 후보자가 사법부에 대한 국민신뢰를 높이고 사법부 권위를 지킬 수 있는 분이기를 희망한다"고 덧붙였다.

HOT ISSUE **17**위

가이아나-베네수엘라 국운 건 영토분쟁

남미 가이아나 영토를 대상으로 한 베네수엘라의 영유권 주장을 놓고 양국 간 긴장이 다시 고조되고 있는 가운데 결국 국제사법재판소(ICJ)의 심리를 통한 결정에 따라 판결 나게 됐다.

남미 최대 영토분쟁되나

11월 14일 국제사법재판소(ICJ)는 네덜란드 헤이그에서 '1899년 10월 3일자 중재판정 사건'에 대한 청문회를 진행했다. '1899년 10월 3일자 중재판정 사건'은 '과야나 에세키바'로도 불리는 에세퀴보강 서쪽 15만 9,500km^2 규모 영토와 그 유역에 대한 소유권 분쟁을 다룬 것이다. 당시 상설중재재판소(PCA)는 이 지역을 통치하던 영국의 손을 들어줬고, 1966년 가이아나가 영국으로부터 독립하면서 가이아나의 국토로 편입됐다.

영유권 분쟁지역을 흐르는 에세퀴보(과야나 에세키바)강

그런데 베네수엘라는 19세기 초 에스파냐로부터 독립한 뒤 "역사적으로 에세퀴보(과야나 에세키바를 지칭하는 베네수엘라 측 명칭)는 우리 땅이었다"며 실효적 지배권을 주장해오고 있다. '가이아나와의 분쟁에 대한 원만한 해결'을 명시한 **1966년 제네바 합의***를 근거로 당사국 간 협상으로 이 사안을 다뤄야 한다고도 요구하고 있다. 반면 가이아나와 베네수엘라 사이의 국경은 지난 1899년 제1차 만국평화회의 당시에 있었던 중재재판에 의해 결정됐다는 것이 가이아나의 입장이다.

1966년 제네바 합의

1966년 베네수엘라와 영국으로부터 독립을 앞둔 때의 가이아나 사이에 체결된 협의다. 협의의 핵심은 양국 간 영토분쟁에 대한 성실한 협의와 원만한 해결을 약속한다는 것이다. 이를 근거로 베네수엘라는 이 협의 이전의 판정(1899년 중재판정)을 영토권 주장의 근거로 삼을 수 없다고 말하고 있다. 양국 간 영유권 분쟁은 베네수엘라를 점령했던 에스파냐와 가이아나를 점령했던 네덜란드가 국경을 명확히 하지 않은 상황에서 가이아나가 영국에 넘어가고, 베네수엘라가 독립한 19세기 초반 무렵부터 분쟁이 본격화했다.

이에 대해 ICJ는 지난 4월 6일(현지시간) 홈페이지에 "(1899년 10월 3일 자 중재재판소의 가이아나 대 베네수엘라) 중재판정 사건과 관련해 베네수엘라 측에서 제기한 선결적 항변(Preliminary Objection)을 기각한다"면서 "이 문제의 관할 권한은 ICJ에 있으므로 당사국 협의가 아닌 국제사법재판 절차에 따라 해결해야 한다"고 못 박았다. 이에 따라 영유권 논란은 두 나라 간 협상이 아니라 관할 권한을 주장한 ICJ의 심리를 통한 결정에 따라 판결 나게 된 것이다. 선결적 항변은 ICJ에서 본안심리 이전에 관련 국가가 일정한 사항의 결정을 청구해 심리를 배제하려는 절차다.

천연자원에 대규모 유전까지 … 결국은 자원전쟁

그런데 역사적인 소유권 분쟁이 최근 다시 수면 위로 떠오른 데는 원유가 있다. 해당 지역 인근 해상에서 대규모 유전이 발견된 것이다. 지금까지 탐사한 결과에 따르면 에세퀴보 지역에 매장된 원유는 최소 100억배럴 이상이 될 것으로 추산된다. 가이아나가 2022년 말 기준 인구 약 81만명 정도인 것을 감안하면 1명당 원유생산량은 중동의 주요 산유국을 뛰어넘는 세계 1위 수준이다. 이 때문에 독립 이후 남미 최대 빈국이었던 가이아나는 빈국 탈출의 유일한 열

쇠가 원유 수출이라고 판단하고 외국기업의 기술과 투자를 유치하는 등 원유개발에 사활을 걸고 있다.

그러자 베네수엘라는 가이아나정부를 '베네수엘라의 자원을 훔치는 도적'이라며 강력히 비판하며, 에세퀴보강이 전통적으로 가이아나와 베네수엘라를 나누는 '자연적 국경'이라는 주장과 함께 1966년 제네바 협의를 지키라고 가이아나를 압박하고 있다. 또한 브라이언 니콜스 미국 국무부 부장관의 입을 통해 "미국은 가이아나의 천연자원 개발 권리를 지지한다"는 소식이 전해지자 "내정간섭이자 무례한 행위"라고 비난했다. 최근에는 해당 지역의 병력을 증강하고 군사훈련을 확대하기 시작했다. 12월 3일에는 국내 지지 여론 결집용 퍼포먼스로 '에세퀴보 방어권 보장을 위한 국민투표'도 시행했다.

한편 가이아나정부는 개발에 속도를 더하기 위해 다수의 사업자를 대상으로 공개입찰을 진행했다. 이번 공개입찰에서는 가이아나에서 가장 오랫동안 원유 탐사와 채굴을 한 엑슨모빌을 비롯해 프랑스계 에너지기업 토탈에너지스(Total Energies)도 사업 협상권을 얻었다.

HOT ISSUE **18위**

일회용품 사용규제 완화 … "환경정책 후퇴" 비판

정부가 식당과 카페, 편의점 등에서 일회용품 사용을 당분간 단속하지 않기로 했다. 고물가와 고금리 상황에서 소상공인 부담을 고려했다는 입장이지만 시대적 과제이자 국정과제인 '일회용품 사용량 감축' 정책이 후퇴했다는 비판이 거세다.

소상공인 부담 고려해 일회용품 사용규제 완화

11월 7일 환경부는 '식품접객업과 집단급식소에서 일회용 종이컵 사용금지' 조처를 철회한다고 발표했다. 또 식품접객업과 집단급식소에서 플라스틱빨대와 젓는 막대 사용금지, 종합소매업과 제과점에서 비닐봉지 사용금지 조처는 계도기간을 무기한 연장했다. 두 조처는 지난해 11월 24일 시행된 일회용품 추가규제 중 일부로 1년의 계도기간이 부여돼 단속과 위반 시 최대 300만원 이하인 과태료 부과가 이뤄지진 않았다.

환경부는 계도기간에 규제 이행가능성을 점검한 결과 일회용 종이컵과 플라스틱빨대 금지가 가장 이행하기 어려운 조처로 파악됐다고 설명했다. 임상준 환경부 차관은 이날 브리핑에서 "1년 계도기간에도 공동체 내 충분한 사회적 합의에 이르지 못했다"며 "원가상승과 고물가, 고금리, 어려운 경제상황에 고통을 겪는 소상공인과 자영업자에게 규제로 또 하나 짐을 지우는 것은 정부의 도리가 아니다"고 밝혔다. 다회용컵 세척을 위한 인력 추가 고용 및 세척기 설치에 대한 부담이 크고, 대체품인 종이빨대가 플라스틱빨대보다 2.5배 비싼데도 소비자 만족도는 낮다는 것이다.

이날 종이컵 금지대안으로 다회용컵 지속 권장과 재활용 확대가 제시됐다. 종이컵은 내부가 방수를 위해 코팅돼 있지만, 박리가 어렵진 않아 따로 모으면 재활용이 비교적 쉽다. 환경부는 플라스틱빨대와 젓는 막대 금지 계도기간 종료시점은 '대체품 품질이 개선되고 가격이 안정되는 때' 계도기간을 끝낼 것이며, 구체적인 시점은 대체품 시장상황과 **유엔 플라스틱 협약***을 비롯한 국제사회 동향을 고려해 추후 결정하겠다고 밝혔다. 아울러 편의점 등 종합소매업과 제과점업에서 비닐봉지 사용금지 조처의 계도기간도 연장했는데, '단속 없이도 현재 이행이 잘 된다'는 이유였다. 종이컵과 플라스틱빨대 금지 철회와 계도기간 연장을 결정한 근거와 정반대다.

유엔 플라스틱 협약

유엔환경총회(UNEA)가 플라스틱으로 인한 환경오염을 종식하기 위해 2024년까지 법적 구속력이 있는 국제협약을 만들기로 합의한 것을 말한다. UNEA는 유엔 회원국 전체가 참가해 유엔환경계획(UNEP)의 사업계획 및 주요 환경현안을 논의하는 최고위급 환경회의다. 현재 플라스틱을 규제할 필요성을 두고는 공감대가 형성됐으나 구체적인 '목표연도'와 규제수준 등에 대한 이견이 많아 관련 논의가 진행 중이다.

종이컵 재활용한다지만 ⋯ 실현가능성은 '글쎄'

그러나 이번 조처를 두고 환경부가 일회용품 규제를 사실상 포기한 것 아니냐는 비판이 나왔다. 종이컵 사용금지 등의 방침이 정해진 것은 2019년 11월로

일회용컵 보증금제 시행 철회를 규탄하는 환경단체

환경부에는 길게는 4년의 기간이 있었다. 따라서 규제안착을 위해 계도기간을 설정하고는 '계도기간에 규제를 이행하기 어렵다는 점을 확인했다'라고 하는 것은 주무부처로서 책임 있는 태도가 아니라는 비판이 거세다.

환경부는 대안도 제대로 제시하지 못했다. 종이컵 재활용률을 높이는 방안으로 '분리배출'을 제시했지만, 지금도 제대로 이행되지 않는 분리배출을 유도할 방법은 내놓지 못했다. 플라스틱빨대 대체품 품질개선과 가격안정화와 관련해서는 '업계와 논의할 계획'이 현재 나온 방안의 전부다. 소상공인에게 다회용품 사용에 필요한 비용을 지원하고 우수매장은 소상공인 지원사업 시 우대하는 방안도 제시했으나, 관계 부처와 협업이 필요한 사안으로 가능성만 열어둔 수준이다. 이에 일부에서는 내년 4월 총선을 앞두고 자영업자 등의 표를 얻기 위해 정부가 '선심성 정책'을 내놓는다는 비판에서도 자유롭지 못하다. 일회용컵 보증금제와 관련해서도 환경부가 제도이행 부담은 프랜차이즈 카페점주와 소비자에게만 지우고, 수거와 재활용이 쉬운 '표준컵' 사용강제 등 프랜차이즈 본사가 부담스러운 일은 하지 않는다는 비판이 크다.

HOT ISSUE **19**위

캐나다 의회, 나치 부역자 초청에 시끌

하원에 나치 부역자를 초대한 것이 드러나면서 의장이 사퇴하는 등 혼란을 겪고 있는 캐나다가 제2차 세계대전 이후 자국으로 이주한 나치 부역자들의 명단공개에 대한 검토에 들어갔다.

의회 초청인사, 나치친위대 장교로 밝혀져

뉴욕타임스(NYT)는 10월 30일(현지시간) 쥐스탱 트뤼도 캐나다 총리가 37년간 기밀로 분류된 나치 관련 캐나다인들의 명단을 공개하기 위한 논의를 진행 중이라고 보도했다. 지난 1986년 작성된 이 서류에는 나치전범으로 의심되는 883명의 인적사항 등이 담겨 있는 것으로 알려졌다. 당시 캐나다에서는 '나치전범들이 종전 후 대거 캐나다로 탈출했다'는 주장이 제기되자 정부 차원의 진상조사가 이뤄졌고, 캐나다정부는 1986년 명단 일부만 발표하고 나머지는 기밀로 분류했다. 이후 캐나다의 유대인 단체들은 명단공개를 주장했지만, 캐나다정부는 개인정보보호 등을 이유로 공개요구를 수락하지 않았다.

이랬던 캐나다정부의 입장이 변한 것은 지난 9월 볼로디미르 젤렌스키 우크라이나 대통령의 캐나다 의회 방문 때 발생한 사고가 계기가 됐다. 당시 캐나다 의회는 젤렌스키 대통령 방문에 맞춰 야로슬라프 훈카라는 98세 퇴역군인을 초대했다. 그 자리에서 앤서니 로타 캐나다 하원의장은 "제2차 세계대전에서 러시아에 대항하며 우크라이나의 독립을 위해 싸운 투사이자 전쟁영웅"으로 훈카를 소개했고, 트뤼도 총리와 젤렌스키 대통령도 일어나 박수를 보냈다고 월스트리트 저널이 보도했다.

우크라이나 독립영웅으로 소개된 나치 부역자 훈카(오른쪽)

그런데 얼마 뒤 캐나다 홀로코스트 교육단체인 '비젠탈 센터'는 "훈카는 러시아와 싸웠던 나치친위대(SS, 슈츠슈타펠) 갈리치아의 제1우크라이나 사단* 소속 장교였다"고 밝히면서 논란이 일었다. 유대인 단체는 "훈카가 속했던 나치친위 사단은 우크라이나에서 민간인을 상대로 갖은 잔혹한 일을 벌였고, 나치독일 정규군과 함께 싸웠다"며 훈카의 의회 행사 참석과 영웅칭호에 대해 비판했다. 훈카가 제2차 세계대전에서 활동했다가 캐나다로 이주한 인물로 밝혀지면서 유대인 단체와 인권단체들이 캐나다정부와 집권여당인 자유당에 강력히 항의했고, 결국 트뤼도 캐나다 총리가 유감을 표하고 로타 하원의장은 책임을 지고 의장직에서 물러났다.

갈리치아 사단

우크라이나와 폴란드 국경지역인 갈리치아 지역에 주둔한 나치 무장친위대(Waffen-SS)로 유대인, 폴란드인, 벨라루스인 등에 잔학행위를 한 것으로 유명하다. 나치독일의 패망과 제2차 세계대전 종전 이후 전범조직으로 단정됐다. 그러나 나치 부역자로서 유죄가 확정돼 처벌을 받은 이는 한 명도 없었다. 오히려 이들에게는 연합국에 항복하고 무장해제 절차를 밟은 후 캐나다로 대거 이주할 수 있는 기회가 주어졌다. 캐나다 내 유대인 단체들의 강한 반발에도 불구하고 이 조치는 강행됐다. 오늘날 캐나다에 거대한 우크라이나계 공동체가 생겨난 출발점이 됐다.

잘못된 역사인식, 러시아 비판에만 몰두한 결과

미국 폭스뉴스는 이 사건을 제2차 세계대전 당시 피아식별을 제대로 하지 못했기 때문이라는 취지로 보도했다. 제2차 세계대전 당시 소련(러시아 전신)은 미국, 영국과 함께 나치독일에 맞서 싸웠다. 미국 국무부도 "동부전선에서 소련의 놀라운 노력이 없었다면 미국과 영국은 나치독일에 결정적인 군사적 승리를 거두기 어려웠을 것"이라고 인정한 바 있다.

러시아 블라디미르 푸틴 대통령이 지난해 2월 우크라이나를 침공할 때 우크라이나 내부의 나치를 소탕

하는 것이 목적이라고 밝힌 것도 제2차 세계대전의 역사에서 명분을 찾으려던 의도에서였다. 따라서 캐나다 의회가 훈카를 '러시아에 맞서 우크라이나 독립을 위해 싸웠던 전쟁영웅'이라고 소개한 것은 러시아를 악마화하는 데 집중한 나머지 2차대전 시대의 소련을 지금의 러시아와 동일시하는 잘못된 역사인식의 결과인 셈이다.

나치 부역자 초청으로 사퇴한 앤서니 로타 전 캐나다 하원의장

그러나 제1야당인 보수당의 지지도가 여당을 앞서는 등 총리의 사과, 하원의장의 사퇴 후에도 악화한 여론은 여전히 개선되지 않고 있다. 이에 정부와 여당도 40년 가까이 기밀로 분류됐던 명단공개 문제까지 검토하게 된 것으로 보인다.

HOT ISSUE **20위**

유진그룹, YTN 지분 낙찰 … 31% 최대주주로

한전KDN과 한국마사회가 보유한 보도전문채널 YTN 지분 30.95%를 유진그룹이 낙찰받았다. 10월 23일 투자업계와 정치권, 방송업계 등에 따르면 이날 그랜드하얏트서울 호텔에서 진행된 개찰에서 유진그룹은 3,199억원을 써내 한전KDN과 한국마사

회 보유지분 낙찰자로 선정됐다. 이로써 후속절차가 마무리되면 유진그룹은 YTN의 최대주주가 된다.

YTN 지분 현황

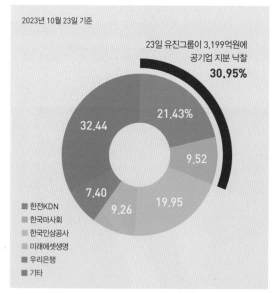

2023년 10월 23일 기준

23일 유진그룹이 3,199억원에 공기업 지분 낙찰
30.95%

21.43%

9.52

32.44

7.40

9.26

19.95

- 한전KDN
- 한국마사회
- 한국인삼공사
- 미래에셋생명
- 우리은행
- 기타

자료 / 금융감독원 전자공시시스템

방통위 '최다액출자자' 변경승인 필요

유진그룹은 건자재·유통, 금융, 물류·IT, 레저·엔터테인먼트 사업 등 50여 개의 계열사를 거느리고 있다. 또 지난 1990년대 후반부터 약 10년간 종합유선방송사업을 하며 적지 않은 성과를 거뒀고, 당시 미디어사업을 그룹의 주력사업으로 육성한다는 구상도 한 바 있다. 다만 유진그룹은 앞으로 방송통신위원회(방통위)의 최다액출자자 변경승인을 받아야 정식으로 YTN의 새 최대주주가 될 수 있다.

YTN은 상장된 민간회사지만 공기업들이 지배주주여서 공영언론*으로 분류돼왔으나, 지분매각이 확정되면 실질적으로 '민영화'된다. 지난해 11월 정부는 한전KDN과 한국마사회가 보유 중인 YTN 지분을 전량 매각하는 자산효율화 계획을 승인했다. 이후 한전KDN과 마사회는 매각 실무준비를 해왔다.

방통위는 방송법 등에 따라 위원회 의결을 거쳐 ▲ 방송의 공적 책임·공정성 및 공익성의 실현가능성 ▲ 사회적 신용 및 재정적 능력 ▲ 시청자의 권익보호 ▲ 대기업, 언론사, 외국인 등에 대한 방송사 소유 규제 등을 고려해 승인 여부를 결정한다. YTN은 현재 지상파 방송사인 YTN라디오(37.08%), DMB(28.52%)의 지분을 소유하고 있어 지상파 방송사 소유 규제위반 여부도 검토돼야 한다. 이동관 방통위원장은 앞선 18일 YTN 매각 문제와 관련해 "단순한 재무적 역량뿐만 아니라 공정성과 공영성을 바탕으로 글로벌 미디어 강국으로 도약할 경영철학 등이 종합적으로 심사돼야 한다"고 말한 바 있다.

이동관 방통위원장

YTN "방통위, 지분 인수 원칙대로 심사해야"

YTN의 지분 30.95%를 유진그룹이 낙찰받았다는 소식이 알려지자 YTN 측은 보도자료를 내고 "창사 이래 유지된 공적 소유구조 변화가능성이 현실로 다가왔다"며 방통위에 원칙에 따라 심사할 것을 촉구했다. 이어 "(이 방통위원장이 밝힌) 원칙이 지켜지지 않는다면 보도전문채널을 사적 이익에 충실할 수밖에 없는 특정 기업에 넘기려 한다거나 내년 총선을 앞두고 특정 정치세력에 유리한 여론환경을 조성하려 한다는 등 정치적 배경을 둘러싼 의혹이 더 커질 수밖에 없다"고 주장했다.

YTN은 또 "그간 사회적 공론장에서 숙의를 거치지 않고 정부와 공공기관이 일방적으로 추진해온 지분 매각 작업에 여러 차례 우려를 표명해왔다"며 "보도전문채널은 일반기업처럼 비용절감과 수익극대화를 가장 중요한 목표로 삼거나 적당한 가격에 인수해 비싸게 팔아 수익을 남길 수 있는 성격의 회사가 아니다"라고 지적했다. 그러면서 "지배구조가 변해도 YTN은 대한민국 대표 보도전문채널로서 방송의 신뢰성과 독립성을 지키고, 최대주주 변경과정에서 구성원의 이익이 침해되지 않도록 면밀히 대응하겠다"고 강조했다.

HOT ISSUE **21**위

중대범죄자 머그샷 의무공개 통과, 한국형 제시카법도 이뤄지나

중대범죄 피의자에 대해 머그샷(Mugshot)을 공개하도록 하는 법안이 10월 6일 국회 본회의를 통과

머그샷 공개 법안이 통과한 국회 본회의장

했다. 머그샷이란 범죄자 인상착의 기록을 목적으로 체포시점에 수사기관에 의해 촬영된 사진을 뜻한다. 머그샷 의무공개와 함께 법무부는 재범위험이 높거나 아동을 상대로 성범죄를 저지른 이들이 출소 이후에도 지정된 시설에 거주하도록 하는 이른바 '한국형 제시카법*' 추진에 나섰다.

제시카법

미국에서 2005년 성폭행 후 살해된 9살 소녀의 이름을 따 제정된 법이다. 12세 미만의 아동에 성범죄를 저지른 범죄자에게 25년 이상의 징역형과 출소 후에는 종신토록 위치추적 장치를 채우는 강력한 처벌내용을 담고 있다. 또 출소 후에도 범죄자가 아동이 많은 곳으로부터 일정거리 이내 살지 못하도록 하는 것이 골자다.

중대범죄자 얼굴 공개하고 공개범죄 범위도 넓혀

국회를 통과한 '특정 중대범죄 피의자 등 신상정보 공개에 관한 법률' 제정안은 수사기관이 피의자의 신상정보를 공개할 때 결정일로부터 30일 이내의 얼굴을 공개하도록 하는 내용을 골자로 한다. 수사기관이 수집한 사진·영상물 등을 활용할 수 있고, 필요하면 피의자의 얼굴을 강제로 촬영하는 것도 가능하다. 신상정보는 인터넷을 통해 30일간 공개한다. 단, 신상공개를 결정하기 전 피의자에게 의견진술 기회를 주고 공개결정 후 5일 이상 유예기간을 두도록 했다.

앞서 특정강력범죄·성폭력범죄 등으로 한정했던 신상공개 대상 범죄 범위도 아동·청소년 대상 성범죄, 내란·외환, 폭발물 사용, 현주 건조물 방화 치사상, 중상해·특수상해, 범죄단체조직, 마약관련범죄 등으로 확대된다. 또 재판 단계에서 특정중대범죄로 공소사실이 변경된 경우에는 피고인도 법원 결정을 거쳐 검찰이 신상을 공개할 수 있도록 했다. 종전에는 재판에 넘겨지기 전 신분인 피의자에 대해서

만 신상공개 규정이 있었다. 제정안은 경찰청 내부 지침에 근거해 운영돼온 신상정보공개심의위원회의 법률적 근거를 마련하고 위원의 비밀누설죄도 규정했다.

최근 불특정다수를 상대로 폭력을 행사하는 '이상동기범죄'가 연달아 발생하면서 중대범죄 피의자에 대한 신상정보 공개제도 실효성을 강화해야 한다는 지적이 많았다. 특히 경찰이 공개하는 흉악범죄 피의자의 증명사진이 실물과 너무 다르다는 지적이 나왔다. '부산 돌려차기' 사건처럼 가해자가 이미 재판에 넘겨진 후여서 신상공개가 어려운 사례도 논란이 됐다. 이에 당정은 지난 6월 특례법 제정추진을 예고했고, 여야의원들이 관련법안들을 발의하면서 입법이 급물살을 탔다. 제정안은 공포일로부터 3개월 후 시행되며 시행시점에 수사 또는 재판 중인 사건에도 적용된다.

고위험 성범죄자 거주지 제한하는 법안도 추진

또한 법무부는 '고위험 성폭력 범죄자의 거주지 제한 등에 관한 법률' 제정안 등을 10월 26일부터 12월 5일까지 입법예고한다고 밝혔다. 한동훈 법무부 장관은 "약탈적 성범죄자들이 출소할 때마다 해당지역이 홍역을 치르는 상황이 반복되고 있다"며 "이들이 어디서 어떻게 거주할지는 국민의 일상적 안전과 직결된 문제"라고 입법취지를 밝혔다.

2020년 출소 후 경기도 안산시의 거주지로 들어가는 조두순

제정안은 법원이 고위험 성폭력 범죄자에게 거주지 제한명령을 부과할 수 있도록 하는 것을 골자로 한다. 출소한 아동 성범죄자가 학교 등으로부터 1,000~2,000피트(ft) 이내에 거주하지 못하도록 하는 미국 제시카법을 본떠 '한국형 제시카법'으로 불린다. 고위험 성범죄자는 출소 후 거주지를 자유롭게 선택할 수 없고, 국가 등이 운영하는 시설에서 살게 된다. 시설에서 거주하는 경우 가족과 함께 거주할 수는 없다. 제정안이 국회를 통과하면 이미 출소한 조두순, 박병화 등에도 적용된다. 거주지 제한명령은 형벌이 아닌 보안처분이어서 소급적용할 수 있다고 법무부는 설명했다. 하지만 이미 처벌받은 성범죄자를 지정시설에서 거주하도록 강제하는 것은 거주의 자유 등을 지나치게 제한하는 '이중처벌'일수 있다는 지적도 나오는 만큼 국회 법안심사 과정에서 쟁점으로 다뤄질 것으로 전망됐다.

미·러 잇달아 '봉인해제' … 핵·재래식 무한 군비증강

미국을 주축으로 한 북미·유럽 지역 외교·군사 동맹체인 북대서양조약기구(NATO, 나토)는 11월 7일

(현지시간) 러시아의 탈퇴에 따라 **유럽재래식무기감축조약***(CFE)이 공식 중단됐다고 선언했다. 이로써 서방과 러시아간 무기 개발 및 배치 등 군비경쟁이 더 치열해질 것으로 전망된다.

유럽재래식무기감축조약

베를린장벽 붕괴 1년 후인 1990년 11월 프랑스 파리에서 열린 유럽안보협력회의(CSCE)에서 나토와 당시 소련 주도의 바르샤바조약기구 등 30개국이 체결한 군축조약이다. 전차, 야포, 장갑차, 전투기 등 재래식 무기의 보유상한을 설정하고 엄격한 검증절차를 거쳐 이를 초과하는 무기를 폐기한다는 것이 골자다. 수차례 개정을 거치며 유럽의 군비경쟁을 억제하는 역할을 하면서 탈냉전기 동서 블록 대결 완화와 상호신뢰 구축에 기여했지만, 러시아군의 몰도바 및 조지아 주둔, 나토의 확장 등을 놓고 긴장이 고조되던 2007년 러시아가 이행정지를 선언하면서 사실상 사문화된 상태였다.

서방, 러시아 탈퇴에 CFE 중단으로 맞대응

이날 나토는 "동맹국은 조약을 준수하고 러시아는 준수하지 않는 상황은 지속 불가능하다"며 "국제법상 권리에 따라 필요한 기간 CFE의 효력을 중단할 것"이라고 밝혔다. 그러면서 "모든 나토 동맹국이 지지하는 결정"이라며 동맹국들이 "군사적 위협을 줄이고 오해와 갈등을 예방하기 위해" 계속 노력하고 있다고 덧붙였다.

신냉전체제를 구축하고 있는 미·러 대통령

제이크 설리번 미국 백악관 국가안보보좌관도 별도 성명을 내고 "러시아가 CFE에서 탈퇴하고 CFE 당사국인 우크라이나에 대한 침략전쟁이 계속되면서

상황이 근본적으로 바뀌었다"면서 "미국은 국제법 권리에 따라 12월 7일부터 CFE에 따른 의무이행을 중단할 것"이라고 말했다. 이어 "CFE 중단은 (재래식 무기의) 계획, 배치, 훈련 등에 대한 제약을 제거함으로 동맹의 억제력과 방어능력을 강화할 것"이라고 말했다. 러시아가 CFE 탈퇴를 통해 무기통제를 받지 않겠다고 선언한 만큼 나토와 미국도 이에 맞춰 그동안의 제약을 제거하고 재래식 무기를 강화하겠다고 선언한 것이다.

나토의 선언 직전 러시아는 CFE에서 공식 탈퇴했다고 밝히고, 탈퇴원인이 나토의 확장정책에 있다고 비난했다. 러시아 외무부는 "이날(7일) 0시를 기해 러시아의 CFE 탈퇴절차가 완료됐다"며 "이에 따라 2007년 우리나라로 인해 효력이 중단된 이 조약은 마침내 우리에게 역사가 됐다"고 밝힌 것이다. 그러면서 "오늘부로 러시아와 나토 회원국의 어떤 군축협정도 불가능하다"고 강조했다. 결국 러시아는 먼저 탈퇴라는 카드를 던지면서 그 원인을 서방의 러시아 서진정책에 있다고 돌리고, 미국을 중심으로 한 서방은 CFE 중단으로 대응하면서 러시아의 침략전쟁이 모든 문제의 원인이라고 비난한 것이다.

군비경쟁 가열, 신냉전시대 본격화되나

미국과 러시아 간 군축합의 파기는 이미 어제오늘의 일이 아니다. 2019년에는 당시 트럼프 미국 행정부가 러시아의 지속적인 핵무기 개발 및 배치를 이유로 사거리 550km 이상 핵미사일 배치를 금지한 중거리핵전력조약(INF) 참여 중단을 선언했고, 러시아는 올해 2월 미국과의 핵무기 통제조약인 신전략무기감축협정(New START·뉴스타트) 참여 중단을 선언한 바 있다. 또 아직 발효되지 않은 조약이긴 하지만 포괄적핵실험금지조약(CTBT)에 대해 러시아가 지난 11월 2일 비준 철회를 발표했다.

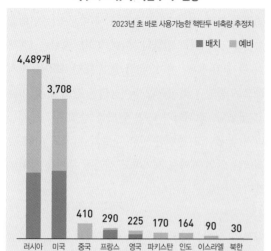

핵무기 보유국 핵탄두 수 현황

2023년 초 바로 사용가능한 핵탄두 비축량 추정치

■ 배치 ■ 예비

- 러시아 4,489개
- 미국 3,708
- 중국 410
- 프랑스 290
- 영국 225
- 파키스탄 170
- 인도 164
- 이스라엘 90
- 북한 30

자료 / 노르웨이 피플스 에이드(Norwegian People's Aid)

각종 군축조약이 탈퇴·종언을 고하는 배경에는 미국과 러시아의 관계가 악화하고 양국 간 불신이 고조된 상황이 자리하고 있다. 특히 지난해 2월 발발한 러시아-우크라이나 전쟁에서 미국을 비롯한 나토 회원국들이 우크라이나에 전폭적인 군사적 지원을 하는 '간접전쟁'의 상황에서 미·러 간 군축조약들을 유지할 의미가 없다는 인식이 확산한 것으로 보인다.

특히 냉전의 후반부에 서명된 CFE(1990년)와 INF(1987년)가 신냉전의 그림자가 드리우고 있는 근래 들어 폐기됐다는 점은 상징성이 작지 않다. 다시 세계가 냉전 때와 유사한 무한 군비경쟁의 시대로 되돌아가고 있음을 보여주는 측면이 있을 수 있기 때문이다. 더욱이 미중관계가 악화된 상황에서 군축조약 파기에 이은 미국 대 중러 간의 군비경쟁이 심화될 경우 북한 또한 비핵화에 저항하는 목소리를 더 높일 수 있다는 점에서 우려가 크다.

올해 전세금 보증사고 3.8조원 … 향후 3년간 10조원 육박할 듯

집주인이 전세보증금을 돌려주지 못해 주택도시보증공사(HUG)가 대신 갚아줘야 하는 전세금 보증사고액이 올해 3조 8,000억원에 육박할 것으로 추산됐다. 이는 **전세보증금 반환보증보험***을 운용하는 HUG가 자체 추산한 것으로 역대 최대치였던 지난해 보증사고액의 3배를 넘어서는 금액이다.

전세보증금 반환보증보험

전세계약 종료 시 임대인이 임차인에게 반환해야 하는 전세보증금의 반환을 책임지는 보증상품을 말한다. 단독·다가구·다중·연립·다세대 주택, 노인복지주택, 주거용 오피스텔, 아파트 등이 보증대상 주택에 해당하며, 공관이나 가정어린이집, 근린생활시설 등은 대상에 포함되지 않는다. 보증을 받기 위해서는 해당 주택에 거주하면서 전입신고와 확정일자를 받아야 하며, 전세보증금과 선순위채권을 더한 금액이 '주택가격×담보인정비율(90%)' 이내여야 한다.

대위변제액 5년새 54배 폭증 예상

10월 4일 HUG가 국회 국토교통위원회 소속 더불어민주당 조오섭 의원에게 제출한 '전세보증금 반환보증 사고현황 분석보고서'에 따르면 올 한 해 전세보증사고 예상액은 3조 7,861억원이다. 이는 올해 하반기 전세보증 만기도래액 25조 2,000억원에 최근 3개월간 사고율을 고려해 산출한 수치로 작년(1조 1,726억원)보다 3.2배로 늘어난 것이다. 보증사고로 인해 HUG가 세입자에게 지급완료한 전세금을 뜻하는 대위변제액은 3조 1,652억원으로 추산됐다. 지난해 대위변제액보다 3.4배로 증가할 전망이다.

HUG는 내년 보증사고액은 3조 5,718억원, 2025년 사고액은 2조 665억원일 것으로 내다봤다. HUG의

추산대로라면 올해부터 2025년까지 3년간 보증사
고액은 총 9조 4,244억원으로 무려 10조원에 육박
한다. 이에 따른 대위변제액은 내년 2조 9,860억원,
2025년 1조 7,268억원으로 추산됐다. 지난 2018년
583억원이던 HUG 대위변제액은 2019년 2,837억
원, 2020년 4,415억원, 2021년 5,041억원, 지난해
9,241억원으로 매년 증가하면서 5년 새 54배로 폭
증했다. 공기업인 HUG가 대위변제한 뒤 집주인으
로부터 회수하지 못한 전세보증금은 전세보증보험
이 아닌 다른 보증사업에서 본 이익으로 메꾼다.

보증사고, 수도권 90% … 다세대주택이 최다

전세금 보증사고의 90%는 수도권에 집중된 것으로
나타났다. 2018년부터 올해 6월까지 보증사고를 분
석한 결과 서울이 36%(1조 6,026억원), 경기도는
34%(1조 5,154억원), 인천이 21%(9,309억원)였다.
주택유형별로는 다세대주택의 보증사고율이 11.8%
로 가장 높았고, 연립주택(6.7%)과 오피스텔(6.0%)
이 뒤를 이었다. HUG는 "주택가액에 근접한 전세
금을 보증할수록 주택가격 하락에 따른 보증사고율
이 높았다"며 "특히 악성임대인의 물건 대부분은 깡
통전세 위험이 높은 다세대주택이었다"고 설명했다.
이처럼 보증사고가 증가하는 가운데 올해 상반기 주
택시장을 덮친 '전세사기 공포'로 전세 보증보험 신
규가입자도 함께 증가하는 추세다. 올해 상반기 전
세보증보험 신규가입자는 16만 3,222세대로 작년
상반기(10만 8,823세대)보다 50% 증가했다.

한편 국토교통부는 갈수록 증가하는 전세사기 피해
와 임대차 분쟁을 막기 위해 공인중개사의 중개대상
물에 대한 확인 · 설명 의무를 강화하는 내용의 공
인중개사법 하위법령 개정안을 12월까지 입법예고
한다고 밝혔다. 개정안에 따라 이르면 내년 1월부터
공인중개사는 임대인이 체납정보와 확정일자를 임
차인에게 제시할 의무가 있다는 사실을 설명해야 한
다. 임차인이 거주하는 집이 경매나 공매에 넘어가
면 체납세금을 매각대금에서 제한 뒤 보증금을 변제
하는데, 이로 인해 임차인이 보증금을 날리는 일을
막기 위한 조치다.

확정일자 정보는 앞서 전입한 임차인이 없는지 확인
하기 위해 필요하다. 또 최우선변제금, 전세보증보
험 등 임차인 보호제도를 설명한 뒤 '중개대상물 확
인 · 설명서'를 작성 · 서명해 임대인과 임차인 양측
에 교부해야 한다. 원룸, 오피스텔 등 소형주택 관리
비에 포함된 세부항목(전기료, 수도료. 인터넷사용
료 등)에 대해서도 자세히 설명해야 한다. 임차주택
현장을 안내한 사람이 중개보조원인지, 개업 공인중
개사인지 소속 공인중개사인지도 명시해야 한다. 공
인중개사가 이런 설명을 부실하게 하거나 누락할 경
우 최대 500만원의 과태료가 부과된다.

24위

'환율관찰대상국' 꼬리표 뗀 한국, 수출 늘면 또 지정될 수도

우리나라가 지난 2016년 4월 이후 7년여 만에 미국의 환율관찰대상국에서 빠졌다. 미국 재무부는 11월 7일(현지시간) **환율관찰대상국***에서 한국과 스위스를 제외하고 베트남을 새로 포함하는 것을 골자로 한 '2023년 하반기 환율보고서'를 발표했다.

환율관찰대상국

미국 재무부가 매년 4월과 10월에 발표하는 '거시경제 및 환율정책보고서'에 명시되는 내용으로 국가가 환율에 개입해 미국과의 교역조건을 유리하게 만드는지 지속적으로 모니터링해야 하는 국가를 지칭하는 용어다. 환율조작국으로 지정되는 경우 미국의 개발자금 지원 및 공공입찰에서 배제되고, 국제통화기금(IMF)의 감시를 받게 된다. 또 환율관찰대상국으로 분류되면 미국 재무부의 모니터링대상이 된다.

중국·독일 등 6개국 환율관찰대상국으로 지정

미국은 2015년 제정된 무역촉진법에 따라 자국과 교역규모가 큰 상위 20개국의 거시정책 및 환율정책을 평가하고 일정기준에 해당할 경우 심층분석국 내지 관찰대상국으로 지정하고 있다. 현재 기준은 ▲ 상품과 서비스 등 150억달러 이상의 대미 무역흑자 ▲ 국내총생산(GDP)의 3%를 초과하는 경상수지흑자 ▲ 12개월 중 8개월간 GDP의 2%를 초과하는 달러 순매수 등이다. 이 중 3가지 기준에 모두 해당하면 심층분석대상이 되며 2가지만 해당하면 관찰대상국이 된다.

미국 재무부는 이날 발표한 보고서에서 "올해 6월까지 1년간 3가지 기준을 모두 충족하는 국가는 없었다"고 밝혔다. 그러면서 관찰대상국으로 베트남에 더해 중국, 독일, 말레이시아, 싱가포르, 대만 등 모두 6개 국가를 지정했다.

우리나라는 2016년 4월부터 지난 6월까지 13차례 연속(2019년 상반기 제외) 환율관찰대상국으로 지정됐다. 미국 재무장관은 매년 반기별로 환율관찰대상국 명단이 포함된 환율보고서를 의회에 제출하는데, 우리나라는 올해 2회 연속 경상수지흑자 규모가 GDP 대비 0.5%를 기록하고 외환시장 개입 정도도 낮은 것으로 분석되면서 관찰대상국에서 제외됐다. 다만 환율관찰대상국에서 제외돼도 우리나라가 직접적으로 얻는 이익이나 혜택은 없다. 환율관찰대상국은 말 그대로 '모니터링'의 대상일 뿐 제재대상은 아니기 때문이다. 미국 재무부는 이날 보고서에서 '한국은 3가지 기준 중 무역 흑자(380억달러)만 해당한다'고 밝혔다.

재닛 옐런 미국 재무부 장관

중국과 관련해서는 "중국은 외환개입을 공개하지 않고 환율메커니즘에 대한 투명성이 부족하다"면서 투명성을 강화할 것을 요구했다. 한편 미국 재무부는 무역촉진법과 별개로 종합무역법을 토대로 환율조작국 및 비(非) 조작국으로 분류하고 있다. 재무부는 이번에도 환율조작국에 해당하는 국가는 없었다고 밝혔다.

경상수지흑자 줄어 관찰대상국서 제외

지금까지 우리나라는 경상수지흑자에서 미국이 내 건 조건을 충족하지 못해 환율관찰대상국 명단에서 빠지지 못했다. 그만큼 대미수출 규모가 컸다는 의미다. 하지만 올해는 수출불황이 계속되면서 경상수지흑자 규모가 크게 줄었고 이는 환율관찰대상국에서 빠지는 결정적 요인이 됐다. 올해 1~9월 누적 경상수지흑자는 165억 8,000만달러로 작년 같은 기간(257억 5,000만달러)의 약 65% 수준에 불과하다. 수출·수입 등 대외무역의 균형을 강조하는 미국 교역촉진법의 취지와는 다소 상황이 다른 셈이다.

2019년 상반기에도 1개 기준만 충족한 적이 있지만 당시 원인은 화학제품, 유류 등 대미 수입액의 증가였다. 한편 반도체를 중심으로 한 수출 회복세가 계속되면 머지않아 다시 환율관찰대상국에 포함될 것이라는 관측도 나온다. 이번 지정 제외가 '수출 불황'이라는 악재에 따른 일시적 '이벤트'일 수 있다는 것이다. 이런 점을 의식한 듯 정부도 긍정적인 평가나 전망을 애써 자제하는 분위기다. 정부 관계자는 "미국과의 관계개선에 따라서 외환시장 운용방식과 통계 투명성에 대해서 인정받은 측면이 있다"고만 말했다.

HOT ISSUE

25위

형법 개정안 국무회의 통과, '가석방 없는 종신형' 시행되나

법원이 **가석방*** 없는 무기형을 선고할 수 있도록 하는 형법 개정안이 10월 30일 국무회의를 통과했다. 국회에 제출된 법안을 두고서 기본권침해 및 범죄예방효과 여부 등을 놓고 치열한 토론이 이뤄질 것으로 전망됐다. 개정안은 법원이 판결할 때 가석방이 허용되는 무기형과 허용되지 않는 무기형을 구분해 선고하도록 하는 내용을 골자로 한다. 무기형 선고 대상자 가운데 더 엄한 처벌이 필요한 이들에는 '가석방 불가' 조건을 부과하겠다는 것이다.

가석방

수형자의 개전(반성)이 인정될 때에 형기만료 전에 수형자를 조건부로 석방하는 제도다. 형법 제72조에 따르면 가석방의 요건에는 죄를 뉘우치고 있음이 분명히 드러나야 하며, 무기형은 20년, 유기형은 형기의 3분의 1을 경과해야 한다. 아울러 벌금 또는 과료의 병과가 있으면 금액을 모두 납부해야 한다.

흉악범이 죄에 상응하는 벌을 받는 것

현행법에서는 무기징역 또는 무기금고형을 선고받았더라도 20년이 지나면 가석방 대상이 된다. 이 때문에 '신당역 살인', '세 모녀 살해사건' 등 흉악범죄 피해자의 유족들은 가석방을 허용해서는 안 된다고 호소해왔다. 국민의힘과 정부는 흉기난동, 대낮 성폭행 등 흉악범죄가 잇따르자 지난 8월 가석방 없는 무기형 도입 등을 추진하겠다고 밝힌 바 있다.

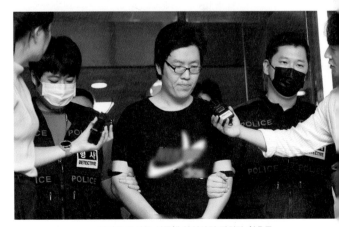

신림동 등산로 성폭행 살인사건 피의자 최윤종

법무부는 "우리나라는 1997년 12월 이후 사형을 집행하지 않고 있다"며 "가석방 없는 무기형은 흉악범이 상응하는 죗값을 치르고 사회로부터 격리될 수 있는 실효적인 제도"라고 설명했다. 한동훈 법무부 장관은 "흉악범죄로 인생 전부를 잃은 피해자와 평생을 고통받아야 하는 유족분들의 아픔을 생각하고 선량한 국민을 보호하기 위해 꼭 필요한 제도"라며 "법률통과를 위해 최선을 다하겠다"고 말했다.

인간존엄 해치고 범죄예방효과는 없다는 비판도

그러나 일각에서는 가석방 없는 종신형이 인간존엄을 해칠 우려가 있고 교화 가능성을 박탈하는 반면 범죄예방효과는 불분명하다는 비판도 제기된다. 대법원 법원행정처는 8월 "가석방 없는 종신형이 사형제에 비해 기본권침해가 덜하다고 볼 수 없다는 견해도 있고, 선진국에서는 위헌성이 있다는 판단하에 폐지하는 추세"라며 "범죄예방적 효과를 단정할 수 없고 교도행정에 큰 부담이 되는 측면이 있다"는 의견을 국회에 제출한 바 있다.

가석방 없는 종신형 신설 법안을 발의하는 조정훈 의원

법원행정처는 또 "가석방 없는 종신형제도에 관한 기존논의는 사형제도를 폐지하고 그에 대한 대체 수단으로 절대적 종신형을 도입하는 것을 전제로 한 것"이라며 "사형제도를 존치한 채 가석방 없는 종신형을 도입하는 것은 추가검토가 필요하다"고 지적했다. 민주사회를 위한 변호사모임도 같은 달 "가석방 없는 종신형은 헌법상 인간존엄의 가치를 침해하고

형사정책적으로도 정당화될 수 없는 형벌제도"라며 반대의견을 담은 논평을 냈다.

이에 한 장관은 11월 7일 국회 예산결산특별위원회 비경제부처 심사에 출석해 가석방 없는 종신형의 필요성을 거듭 주장했다. 그는 사형제나 가석방 없는 종신형에 범죄예방효과가 분명히 있다고 주장하며 "영구히 격리해야 할 범죄자가 분명히 있다. 10명을 연쇄살인하고 수감된 상태에서 전혀 반성하지 않는 그런 사람들이 10~20년 뒤에 나와서 다시 활보하는 법치국가는 전 세계에 지금 없다"며 "우리 형량이 약했다"고 지적했다.

러시아 남부·유럽에도 '오로라' … 예상 웃도는 강력한 태양폭발

북극권 등 고위도 지역 상공에서 주로 나타나던 오로라가 시베리아 · 우랄 · 크림반도 · 캅카스 · 보로네시 · 로스토프 · 스베르들롭스크 · 튜멘 등 러시아 남부와 우크라이나 · 튀르키예 · 카자흐스탄 · 조지아 등 유럽과 북미 일부 지역에서까지 관찰됐다. 심지어 영국 스톤헨지 등에서 오로라가 발생했다는 소식이 소셜미디어 등을 통해 퍼졌다.

오로라, 영국 스톤헨지에서도 포착

오로라는 태양계에서 날아오는 태양풍의 일부가 지구 자기장 안으로 들어와 대기와 충돌하면서 빛을 내는 현상으로 북극권 등 고위도 지역 상공에서 주로 나타난다. 그런데 11월 5일(현지시간)의 오로라는 이례적으로 러시아 남부를 비롯해 영국에서까지 오로라가 관찰됐다.

러시아 서남부 시베리아 옴스크 지역에서 발견된 오로라

과학자들은 최근 예상보다 강력한 태양폭발이 발생해 오로라가 북극권보다 남쪽에 있는 지역에서도 관측된 것으로 보고 있다. 앞서 11월 3일 러시아 과학 아카데미(RAS) 태양 천문학 연구소는 일반적인 수준으로 관측된 태양 플라스마 방출이 발생했으며, 플라스마 입자가 6일 지구에 도달(태양풍)할 것으로 예상된다고 밝힌 바 있다. 세계의 다른 기관들도 이번 태양 플라스마 방출의 세기를 **자기폭풍*** 5단계 중 가장 낮은 1단계(G1)인 것으로 예측했다.

자기폭풍

정식명칭은 지자기폭풍(Geomagnetic Storm)으로 지구 자기권의 일시적인 혼란을 가리킨다. 코로나 질량 방출, 코로나 구멍, 태양 플레어 발생으로 인한 태양풍의 충격파로 발생한다. 자기폭풍 강도는 국립해양대기청의 G척도를 사용해 가장 약한 G1에서 가장 강한 G5까지로 표기한다. G5 자기폭풍이 발생하면 광범위한 지역에 걸쳐 전압·전자 시스템의 오작동, 변압기 파손, 위성추적 및 상·하향 링크에 문제 발생, 송유관 보호장비에 수백암페어의 유도전류 발생, 광범위한 지역에 HF 통신, 위성항법시스템, 저주파 항법시스템 장애가 수일 동안 지속할 가능성이 크다.

그러나 이 플라스마 입자는 예상보다 빠른 이틀 만에 지구에 도달했고, 그에 따른 지구 자기장의 교란 정도는 위성항법과 무선통신을 중단시킬 수 있는 G3 수준으로 측정됐다. RAS는 "방출 속도와 위력 모두 완전히 잘못 추정됐다"며 자기폭풍이 예상보다 훨씬 강력했다고 설명했다.

2024~2025년 더 강한 태양활동 … 위성 위협

태양풍은 태양의 상부 대기층에서 방출된 전하입자, 즉 플라스마의 흐름이다. 고에너지 전자와 양성자인 데다가 빠른 속력을 가지고 있기 때문에 태양풍이 지구 등 행성의 자기권과 부딪힐 때 뱃머리 충격파가 발생하며, 태양풍과 자기권 사이의 상호작용에 의해 지구의 전력송신에 문제를 일으킬 수 있는 자기폭풍이 발생하기도 한다. 혜성의 꼬리가 태양에서 먼 쪽으로 형성되는 이유 등도 태양풍의 작용으로 설명될 수 있다.

캐나다 오로라빌리지의 오로라

오로라도 태양풍의 결과물이다. 태양풍이 발생하면서 방출된 양성자나 전자의 일부가 지구 자기장 때문에 대기로 진입하고, 대기 중 공기와 반응하면서 빛을 내는 현상이 바로 오로라인 것이다. 따라서 태양풍이 거셀수록 오로라가 많이, 더 넓은 지역에서 발생한다. 그런데 앞으로 태양활동이 더 증가될 것으로 전망된다. 태양활동이 11년을 주기로 강해졌다가 약해지기를 반복하는데, 2024~2025년이 가장 강한 활동을 할 수 있는 해이기 때문이다. 트롬쇠 지구물리학 관측소의 닐 굴브란센 연구원은 "지난 20년 사이 본 오로라 활동 중 가장 강한 활동이 나타날 것"이라고 말했다. 케이티 헬링쇼 스발바르대 우주물리학 연구원도 "오로라가 유럽과 영국 등 비교적 남부에서도 보일 것"이라고 예상했다.

문제는 강한 태양풍이 지구 전리층에 영향을 줘 GPS 등 무선통신을 방해하고, 인공위성의 기능을 정지시킬 수 있다는 것이다. 실제로 지난해 2월 스페이스X의 스타링크 위성이 태양풍으로 인해 발생한 자기폭풍으로 인해 40개가 추락해 약 600억원의 손실을 입기도 했다.

27위

'사기혐의' 전청조 구속 … 남현희, "몰랐다" 억울함 호소

전 펜싱 국가대표 남현희 씨의 재혼상대로 알려졌던 전청조 씨가 11월 3일 구속됐다. 서울동부지법 신현일 부장판사는 이날 **특정경제범죄가중처벌법***상 사기혐의를 받는 전씨의 구속 전 피의자 심문(영장심사)을 한 뒤 "도망할 우려가 있고 주거가 일정치 않다"며 구속영장을 발부했다.

특정경제범죄가중처벌 등에 관한 법률

갈수록 대형화·조직화·지능화되는 데 비해 지나치게 가벼운 법정형을 대폭 강화해 가중처벌하고, 범법자들의 경제활동을 제한함으로써 경제질서를 확립하기 위해 제정된 법안이다. 형법에서 규정한 사기죄·공갈죄·횡령죄·배임죄 또는 업무상 횡령배임의 죄를 범한 자로서 그 범죄행위로 인한 이득액이 50억원 이상인 경우 무기 또는 5년 이상의 징역, 5억원 이상 50억원 미만인 경우 3년 이상의 유기징역으로 가중처벌한다.

전청조, "범행 모두 인정 … 피해자분들께 죄송"

전씨는 강연 등을 하면서 알게 된 이들로부터 투자금 명목으로 돈을 건네받아 가로채거나 이를 위해 대출을 받도록 유도한 혐의를 받는다. 경찰이 파악한 사기범행 피해자 수는 23명으로 피해규모는 28억여 원에 달했다. 전씨에 대한 고소·고발을 접수

해 수사에 착수한 경찰은 10월 31일 경기도 김포 전씨의 친척 집에서 전씨를 체포해 전날 구속영장을 신청했다.

사기혐의로 구속된 전청조

영장심사를 받기 위해 법원에 출석한 전씨는 모자와 마스크로 얼굴을 가리고 고개를 푹 숙인 채 취재를 위해 몰려든 기자들의 질문에 아무 대답도 하지 않았다. 대신 전씨 측 변호인이 영장심사 전 기자들에게 "(전씨가) 본인의 사기범행에 대해 모두 인정하고 수사에 적극적으로 협조하고 있다. '억울하다'고 하는 부분은 없다"며 "'피해자분들께 죄송하다'는 말을 거듭하고 있다"고 말했다. 남씨와의 공모 의혹 및 남씨 조카 폭행 등 전씨에 대해 제기된 다른 혐의에 대해서도 성실히 수사에 협조하겠다는 입장을 밝혔다. 또 "현재 전씨가 보유하고 있는 자산은 거의 없다"고 덧붙였다. 다만 전씨가 체포 직전 밀항을 계획했다는 언론보도는 "전혀 사실이 아니고 억측"이라고 말했다.

남현희, SNS서 "정말 몰랐다" 억울함 호소

사건은 남씨가 앞선 10월 월간지 여성조선과 인터뷰를 통해 전씨와 결혼을 앞두고 있다고 밝히면서 시작됐다. 당시 전씨는 재벌 3세이자 부상으로 은퇴한

승마선수, 청년사업가 등으로 소개됐다. 하지만 인터뷰 공개 직후 전씨의 성별의혹과 사기전과, 재벌 3세 사칭의혹 등이 일파만파 확산했다. 이후 전씨가 최근까지 **투자금 명목으로 수천만원에서 억대의 돈을 받아 가로챘다는 고소·고발이 경찰에 잇달아 접수됐고, 남씨가 범행을 공모 또는 방조한 것 아니냐는 의혹까지 제기됐다.** 실제 전씨를 상대로 제기된 여러 고소 건 가운데 1건에서 남씨가 운영하는 펜싱 아카데미의 수강생 학부모가 남씨를 공범혐의로 적시했다.

사기 공범혐의로 입건된 전 펜싱 국가대표 남현희 씨

그러나 남씨는 전씨의 사기행각을 비롯해 성별 및 재벌 3세 사칭의혹 등과도 전혀 무관하다며 줄곧 억울하다는 입장을 밝혔다. 남씨는 11월 6일과 8일 진행된 경찰조사에서도 혐의를 부인, 자신은 이에 대해 전혀 알지 못했다고 주장했다. 특히 8일 새벽 경찰조사를 앞두고 자신의 인스타그램 계정에 전씨가 보여준 주민등록증 사진과 그간 주고받은 카카오톡 메신저 등을 공개하며 장문의 글을 9개 연달아 게시해 "이름 빼고 모든 게 거짓이었던 전청조에게 속았다"면서 재차 억울함을 호소했다. 남씨는 "40살이 넘었는데 이걸 모를 수 없다고 (말하지만) 정말 몰랐다"며 "26년 동안 가슴에 태극마크 달고 국위선양을 위해 인생을 바쳤다. 사기꾼보다 못한 취급을 받으니 더 이상 살아갈 이유가 없다"라는 글을 써 비판여

론에 호소했다. 한편 전씨는 지난해 채팅 앱으로 알게 된 남성에게 "임신했다"고 속여 돈을 뜯어낸 혐의로 지난 4월 의정부지검 남양주지청에서 불구속 기소된 사실도 뒤늦게 알려졌다.

28위

영국 찰스 3세, 과거사 관련 케냐에 사과 없이 유감만 표명

찰스 3세 영국 국왕이 옛 영국 식민지 케냐를 방문해 식민시절의 폭력행위를 "변명의 여지가 없다"고 시인하면서도 공식사과는 하지 않았다.

식민시절 폭력행위 "변명의 여지가 없다" 그러나

10월 31일(현지시간)부터 3박 4일의 일정으로 아프리카의 케냐를 국빈방문한 찰스 3세 영국 국왕이 방문 첫날 수도 나이로비에서 열린 국빈만찬에서 식민통치기(1920~1963)에 케냐인을 상대로 자행된 악행(Wrongdoings)에 대해 "크나큰 슬픔과 유감"을 표명하면서 "변명의 여지가 없다"고 말했다. 그는 뒤이어 현지 의회에서 행한 연설에서는 "이런 악행들에 대한 나 자신의 이해를 깊게 하고, 이로 인해 삶과 공동체에 극심한 영향을 받은 사람들을 만나는 것이 내겐 아주 중요하다"고 강조했다.

또한 식민통치기를 "우리의 길고 복잡한 관계에서 가장 고통스러운 시간들"이라고 언급하며 "우리의 역사를 정직하고 개방적으로 다루어야 영국과 케냐의 우정이 강화될 수 있다"고 화해의 메시지를 던졌다. 이런 찰스 3세 국왕의 발언에 대해 윌리엄 루토 케냐 대통령은 "불편한 진실을 다룬 용기 있는 행동"이라고 긍정적으로 평가하면서도 동시에 "식민지

배는 아프리카인들에게 잔인하고 끔찍했다"면서 "완전한 배상이 이루어지기 위해서는 해야 할 일이 많이 남아 있다"고 지적했다.

루토 케냐 대통령이 주최한 국빈만찬에 참석한 찰스 3세

그러나 BBC를 비롯해 영국 및 유럽의 언론들은 찰스 3세가 식민주의 통치기간에 케냐에서 자행된 잘못에 대해 의미심장하고도 강력한 표현으로 시인했지만, 각료들의 결정이 필요한 공식적인 사과는 하지 않았다고 짚었다. 영국에서 국왕은 과거 식민통치 문제와 관련해서는 각료들의 조언에 따라 발언해야 하는데, 리시 수낙 영국 총리는 이미 노예문제에 대한 사과요청을 거부한 바 있다. 특히 BBC는 이번 케냐 방문을 앞두고 지난 5월 대관식 이후 처음으로 영연방국가(Commonwealth of Nations)를 찾는 찰스 3세가 왕실을 대표해 상징적인 사과를 할 것이란 관측이 나온 것을 짚으며 '이러한 관측에도 국왕이 공식사과를 하지 않은 것에 일부 케냐인들은 실망했을 수 있다'고 지적했다.

1950년대 독립운동 탄압해 1만여 명 숨져

영국 식민당국은 케냐 독립투쟁이 한창이던 1952~1960년 비상사태를 선포하고 군대를 투입해 케냐 마우마우*(Mau Mau, 케냐 토지와 자유군대)의 독립운동을 강경진압하고 가담한 것으로 의심되는 케냐인들을 강제수용소에 가두고 고문, 강간 등 비인간적인 처우를 가했다. 케냐 국가인권위원회에 따르면 영국의 진압과정에서 1만여 명이 처형되거나 고문을 받고 불구가 됐으며, 강제수용소에 감금된 인원이 최소 16만여 명에 이른다.

> **마우마우**
>
> 영국 식민지 시절인 1950~60년대 케냐의 무장독립운동을 이끈 단체다. 당시 영국은 군대를 투입해 마우마우 관련자는 물론 그 주축을 이루는 키쿠유족을 학살했다. 케냐 독립 후 독재정권 시절 묻혔던 과거사는 2002년 케냐 민주정부 수립과 함께 국가 주요 정책과제로 떠올랐다. 케냐정부는 2003년 관련 피해자 조사를 시작으로 영국정부를 대상으로 피해자 배상 소송 및 배상 요구를 이어갔고, 조사 시작 10년 만인 2013년 4월 마침내 영국정부로부터 마우마우 관련자 피해배상 협상을 이끌어냈다.

10년 전인 2013년 영국정부는 케냐 인권단체의 끈질긴 요구 속에 탄압이 발생한 것에 대해 유감을 표명하고 '화해절차'를 통해 5,000명이 넘는 케냐인들에게 약 2,000만파운드(약 330억원)를 지불하겠다고 발표했다. 그러나 2013년 당시에도 윌리엄 헤이그 당시 영국 외무장관은 "영국이 과거에 자행한 학대를 진심으로 후회한다"고 말했지만 역시 완전한 사과는 하지 않았다.

찰스 3세의 케냐 방문을 반대하는 시위(케냐 나이로비)

한편 AFP는 찰스 3세가 케냐를 방문한 배경에 영연방을 유지하기 위한 목적도 있다고 보도했다. 현재

자메이카와 벨리즈 등 일부 나라에서 공화국으로 전환해야 한다는 목소리가 커지는 것을 제외하면 56개국으로 구성된 영연방국가 중 12개국 이상은 여전히 영국 군주를 국가원수로 인정하고 있다.

29위

"비밀번호 시대 끝" …
구글, '패스키' 기본옵션 설정

구글이 안전한 계정 로그인을 위해 비밀번호가 필요 없는 미래를 위한 움직임을 가속화하고 있다. 구글은 10월 10일(현지시간) 블로그를 통해 구글의 개인 계정에 '패스키(Passkeys)'를 기본옵션으로 설정한다고 밝혔다.

구글 블로그 캡처

얼굴·지문 인식, 화면잠금 개인식별번호로 로그인

구글이 앞서 5월 3일 처음 출시한 패스키는 컴퓨터나 휴대전화 등에서 비밀번호를 입력하지 않고도 구글이 지원하는 앱이나 사이트를 이용할 수 있는 기술이다. 이는 구글과 마이크로소프트(MS), 애플이 손을 잡고 지난해 5월 비밀번호 없는 로그인 표준을 위해 지원을 확대하기로 한 지 1년 만에 나온 것이다. **패스키를 사용하면 앱이나 사이트를 이용할 때**

고유 비밀번호를 입력하는 대신 얼굴인식이나 지문, 화면잠금 개인식별번호(PIN) 등을 이용해 로그인할 수 있다. 이 기술은 서버에 비밀번호 정보를 남기지 않고 '종단간 암호화*(End-to-End Encryption)' 기술을 이용해 유출되는 개인정보가 없도록 설계됐다.

종단간 암호화

'단대단 암호화'라고도 하며, 메시지를 처음 입력하는 단계부터 최종 수신하는 단계까지 전 과정에서 메시지를 평문으로 저장하지 않고 모두 암호화하는 교신기술을 말한다. 서버에 도착한 메시지의 암호화가 자동으로 풀리는 것을 방지함으로써 해킹위험에 대비하고 도감청 시도를 무력화할 수 있다.

구글은 패스키를 출시하면서 "비밀번호 종말의 시작"이라며 "(패스키가) 가장 쉽고 안전한 로그인 방법이자 '비밀번호 없는 미래'를 향한 중요한 발걸음"이라고 강조한 바 있다. 그간 웹사이트 등에서는 로그인 시 복잡하고 어려워야 해킹이 쉽지 않다는 이유로 대문자와 소문자, 특수문자를 포함한 비밀번호 입력을 필수로 요구해왔다. 그러나 사용자들은 복잡한 비밀번호를 기억하기 위해 여러 사이트의 비밀번호를 같거나 비슷하게 만들었고, 또 이를 수첩에 적거나 기기·계정 등에 저장해야 했다. 문제는 이렇게 만든 아이디와 비밀번호가 어떤 경로에서든 유출이 되면 기존에 이용하고 있던 다른 계정의 비밀번호까지 새어나갈 위험이 크다는 것이었다.

이에 글로벌 빅테크 기업들은 비밀번호와 관련된 새로운 보안기술을 연구·개발해왔고, 최근 구글과 아마존, 애플이 패스키 기능을 전면 도입할 방침을 발표했다. 이러한 움직임에 대해 월스트리트저널은 "수십년간 이어져 온 비밀번호가 사라지고 있다"며 "혼란은 있겠지만, 장기적으로 비밀번호를 없애는 것이 더 안전하다"고 설명했다.

구글 "해킹 우려에서 더 안전해질 것"

구글은 "이용자들의 긍정적인 피드백을 받아 패스키를 기본옵션으로 설정했다"며 "패스키는 이용자들이 비밀번호를 일일이 기억할 필요가 없는 안전하고 빠른 대안"이라고 설명했다. 현재 대부분의 계정에 사용되는 비밀번호는 해킹이나 기기분실 등 관리소홀로 타인이 공유할 우려가 있지만, 패스키는 얼굴인식이나 지문, PIN번호를 통해 실행되기 때문에 이런 우려에서 안전하다고 덧붙였다. 또 패스키 자체가 로컬PC나 모바일기기에 저장돼 있어 진짜 본인임을 확인하기 위한 생체인식이나 PIN번호를 요청할 수 있다고 설명했다. 즉, 패스키를 사용하는 경우 클라우드를 통해 모든 기기에서 사용자 인증이 동기화되기 때문에 기기잠금 해제 시 기존에 사용하는 것과 같은 방식으로 로그인할 수 있다는 것이다.

구글은 "다른 온라인 계정에서 패스키를 사용할 수 있는 곳에 대해 계속 업데이트할 것"이라며 "업계에서도 패스키로 전환되면서 비밀번호는 결국 쓸모없게 될 것"이라고 전망했다. 다만 현재의 비밀번호를 더 선호하는 이용자는 패스키 사용옵션을 거부할 수 있다.

이선균·지드래곤 마약혐의 조사 … 연예계 파장 확산

'마약스캔들'이 또다시 연예계를 덮치며 대중에 큰 충격을 주고 있다. 앞서 배우 유아인 씨가 의료용 마약류를 상습투약한 혐의로 기소된 지 얼마 지나지 않은 시점에서 배우 이선균 씨와 그룹 빅뱅 출신 권지용(활동명 지드래곤) 씨까지 마약 불법투약 혐의로 입건된 사실이 알려지며 파장이 확산했다.

마약 투약혐의로 입건된 배우 이선균 씨

이선균, 투약은 인정하나 고의성은 부인

경찰은 지난 9월 서울 강남의 '멤버십(회원제) 룸살롱'에서 마약이 유통된다는 첩보를 확인하고 핵심인물로 꼽힌 해당 유흥업소 실장 A씨를 조사하는 과정에서 이씨와 권씨의 마약 투약정황을 포착했다. 이에 마약류 관리에 관한 법률상 대마·향정*과 마약혐의로 이씨와 권씨를 각각 입건하고 A씨를 향정혐의로 구속했다. A씨는 이씨를 협박해 3억 5,000만 원을 뜯은 혐의도 받는다. 이밖에 의사와 유흥업소 종업원을 각각 마약공급과 투약혐의로 입건하고, 재벌 3세·작곡가·가수지망생 등 5명도 마약 투약의혹이 있다고 보고 입건 전 조사(내사)하고 있다.

향정

> 향정신성의약품의 줄임말로 인간의 중추신경계에 작용하는 물질을 일컫는다. 마약류관리법에서는 마약류의 사용·재배·소지·매매 등 행위를 금지하며, 종류를 크게 마약·향정·대마 등 3가지로 나눈다. 이 중 향정은 대마보다 범위가 넓으며, 필로폰(메스암페타민)·프로포폴·케타민·졸피뎀 등이 포함된다.

이씨는 10월 28일 사건 발생 후 처음으로 경찰에 출석해 1시간가량 조사를 받았다. 그러나 이날 이씨는 혐의에 대한 진술을 거부했으며, 간이시약검사와 모발 등을 채취해 진행한 국립과학수사연구원(국과수)의 정밀감정에서도 음성판정이 나왔다. 간이시약검사의 경우 5~10일 내 마약을 했을 경우 반응이 나타나지만, 그 이전에 투약한 경우 명확한 감정이 어렵다. 국과수가 감정한 모발의 길이는 8~10cm로 알려졌는데, 모발 1cm가 자라는 데 한 달가량 걸리는 점을 고려하면 최근 8~10개월 동안 마약을 하지 않았다는 의미가 된다. 그러나 경찰은 이씨 측이 A씨로부터 협박당해 돈을 송금했다고 진술한 점과 압수한 휴대전화에서 마약과 관련한 증거를 확보한 점을 토대로 최소 10개월 이전에 마약을 투약했을 가능성을 배제하지 않고 있다.

시약검사 후 1주일 만인 11월 4일과 5일 다시 경찰에 출석한 이씨는 1차 조사에서와 달리 평소 알고 지낸 A씨에게 속아 마약인 줄 모르고 투약했다는 취지의 진술을 한 것으로 확인됐다. 이는 마약 투약혐의를 사실상 인정하면서도 고의성은 전면 부인하는 진술이다. 경찰은 이씨의 진술에 신빙성이 있는지를 추가로 확인한다는 입장이다.

지드래곤도 경찰 출석 ··· 진술만 있고 물증 없어

이씨와 별도의 사건으로 분류돼 수사를 받는 권씨는 11월 6일 피의자 신분으로 조사를 받은 후 간이시약검사에서 음성판정을 받았다고 스스로 밝혔다. 처음 의혹이 불거진 이후 줄곧 혐의를 강하게 부인한 그는 "제가 마약범죄와 관계가 없다는 것을 입증하기 위해 (경찰서에 스스로) 나왔다"며 "(팬들께서는) 크게 걱정하지 않으셨으면 좋겠고 믿고 기다려 달라"고 자신감을 보였다. 이에 경찰 내부에서는 '뚜렷한 증거도 없이 형사입건했다가 경찰이 피의자에게 조롱당했다'는 자책도 나왔다.

마약 투약혐의로 경찰에 출석한 지드래곤(권지용)

아이돌그룹 빅뱅의 리더로 활동하며 큰 인기를 얻은 권씨는 2011년 대마초 흡연혐의로 수사선상에 올랐으나 초범인 점과 흡연 당시 정황 등을 고려해 기소유예 처분을 받았다. 하지만 이번 사건의 경우 제보자와 유흥업소 실장인 A씨의 진술만 있을 뿐 명확한 물증이 없는 것으로 알려져 향후 수사가 난항을 겪을 것으로 전망됐다. 다만 이날 권씨가 머리를 제외한 몸 대부분을 제모한 상태에서 경찰에 출석해 모발과 손톱만 채취했다는 사실이 추후에 알려졌다. 경찰은 과거 유사사건에서도 비슷한 시도가 있었던 만큼 권씨가 증거인멸을 시도한 것은 아닌지 의심하고 있다. ■

화제의 뉴스를 간단하게!
간추린 뉴스

럼피스킨병 전국 확산에 축산농가 비상 … 대대적 백신접종 실시

가축전염병인 '럼피스킨병(Lumpy Skin Disease)'이 지난 10월 20일을 시작으로 전국으로 확대돼 축산농가들 사이에서 비상이 걸렸다. 럼피스킨병은 모기, 침파리 등 흡혈곤충에 의해 감염되는 바이러스성 질병으로 감염된 소에서 고열, 피부결절(혹) 등의 증상이 나타난다. 정부는 이에 총력대응에 나섰고, 럼피스킨 중앙사고수습본부는 11월 10일 전국 소 사육 농가에 럼피스킨 백신접종을 완료했다고 밝혔다. 약 400만마리분의 백신을 수입해 각 지방자치단체에 배부했고, 전국 소농가 9만 3,944곳이 백신을 받아 407만 5,000마리에 접종했다.

'세월호 구조 실패' 해경 지휘부 9명 … 참사 9년 만에 무죄확정

2014년 세월호참사 당시 초동조치를 제대로 하지 않아 승객들을 구조하지 못한 혐의로 재판에 넘겨진 박근혜정부 해경 지휘부가 11월 2일 최종 무죄판결을 받았다. 참사가 발생한 지 9년만이다. 대법원 2부(주심 이동원 대법관)는 업무상과실치사 등 혐의로 기소된 김석균 전 해양경찰청장 등 9명에게 무죄를 선고한 원심판결을 확정했다. 대법원은 "원심판단에 업무상 주의의무 위반 등에 관한 법리를 오해하고 판단을 누락한 잘못이 없다"고 밝혔다. 김 전 청장 등은 당시 현장상황을 파악해 즉각 퇴선을 유도하고 선체에 진입해 인명을 구조할 의무를 위반했다는 혐의를 받았다.

해경 지휘부 무죄판결에 입장 밝히는 세월호 유가족

아시아나 이사회 '화물매각' 가결 ··· 대한항공과 합병 속도 내나

11월 2일 아시아나항공은 이사회에서 대한항공이 유럽연합(EU) 집행위원회에 제출할 시정조치안에 포함될 아시아나항공 화물사업 분리매각안을 원안대로 가결처리했다. 이번 결정은 EU 집행위가 그간 제기해온 '유럽 화물노선에서의 경쟁제한 우려'를 해소하기 위한 것으로 두 항공사의 합병절차의 긍정적 계기가 되리라는 예상이 나왔다. 대한항공은 EU 집행위로부터 늦어도 2024년 1월 말까지 심사승인을 받는다는 목표를 세웠다. 양사의 기업결합 과정에 한 고비를 넘어섰으나, 화물사업 인수기업을 물색하는 등 합병까지는 여러 장애물이 있을 것으로 관측됐다.

전국서 빈대 속출 ··· 국민 불안감에 정부는 빈대 상황점검 실시

대구광역시의 한 대학교 기숙사에서 이뤄진 빈대 방역소독

공동·숙박시설에서 빈대가 출현해 피해사례가 잇따르는 가운데 정부가 10월 31일 관계부처 회의를 열고 방제방안 등 대책을 논의했다. 질병원이 아니라며 외면하던 질병관리청은 공항출국장, 해외감염병 신고센터에서 빈대 발생국가 출입국자와 해당국가에서 화물을 수입하는 수입기업을 대상으로 해충 예방수칙을 안내하기로 했다. 보건복지부는 숙박업소나 목욕탕 같은 공중위생영업소와 사회복지시설에서의 빈대 발생상황과 대응체계를 점검했다. 환경부는 방제를 위해 네오니코티노이드계 디노테퓨란으로 만든 살충제 8개 제품을 긴급사용 승인했다.

경찰이 재수사 안 하면 검찰이 한다 ··· 수사준칙 개정안 시행

경찰이 전담해오던 보완수사·재수사를 검찰도 맡을 수 있도록 하는 내용의 '검사와 사법경찰관의 상호협력과 일반적 수사준칙에 관한 규정(수사준칙)' 개정안이 10월 10일 국무회의를 통과했다. 법무부는 "개정 수사준칙은 11월 1일부터 시행되며 검경의 책임 있는 자세와 협력을 통해 수사절차 내에서 국민보호 공백을 개선하고자 하는 것"이라고 개정취지를 설명했다. 개정안은 문재인정부에서 검경 수사권 조정을 통해 보완수사를 경찰이 전담하도록 했던 원칙을 폐지하고, 검경이 개별사건의 특성에 따라 분담하도록 하는 내용이 골자다.

'소신파' 리커창 전 중국 국무원 총리 별세 … 애도물결에 당국은 수위조절

지난 3월 퇴임한 리커창 전 중국 국무원 총리가 10월 27일 향년 68세에 갑작스런 심장마비로 인해 별세했다. 리 전 총리는 중국 공산당 내 주요파벌인 공청단계를 대표하는 인물로 시진핑체제가 출범한 뒤 2013년부터 '중국 2인자'인 국무원 총리직을 수행하면서 경제정책을 총괄했다. '시진핑 1인체제'가 공고화된 이후에도 민생과 경제활성화를 위해 독자적인 쓴소리를 내며 중국민중들의 호응을 얻었다는 평가를 받았다. 많은 중국인이 애도의 뜻을 표명했으나, 중국당국과 관영언론은 소신파였던 그의 행적을 감안한 듯 단신보도만으로 수위조절에 나섰다.

리커창 전 중국 국무원 총리

한은, 기준금리 3.5%로 6연속 동결 … 안갯속 경제에 쉽게 조정 어려워

이창용 한국은행 총재

한국은행(한은)이 지난 2·4·5·7·8월에 이어 10월 19일 기준금리를 다시 3.50%로 묶었다. 가계부채가 빠르게 늘고 원/달러 환율도 11개월 만에 최고수준에 이르는 등 금리인상 요인이 분명히 있지만, 최근 소비부진과 중국 등 주요국의 성장둔화로 뚜렷한 경기회복을 장담할 수 없는 만큼 일단 동결한 뒤 추후 상황을 지켜보자는 판단으로 해석됐다. 안갯속 경제상황 속에서 9월 20일(현지시간) 미국 연방공개시장위원회(FOMC) 정례회의 후 미국의 추가 통화긴축 압력이 다소 줄어든 점도 동결결정에 여유를 줬다.

스토킹 범에도 전자발찌 가능 … 강제추행 판단기준도 완화

스토킹 범죄자에게도 전자발찌 등 위치추적 전자장치를 부착할 수 있도록 하는 개정법이 10월 12일부터 시행됐다. 검사는 스토킹 범죄로 실형을 선고받은 사람이 10년 이내 재범한 때, 2차례 이상 반복해 상습성이 인정된 때 등 재범 위험성을 따져 부착명령 등을 청구할 수 있다. 또한 9월 21일에는 대법원이 '저항이 곤란한 정도'를 요구했던 강제추행죄의 판단기준을 완화하면서 처벌범위가 넓어졌다. 대법원은 "기존 판단기준이 피해자의 정조 수호 태도를 전제하고 있다"며 "개인의 성적 자기결정권을 보호 법익으로 하는 현행법 해석으로 더 이상 타당하지 않다"고 했다.

대법원 전원합의체

'킬러문항' 없었던 2024년도 수능 … '물수능' 우려에 '불수능' 치러져

11월 16일 치러진 2024학년도 대학수학능력시험(수능)은 정부가 공언한 대로 '킬러문항(초고난도 문항)'을 없애면서도 변별력을 갖춘 것으로 평가됐다. EBS와 입시업체는 이번 수능의 난도가 만만치 않았다고 분석했다. 특히 국어영역은 지난해 수능은 물론, 변별력이 강화된 올해 9월 모의평가보다도 더 어려웠다고 분석됐다. 킬러문항 못지않게 풀기 까다로운 고난도 문항도 여럿 존재해 '준킬러문항'으로 봐야 하는 것 아니냐는 평가도 나왔다. 수험생 커뮤니티에서는 매우 어렵게 출제된 수학영역의 22번 문항을 두고 '사실상의 킬러문항'이라는 주장이 나오기도 했다.

'파리바게뜨 노조탈퇴 강요' 검찰수사 박차 … SPC 회장도 압수수색

파리바게뜨 제빵기사에 대한 부당 노동행위 의혹을 수사하는 검찰이 SPC그룹 차원의 관여 여부를 확인하기 위해 10월 30일 강제수사에 나섰다. 서울중앙지검 공공수사3부(임삼빈 부장검사)는 이날 SPC그룹 본사의 내부회의 자료 등을 확보했다. 허영인 회장을 비롯한 임원 3명의 사무실과 사내서버 등이 압수수색 대상에 포함됐다. 검찰은 파리바게뜨 제빵기사 채용·양성 등을 담당하는 SPC그룹 자회사인 PB파트너즈가 전국민주노동조합총연맹 화섬식품노조 파리바게뜨지회 조합원들을 상대로 노조탈퇴를 종용하거나 인사 불이익을 줬다는 의혹을 수사 중이다.

윤석열 대통령 사우디·카타르 국빈방문 … MOU·산업협력 범위 넓혀

윤석열 대통령이 10월 25일(현지시간) 4박 6일의 사우디아라비아·카타르 국빈방문 일정을 마무리했다. 윤 대통령의 순방을 계기로 사우디에서는 약 156억달러(한화 21조 1,000억원), 카타르에서는 약 46억달러(6조 2,000억원) 규모의 계약 및 MOU가 체결됐다. 특히 신산업분야로의 계약확대가 이뤄졌는데, 사우디와의 MOU에 블루암모니아 생산부터 디지털·의료·로봇·스마트팜·관광·뷰티 산업에서 협력이 포함됐다. 이와 더불어 사우디와는 건설, 국방, 방산 등 전 분야에 가까운 범위로 협력을 확대키로 했다.

빈살만 사우디 왕세자와 만난 윤석열 대통령

여성고용률 상승에도 한국 남녀격차 OECD 38개국 중 8위

우리나라 고용률의 남녀격차가 경제협력개발기구(OECD) 회원 38개국 가운데 8번째로 높은 것으로 나타났다. 10월 23일 OECD 기준 고용률 통계에 따르면 올해 2분기 고용률은 남성 76.92%, 여성 61.36%로 집계돼 남녀차이는 15.56%포인트(p)였다. 올해 2분기 여성고용률을 놓고 봐도 OECD 회원국에서 30위로 하위권이다. 우리나라의 여성고용률은 최근 10년 사이에 크게 상승했지만, 여전히 다른 나라와 비교할 때 낮은 수준이고 남녀격차도 큰 셈이다. 경력단절로 인한 'M커브' 현상이 지속되는 것이 여성고용률이 낮은 주요요인이라고 분석됐다.

서울지하철노조 총파업 돌입 … "인력감축 철회해야"

총파업 출정식 연 서울교통공사 노동조합

서울지하철 1~8호선을 운영하는 서울교통공사 노동조합이 11월 9일 총파업을 공식선언했다. 이번 파업은 공사 3개 노조 가운데 민주노총 소속인 서울교통공사노조가 진행한다. 함께 노사협상에 참여한 한국노총 소속 통합노조는 파업에 동참하지 않기로 했다. 앞서 공사와 노조 측의 연합교섭단은 올해 7월부터 10여 차례 교섭을 진행해왔으나 끝내 입장차를 좁히지 못했다. 대규모 적자에 시달려온 사측은 경영정상화를 위해 인력감축이 불가피하다는 입장이다. 반면 노조 측은 무리한 인력감축이 안전문제로 직결될 수 있다며 감축안 철회를 요구하고 있다.

구치소 수용 중 병원치료 하다가 달아난 김길수, 사흘 만에 검거

특수강도 혐의로 서울구치소에 수용됐다가 병원치료 중 달아난 김길수가 도주 사흘째인 11월 6일 검거됐다. 경찰은 김씨가 지인에게 전화를 걸자 이를 역추적해 붙잡는 데 성공했다. 10월 30일 체포된 김씨는 유치장에서 식사하다가 플라스틱 숟가락 끝 5cm 가량을 삼켰다. 이 때문에 구속 전 피의자 심문에 출석하지 않고 병원에 간 김씨는 병실 내에 있는 화장실로 들어간 후 감시가 소홀해진 틈을 타 달아났다. 김씨의 도주를 막지 못한 데다 도주 후에도 1시간가량 신고를 미룬 사실까지 알려지면서 교정당국의 관리책임이 도마 위에 올랐다.

도주 사흘 만에 검거된 김길수

난독증 상담 받는 학생 3년 새 '7배' ··· 경계선 지능도 5배 늘어

10월 21일 서울시교육청은 서울지역에서 난독증으로 시교육청의 지원을 받는 학생이 2023년 8월 기준으로 824명이라고 밝혔다. 이는 3년 전(2020년)인 112명에 비해 7.4배 늘어난 수치다. 이러한 증가세는 2020년 시작된 교육청의 조기발굴제도가 영향을 줬고, 코로나19 시기 대인관계가 줄어 발달이 지연되거나, 치료기회를 놓친 경우가 많은 탓이라고 분석됐다. 아울러 지능지수가 71~84인 '경계선 지능'에 속해 시교육청의 지원을 받는 학생도 같은 달 기준 663명으로 3년 전(122명)에 비해 5.4배 늘어난 것으로 나타났다.

주택연금 문호 넓히자 신규가입 건수 사상최대 기록

10월 23일 국회 국토교통위원회 소속 서범수 국민의힘 의원이 한국주택금융공사(주금공)로부터 제출받은 자료에 따르면 올해 3분기까지 주택연금 신규가입 건수는 총 1만 723건이었다. 이는 지난해 같은 기간의 1만 719건을 웃도는 사상최대치다. 재작년 동기의 7,546건과 비교하면 40% 이상 늘었다. 가입자 수 증가와 함께 연금지급액도 지속해서 늘었다. 주택연금은 최근 가입 요건이 완화되면서 문호도 더 넓어졌다. 앞서 주금공은 10월 12일 신규신청자부터 주택연금에 가입할 수 있는 주택 공시가격 기준을 9억원 이하에서 12억원 이하로 변경했다.

청약시장 양극화 뚜렷해져 ··· 서울은 66대 1, 지방은 9.8대 1

올해 서울과 지방의 청약 양극화현상이 뚜렷해졌다. 10월 20일 부동산R114의 1~9월 청약결과에 따르면 서울의 청약 1순위 평균경쟁률은 66.3대 1로 청약시장이 과열됐던 2021년(162.9대 1)을 제외하면 2000년 이래 최고치를 기록했다. 반면 같은 기간 전국 평균경쟁률은 9.8대 1을 기록했다. 서울의 경쟁률이 치열한 것은 수도권 집중화 현상과 함께 입주물량 감소로 신축아파트 희소성이 커졌기 때문이다. 청약경쟁이 치열해지면서 분양·입주권 거래도 급증했다. 이러한 서울의 청약쏠림 및 분양·입주권 거래활성화는 당분간 계속될 전망이다.

절도범이 국내로 들여온 부석사 고려불상 … 대법은 일본 소유권 인정

일본사찰에 있다가 2012년 절도범에 의해 국내로 들어온 고려시대 금동관음보살좌상(불상)의 소유권이 7년의 소송전 끝에 일본의 것으로 귀결됐다. 서산 부석사는 '1330년경 서주(서산의 고려시대 명칭)에 있는 사찰에 봉안하려고 이 불상을 제작했다'는 결연문을 토대로 "왜구에게 약탈당한 불상인 만큼 원소유자인 우리에게 돌려줘야 한다"며 2016년 유체동산 인도 청구소송을 제기했다. 그러나 대법원은 타인의 물건이더라도 일정기간 문제없이 점유했다면 소유권이 넘어간 것으로 보는 '취득시효' 법리에 따라 불상의 소유권이 정상적으로 일본에 넘어갔다고 봤다.

대법원의 부석사 불상 소유권 판결을 규탄하는 서산시의회

외국인, 내년부터 6개월 체류해야 건강보험 피부양자된다

외국인이 국내 거주하는 직장가입자 밑에 피부양자로 이름을 올리려면 '국내에 최소 6개월 이상 체류'해야 하는 건강보험(건보)법 개정안이 9월 21일 국회 보건복지위원회를 통과했다. 이로써 내년부터 외국인이 건보 피부양자 자격을 얻기가 훨씬 까다로워질 전망이다. 보험료를 한 푼도 내지 않고 건보에 무임승차하기 힘들어진다는 얘기다. 단기간 거주하는 외국인이 건보 혜택을 받지 못하게 함으로써 외국인의 친인척이 피부양자로 이름을 올려 필요할 때만 입국해 수술이나 치료를 받고 출국하는 일이 생기지 않게 하겠다는 것이다.

넷플릭스 계정공유하면 추가금 … "같은 집 살아야 면제"

넷플릭스가 11월 2일 홈페이지를 통해 "계정 이용대상은 회원 본인과 함께 거주하는 사람, 즉 한 가구의 구성원"이라며 새로운 계정공유방침을 공지했다. 새 방침에 따라 회원과 한 가구 구성원이 아닌 이용자와 계정을 공유하려면 매달 5,000원을 추가로 지불해야 한다. 넷플릭스는 접속 IP 주소, 디바이스 ID, 계정활동 등 정보를 활용해 이용자가 회원과 같은 가구에 사는지를 확인할 것으로 전해졌다. 이렇듯 최근 넷플릭스뿐 아니라 디즈니플러스도 계정공유를 제한하는 정책을 도입하는 등 온라인동영상서비스(OTT) 업체들이 '숨은 수익원' 확보에 나서는 추세다.

계정 공유 관련 업데이트

'소록도 천사' 마가렛 할매 오스트리아서 선종

소록도에서 39년간 한센인들을 돌보다가 건강악화로 더 이상 봉사할 수 없게 되자 조용히 오스트리아로 귀국했던 '소록도 천사' 마가렛 피사렉 간호사가 향년 88세로 선종했다. 폴란드 태생의 오스트리아 국적자인 마가렛 간호사는 인스브루크 간호학교를 졸업한 뒤 구호단체 다미안재단을 통해 1966년 소록도에 파견됐다. 이후 공식파견기간이 끝났음에도 소록도에 남아 마리안느 스퇴거 간호사와 함께 자원봉사자 신분으로 한센인들을 돌봤다. 그는 한센인 재활치료와 의료시설 도입, 한센인 자녀 영아원 운영 등을 하며 일생을 바쳤다.

'소록도 천사' 마가렛 피사렉 간호사

소행성 '베누' 샘플 지구로 … 45억년 전 생명체 탄생의 비밀 풀 열쇠 될까

소행성 베누로부터 채취한 자갈 샘플

45억년 된 것으로 추정되는 지구 근접 소행성 '베누(Bennu)'의 표면에서 흙과 자갈 등의 샘플을 채취한 미국 항공우주국(NASA) 탐사선 '오시리스-렉스(OSIRIS-REx)'의 캡슐이 9월 24일(미 동부 기준) 지구에 귀환했다. 이로써 2016년 9월 캡슐이 탐사선에 실려 발사된 지 7년 만에 62억km에 달하는 대장정을 마쳤다. 샘플을 조사한 NASA는 "채취한 돌과 먼지는 물과 많은 양의 탄소를 포함하고 있다"며 "이런 소행성들이 생명체의 기본요소들을 지구에 전달했을지도 모른다"고 밝혔다. 이어 "생명탄생을 일으킨 원소의 기원을 규명하는 데 도움이 될 것"이라 기대했다.

김하성, 한국인 최초로 MLB 골드글러브 수상 … 유틸리티 야수 등극

김하성(샌디에이고 파드리스)이 역대 한국인 선수로는 최초로 미국프로야구 메이저리그(MLB) 포지션별 최고 수비수에게 주는 골드글러브를 수상했다. 김하성은 11월 6일(한국시간) 내셔널리그 유틸리티 야수부문 수상자로 호명됐다. 유틸리티 야수부문은 만능야수를 뜻하는 상으로 김하성은 주 포지션인 2루는 물론이고 3루, 유격수 등 1루를 제외한 전 내야 포지션에서 견고한 수비를 뽐냈다. 이번 수상은 아시아 선수는 빅리그 내야에서 자리 잡기 어렵다는 선입견을 지우고 수비의 제왕으로 인정받은 터라 더욱 값지다는 평가를 받는다.

미국 메이저리그에서 활약 중인 김하성

10·29 이태원참사 1주기
기억해야 할 그날

특별법 제정은 언제쯤

10월 29일 서울 용산구 이태원 골목에 이른 아침부터 밤까지 1년 전 발생한 참사의 희생자들을 추모하기 위해 시민들의 발길이 이어졌다.

참사가 일어났던 골목 입구 '추모의 벽' 앞에 추모객들이 가져다 놓은 꽃과 음료, 과자들이 수북하게 쌓였고, 애도의 뜻을 적은 메모지도 바람에 나부꼈다.

핵심 브리핑

참사가 발생한 지 1년이 지났다. 사상자만 300여 명이 넘는 대규모 인명사고였지만, '주최자 없는 축제'라는 이름 아래 책임자 처벌이나 진상조사는 지지부진했고, 후속조치를 약속한 여야는 여전히 이견을 좁히지 못한 채 서로를 향한 날만 세우고 있다. 유족과 생존자들은 1년 전과 달라진 게 없다며 진실규명과 조속한 법안제정 등을 촉구했다. 시대

오후 5시부터 서울 중구 서울시청 앞 광장에서 열린 시민추모대회에도 유가족과 여야 지도부를 비롯한 많은 시민이 모여 희생자들을 애도했다.

이태원시민대책회의는 이날 참사 유족과 희생자를 향한 2차 가해 방지, 진상규명을 위한 특별법 제정, 참사 재발방지 대책 등을 요구하는 공동선언문을 발표했다.

견해에는 진상규명을 위한 독립기관 설립과 피해자와 유족에 대한 적절한 배상 및 재발방지책 마련, 책임자를 사법처리하라는 의견이 담겼다.

한편 유엔 자유권위원회는 한국의 '제5차 시민적·정치적 권리에 관한 국제규약 국가보고서' 심의결과에 대한 최종견해를 통해 이태원참사에 대한 권고를 내놨다.

NEWS

1

의약품 수급 불안정해
약사들끼리 품앗이한다?

What?

코로나19 이후 일선 의료현장과 약국가에서 '의약품 수급 불안정 문제가 심각하다'는 목소리가 꾸준히 제기된 가운데, 최근 일부 의약품을 구하지 못한 약사와 소비자들의 사례가 온라인상에 퍼지며 화제가 됐다. 특히 약사들이 의약품을 서로 품앗이하고 있다는 댓글이 달려 주목을 받았다. 약이 부족해 약사들이 직접 의약품을 교환하는 것이 정말 사실일까?

'오픈채팅방' 개설돼 약사들 간 의약품 직거래

결론부터 말하자면 의약품 수급 문제로 약사들끼리 의약품을 교환하는 것은 사실이다. 실제로 2021년 8월 개설된 카카오톡 오픈채팅방 '약사를 위한 마켓'에는 약 1,300여 명의 약사들이 가입돼 있는데, 약사들은 교환이 필요한 약이 생기면 해당 채팅방에 '구합니다', '있습니다'란 글을 올려 자체적으로 의약품을 교환하고 있다. 채팅방 개설자인 문석훈 약사는 "주변 약국들은 도매상이 대부분 같다 보니 수급 안 되는 의약품들이 비슷했다"며 "다른 지역에 있는 약사한테 우리 약국에서 동이 난 의약품을 물어보니 보유하고 있다고 해서 오픈채팅방을 만들어 전국적으로 교환을 해봐야겠다는 생각을 하게 됐다"고 설명했다. 그러면서 해당 채팅방에는 하루에 200건 이상의 글이 올라온다고 말했다.

지역약사회에서 자체적으로 운영하는 온라인대화방도 있다. 서울 강동구약사회는 지난해 3월 강동구 약사회원만 참여할 수 있는 오픈채팅방 '강동팜교품장터'를 개설했는데, 현재 약 100여 명의 약사가 활동하고 있다. 강동구의 약국은 240개 정도인데 약사의 절반 정도가 직거래에 참여하는 셈이다. 약국 간 거래는 원칙적으로 금지돼 있으나, 약사법 제47조에 따라 '의사가 처방한 의약품이 없어 약국개설자가 다른 약국개설자로부터 해당 의약품을 긴급하게 구입하는 경우' 거래를 허용하고 있다.

최근 직거래 급증 … 수급난은 일부 의약품 국한

이러한 약사 간의 의약품 온라인직거래는 비교적 최근에 나타난 현상으로 파악됐다. 문 약사는 "코로나 19 사태 이전에는 의약품을 교환할 수 있는 곳이 없었던 것으로 안다"고 말했다. 강동구 약사회 유상준 정보통신위원장도 "팬데믹 전에도 약사 간 거래가 있긴 했지만, 의료기기와 관련된 것이 대부분이었고 의약품을 교환하는 경우는 없었다"며 "현재는 지역구 약사회나 약사 커뮤니티 등에서 약사들만을 대상으로 한 의약품 교환이 이뤄지고 있는 것으로 안다"고 설명했다.

최근 경기도약사회에서 소속 약사들을 대상으로 실시한 설문조사 결과에 따르면 전체 응답자(492명)의 99%가 의약품 수급 불안정으로 어려움을 겪고 있다고 답했다. 수급 불안정 지속기간에 대해서는 '1년 이상'이란 응답이 67%를 차지했다. 약사 A씨는 "20년 넘게 약국을 운영하면서 지금처럼 약이 떨어져서 걱정이었던 적은 한 번도 없었다"며 "약국 문을 닫은 후에도 약을 구하려고 도매상 사이트를 돌아다니면서 '득템'하려고 한다"고 전했다. 약사들이 환자들의 피해를 막기 위해 병원에 연락해 처방전을 변경해달라고 부탁하는 사례도 있다. 약사 B씨는 "약의 효능만 같으면 되니 병원에 연락해 재고가 있는 동일성분 조제로 처방을 바꿔 달라고 부탁을 드린다"며 "환자와 병원 모두에게 죄송해야 하는 이상한 상황"이라고 말했다. 상황이 이렇다 보니 구하기 힘든 약을 다른 약에 끼워 파는 도매상도 있다고 한다. 약사 C씨는 "도매상에서 최소 주문금액을 설정해놓거나 잘 팔리지 않는 약에 구하기 힘든 약 하나를 끼워서 파는 등 갑질을 하고 있다"며 "약이 없으면 안 되니 울며 겨자 먹기로 구매하고 있다"고 했다.

그러나 일선 약국에서 수급난을 겪는 의약품은 일부 품목에 국한된 것으로 보인다. 대한약사회 민필기 이사는 "약의 수급 불안정 상황은 시도 때도 없이 바뀌어서 어제 재고가 많던 의약품이 오늘 갑자기 동날 수도 있다"며 "대한약사회에서 최근 파악한 수급 불안정 의약품은 변비약, 감기약 등 약 20종 정도"라고 밝혔다. 제약업계 관계자는 "수급 불안정의 원인은 하나로 꼽을 수 없다"며 "코로나19로 재확산으로 인한 급격한 수요 증가, 러시아 · 우크라이나 전쟁, 약사들의 불안심리 등 다양한 요인이 복합적으로 작용하는 것으로 보인다"고 말했다.

한편 건강보험심사평가원은 의약품 수급 문제를 개선하기 위한 방안으로 '수급 불안정 의약품' 정보에 대한 공개대상을 확대하기로 했다. 이에 11월부터 공급중단 의약품 및 공급중단 보고 대상 의약품, 수급 불안정 의약품 등 2,640여 개 품목의 정보를 공개하고, 12월에는 공급부족 의약품을 공개하기로 했다. 이는 공급중단 의약품의 중단 여부와 시기 · 사유, 공급 재개시기 등 식약처와 한국희귀 · 필수의약품센터가 공개 중인 정보와 연계된다. 또 제약사 조회화면을 별도로 신설해 제약사가 요양기관 공급량과 도매업체 보유량을 즉각 확인해 생산량에 반영할 수 있도록 했다. 시대

Fact!

팬데믹 이후 심화된 의약품 수급 불균형이 장기간 해소되지 않은 상황에서 코로나19 재확산 등으로 의약품 확보에 어려움을 겪는 약사들이 필요한 일부 의약품에 한해 약사 간 직거래를 통해 물량을 확보하고 있는 것으로 나타났다.

ILO 협약 탈퇴
자영업자들이 원한다?

윤석열 대통령이 10월 30일 국무회의에서 이주노동자 임금차등 적용, 50인 미만 사업장에 대한 중대재해처벌법 적용 유예 등을 '민생 현장의 목소리'라고 소개하면서 국제노동기구(ILO) 협약에서의 탈퇴를 언급해 논란이 됐다. 이에 노동계는 앞선 69시간 노동 등과 마찬가지로 일부 현장의 의견을 근거로 정부가 문명국에서 이탈하려 한다고 비판하고 나섰다.

이날 윤 대통령은 국무회의 모두발언에서 "비서실장, 수석, 비서관, 행정관들이 소상공인 일터와 복지행정 현장 등 36곳의 다양한 민생현장을 찾아 국민의 절박한 목소리들을 생생하게 듣고 왔다"고 서두를 꺼냈다. 또한 '민생현장 방문 주요 결과' 자료를 배포해 김대기 비서실장, 이관섭 국정기획수석, 이진복 정무수석, 안상훈 사회수석 등 참모진이 지난 23~25일 수행한 현장방문 결과를 알리기도 했다.

국무회의에서 발언하고 있는 윤석열 대통령

그런 가운데 윤 대통령은 이주노동자를 고용하는 식당 사례를 소개하며 "(업주가) '외국인 노동자의 임금을 내국인과 동등하게 지불해야 한다는 국제노동기구(ILO) 조항에서 탈퇴해야 되는 것 아니냐'며 비상대책 마련을 호소하셨다"고 말했다. 요약하면 소상공인을 위해 외국인 노동자를 국내 노동자의 임금과 차등을 둬야 한다는 것이다.

미국도 일부만 비준 ⋯ 제111조 탈퇴 시사

❖ 최저임금 상승으로 이주노동자 고용 어려워
❖ 자영업자, 내·외국인 임금차등 원해
❖ 임금차등 막는 ILO 협약

윤 대통령은 이날 비공식 발언에서는 "칼국숫집 주인이 '외국인 노동자의 임금을 내국인과 동등하게 지불해야 한다'는 ILO 핵심협약 문제를 더 잘 알고 있다"면서 "칼국숫집 주인 같은 사람들이 미국은

ILO 핵심협약을 일부만 비준했고, 조항별로도 탈퇴할 수 있다는 내용을 정확하게 얘기를 했다"고 말한 것으로 전해졌다. 그러면서 "과거 정부에서 결정한 것들이 독이 됐다"며 "면밀하게 검토하지 않은 정책들이 독으로 작동하고 있다"고 말했다.

윤 대통령이 앞선 정부에서 급격하게 올린 최저임금으로 자영업자·소상공인의 어려움이 커졌고, ILO 핵심협약 비준으로 인해 이주노동자의 임금마저 올라가는 등 노동현장이 부작용을 겪고 있다고 지적한 것이다. 서울 강서구청장 보궐선거 참패 이후 '이념논쟁은 멈추고 민생에 집중하겠다'던 윤 대통령이 이주노동자 임금차등 적용, 50명 미만 사업장에 대한 중대재해 처벌 등에 관한 법률(중대재해처벌법) 적용 유예를 "민생현장 목소리"라고 밝힌 것이다.

대통령실 핵심 관계자는 이날 오후 기자들과 만나 "대통령이 칼국숫집 주인의 사례로 ILO 핵심협약 문제를 지적한 건 민생현장에서 겪는 실질적인 어려움은 일반 국민이 가장 잘 안다는 걸 강조한 것"이라며 "그런 측면에서 정부 고위 당국자와 대통령실 핵심 참모들이 현장에 가서 더 들어야 한다는 취지"라고 설명했다. 또한 '실제로 ILO 탈퇴를 검토하는 것인가'라는 질문에 대해서는 "대통령실이 현장에서 들은 얘기를 대통령이 생생하게 국무위원에게 전달하는 과정에서 나온 얘기"라며 "정책적 결정을 한 것이라고 말하기는 어렵다"고 말했다. 현장의 민생문제를 해결하기 위한 하나의 실례로 든 것뿐이지 실제로 탈퇴를 추진한다는 것은 아니라는 말이다.

윤 대통령이 언급한 ILO 조항은 핵심협약 중 하나인 제111호 '고용 및 직업에 있어서 차별대우에 관한 협약'으로 1958년에 채택됐고, 우리나라는 1998년에 비준해 오늘에 이르고 있다.

ILO 핵심 기본협약 비준 현황

구분	ILO 핵심협약 한국	비준 여부
결사의 자유	제87호(결사의 자유와 단결권 보장 협약, 1948)	2021.04.20
	제98호(단결권과 단체교섭권 협약, 1949)	2021.04.20
강제노동 금지	제29호(강제노동 협약, 1930)	2021.04.20
	제105호(정치적 견해표명, 파업참가 등에 대한 강제노동 철폐에 관한 협약, 1957)	×
균등대우	제100호(동일가치 노동에 대한 남녀 노동자 동등보수에 관한 협약, 1951)	1997.12.08
	제111호(고용과 직업상 차별 협약, 1958)	1998.12.04
아동노동 금지	제138호(최저연령 협약, 1973)	1999.01.28
	제182호(가혹한 형태의 아동노동 협약, 1999)	2001.03.29
안전한 노동환경	제155호(산업안전보건과 작업환경에 관한 협약, 1981)	2008.02.20
	제187호(산업안전보건 증진체계에 관한 협약, 2006)	2008.02.20

자료 / 'ILO 기본협약 발효와 한국사회의 과제토론회' 자료집

우리나라는 ILO에 1991년 가입한 이래 제100호, 제111호, 제138호, 제182호만 비준하고 있었으나, 문재인정부 들어 '노동존중 사회실현'이라는 국정과제에 맞춰 협약기준에 맞지 않는 노동법 개정을 추진함에 따라 2021년 2월 국회에서 ILO 핵심협약 중 제29호, 제87호, 제98호 등의 비준안이 의결되고 2021년 4월에 비준됐다.

그 과정에서 정부는 노사정 단체들과의 논의 진행, 국회 비준 동의절차 진행, 핵심협약과 상충하는 법제도 정비 등을 과정을 거쳤다. 다만 ILO 핵심협약 중 "정치적 견해표명, 파업 참가 등에 대한 강제노동을 부과하는 것을 금지"하는 제105호의 경우 우리나라 형법체계나 국가보안법 등 국내 실정과 상충돼 비준하지 않았다.

그런데 이번 윤석열정부는 후보 때부터 '주 69시간 근무제'를 비롯해 ILO 협약에 위반하는 주장을 줄곧 해왔다. 비록 '노동정책의 역행'이라는 각계의 비판과 주된 지지기반이었던 청년층의 강력한 반대 및 연속근무로 인한 노동자 사망 사고가 잇달아 터지면서 실행에 옮겨지지는 못했지만, '노동은 더 많이, 임금은 더 적게'라는 구시대적 기조를 이어가고 있다는 비판이 이어지고 있다.

그러나 일각에서는 미국도 자국의 상황에 맞춰 기본협약을 모두 비준하지 않는 만큼 경제상황이 어렵고, 특히 최저소득 인상으로 어려움을 겪고 있는 자영업자·소상공인이 다른 나라에 비해 많은 특수한 상황을 고려할 필요가 있다고도 한다. 2021년 기준 기본협약 8가지를 비준한 나라는 147개국이며, 7가지를 비준한 국가는 14개국(한국, 호주, 브라질 등), 6가지를 비준한 국가는 11개국(인도, 일본, 싱가폴 등), 5가지는 5개국, 4가지 3개국(중국 등), 3가지 1개국, 2가지 2개국(미국 등), 1가지 4개국 순이다.

"현실에서는 불가능, 해서도 안 돼"

❖ 국회 비준사항, 정부의 임의탈퇴 불가
❖ 국제신뢰 하락에 통상마찰도 우려
❖ EU, "FTA 위반" 지적

ILO의 제111호 협약은 ILO가 반드시 비준할 것을 요구하는 10개 핵심 기본협약 중 하나다. 고용과 직업에서 인종, 성별, 피부색, 출신국가 등을 이유로 어떤 차별도 하지 말라는 게 핵심이다. 이미 세계 175개국이 비준할 만큼 문명국의 한 기준으로 자리 잡은 지 오래다.

이 협약을 비준한 국가는 "고용과 직업에 있어 모든 형태의 차별을 철폐할 목적으로 국가정책을 결정·추진"해야 한다. 이때 차별은 인종, 피부색, 성별, 종교, 정치적 견해, 출신국, 사회적 출신성분에 따라 행해지는 모든 차별, 배제, 우대를 뜻한다. 협약 비준국은 협약의 기본정책에 위반되는 법조항을 철폐하고 행정조치 및 관행을 수정해야 한다.

따라서 외국인 노동자 임금 차등적용은 제111호 협약에 정면으로 위배하는 셈이다. 무엇보다 출신 국가를 이유로 차별을 용인하는 행위는 세계인권선언, ILO의 목적에 관한 선언인 '필라델피아 선언'에도 위배된다. 필라델피아 선언은 "모든 인간은 인종, 신앙 또는 성별에 관계없이 자유 및 존엄과 경제적 안정 및 기회균등의 조건에 있어서 물질적 안녕과 정신적 발전을 추구할 권리를 가지고 있"다고 본다.

필라델피아 선언 4원칙

▸ 노동은 상품이 아니다.
▸ 표현 및 결사의 자유는 계속된 발전을 위해 제약할 수 없다.
▸ 일부의 빈곤은 전체의 번영에 위험한 것이다.
▸ 부족함에 대한 전쟁은 각국 내에서의 불굴의 용기를 갖고 동시에 노동자 및 사용자의 대표자가 정부 대표자와 동등한 지위에서 일반복지 증진을 위해 자유로운 토론과 민주적인 결정에 함께 참여하고, 지속적이고 협조적인 국제적 노력에 따라 수행할 필요가 있다.

그런데 우리나라의 경우 특히 고용허가제로 들어오는 이주노동자들이 한국 노동시장에서 임금과 복지 등 처우가 상대적·절대적으로 취약한 경우가 많아 국제사회가 협약의 이행을 지속적으로 요구하고 있는 상황이다. 이런 때에 윤 대통령 발언은 이들 취약 노동자의 임금을 깎기 위해 국제기준을 번복하자는 의미로 읽힌다는 게 전문가들의 목소리다.

'조항 탈퇴'라는 명칭이 올바른 표현이 아니라는 지적도 나온다. 유엔(UN) 산하 노동분야 전문 국제기구인 ILO 탈퇴, 혹은 'ILO 협약 비준 철회'로 해석돼야 하는데, 윤 대통령이 '조항'이라는 표현을 사용했으므로 한국이 1998년 비준한 ILO 협약 중 제111호 '비준 철회'로 사용해야 한다는 것이다.

국회가 이미 비준해 국내법과 같은 효력을 지닌 이 협약을 철회하려면 다시 복잡한 절차를 거쳐야 한다는 것도 문제다. 이주노동자를 차별대우하려면 애초 국적 등을 이유로 근로조건을 차별하지 못하도록 규정한 근로기준법도 함께 바꿔야 하기 때문이다. 근로기준법 6조는 "사용자가 국적, 신앙 또는 사회적 신분을 이유로 근로조건에 대한 차별적 처우를 하지 못"하도록 한다. 외국인 근로자의 고용 등에 관한 법률(외국인고용법) 22조도 "사용자는 외국인 근로자라는 이유로 부당하게 차별해 처우해서는 안 된다"고 규정한다. 대법원도 근로기준법 14조의 정의처럼 외국인 노동자는 "직업의 종류를 불문하고 사업 또는 사업장에 임금을 목적으로 근로를 제공하는 자"로 근로기준법상 근로자이므로 최저임금법을 적용받아야 한다고 해석한다.

한편 우리나라는 ILO 협약 가운데 10개 기본협약 중에는 9개를 비준했으나, 전체 190개 협약을 기준으로는 29개에 불과하다. 이는 ILO 회원국의 평균 47, OECD 평균 61에 크게 못 미치는 수치다.

AI 안전 '블레츨리 선언',
우리도 안전 대비해야

AI안전 정상회의 열어 위험대처에 협력하기로

빠르게 진화하는 인공지능(AI)의 잠재적 위험을 경고하고 이에 관한 각국의 협력을 촉구하는 국제사회 차원의 목소리가 처음 나왔다. 미국, 중국, 한국 등 28개국과 유럽연합(EU)은 11월 1일(현지시간) 영국에서 개막한 '제1차 AI 안전 정상회의'에서 고도의 능력을 갖춘 프런티어 AI가 파국적 피해를 초래할 수도 있다면서 위험대처에 관한 이해를 넓히는 한편 국가 간 협력이 필요하다는 내용이 담긴 '블레츨리 선언'을 채택했다.

이 행사에는 개최국인 영국의 리시 수낵 총리를 비롯해 커밀라 해리스 미국 부통령, 우르줄라 폰데어라이엔 EU 집행위원장 등이 참석했고 일론 머스크

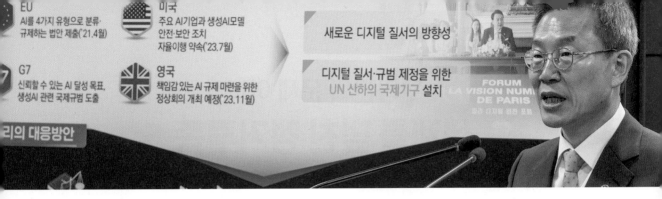

테슬라 최고경영자(CEO), 챗GPT 개발사인 오픈AI의 샘 올트먼 CEO 등 기업인들도 초청됐다. 우리나라는 이번 회의와 1년 뒤 프랑스 파리에서 열릴 2차 정상회의 중간인 2024년 5월에 영국과 함께 AI의 안전한 활용을 위한 '미니 정상회의'를 공동개최할 예정이다. AI의 발전이 인류에게 위협이 되지 않는 방식으로 진행돼야 한다는 국제사회의 공감대가 확산하면서 향후 관련규제가 어떤 모습으로 구체화할지 주목된다.

AI발전 이면의 위험성에 대한 불안 커져

AI가 인류의 삶을 획기적으로 개선할 것이라는 기대와 불확실한 미래에 대한 두려움이 함께 교차하고 있다. 최근 AI의 불확실성을 동반한 위험징후가 곳곳에서 나타났다. 지난 5월에는 미국 국방부 청사 근처에서 대형폭발이 일어났다는 글과 사진이 인터넷상에 떠돌면서 금융시장이 출렁이는 일이 있었으나 결국 AI를 이용한 가짜뉴스로 판명됐다. AI가 보이스피싱 등 범죄에 악용되고 있다는 보고도 잇따르고 있다. 생성형 AI가 만들어낸 사진, 동영상, 목소리는 진위를 구별할 수 없을 만큼 정교해졌다. AI의 발전이 자칫 인류에게 악몽이 될지 모른다는 우려가 커지면서 관련업계까지 규제의 필요성을 호소하고 있다.

국제적 움직임에 맞춰 우리도 서둘러 대처해야

무한한 잠재력을 가진 AI는 잘만 활용하면 당연히 인류에 큰 보탬이 되겠지만 적절한 관리와 통제가 전제돼야 한다. 단순한 사기범죄나 허위정보의 수준을 넘어 국가안보와 공공의 안녕, 그리고 인간의 생명까지 위협하는 AI의 역습이 본격화할 경우 그 고삐를 잡기가 더욱 어려워지는 만큼 너무 늦지 않게 규제를 시작해야 한다.

AI는 양날의 검이다. 이익이 되는 날은 더욱 세련되게 벼리고, 반대 날에는 확실한 안전장치를 둘러야 한다. 조 바이든 미국 대통령은 AI 기술의 오남용에 따른 위험을 막기 위한 행정명령에 서명했다. 우리 정부 역시 가짜뉴스 확산 방지에 대한 기본원칙을 제시한 '디지털 권리장전'을 발표했으나 준비와 대응이 아직은 미흡하다. 국제사회와 협력해 규제표준 제정에 적극적으로 참여하고, 국회에 계류 중인 '인공지능기본법안'도 서둘러 처리해야 한다. 동시에 AI 기술·산업을 발전시키기 위한 노력도 게을리하지 말아야 한다. AI와 같은 첨단분야는 승자독식의 특성이 뚜렷해 외국기업이 국내 AI시장을 선점할 경우 반전이 쉽지 않고, 규제효과도 떨어질 공산이 크다. 정부·국회는 진흥과 규제라는 수레의 두 바퀴가 조화를 이뤄 힘차게 나아갈 수 있도록 제도와 법률을 신속하게 정비해야 한다. ▧

우리만의 문제 아냐
세계를 덮친 캥거루족

지난 2023년 6월 통계청 자료에 따르면 우리나라 20~30대 청년층 가운데 일과 구직활동을 전혀 하지 않은 사람이 61만 3,000명으로 나타났다. 또 이들 중 별다른 경제활동을 하지 않고 부모와 함께 살며 생계를 의존하는 비율이 약 70%나 됐다. 이처럼 성인이 되고도 독립하지 않는 '캥거루족'은 비단 우리나라만의 문제가 아니다. 전 세계적으로 나이가 들도록 부모에게 얹혀사는 캥거루족이 만연하고 있다.

40대 캥거루족 아들들 쫓아낸 이탈리아 노모

지난 10월 26일 영국 일간지 가디언은 이탈리아의 75세 여성이 자신의 집에 얹혀사는 40대 두 아들을 집에서 내쫓아달라며 제기한 소송에서 승리했다고 보도했다. 두 아들은 각자 직업을 갖고 있음에도 모친에게 기본적인 생활비를 주지 않았고, 집안일에도 전혀 관여하지 않았던 것으로 알려졌으며, "집에 머무르지 말고 독립적으로 생활할 방법을 찾으라"는 모친의 설득을 듣지 않았다. 장성한 아들들을 부양하는 데 지친 모친은 끝내 소송을 결심했다. 재판부는 "부모에게 자식을 부양할 의무가 있다 하더라도, 자식이 40세가 넘은 지금까지 부양할 정당한 의무는 없다"고 판결했다. 결국 두 아들은 연말까지 집에서 나가야 할 신세가 됐다고 전해졌다.

성인이 되고도 독립 안 하는 전 세계 자녀 많아

이탈리아에서는 직업을 갖고 있으면서도 자신의 생계편의를 위해 독립하지 않는 청년들을 '밤보치오니(Bamboccioni)'라고 부른다. '쓸 데 없이 큰 아기'라는 의미로 이탈리아 특유의 가족유대 문화에 극심한 불경기가 맞물리면서 그 숫자도 늘어나고 있다. 2019년 이탈리아에서 부모와 함께 사는 18~34세 인구의 비율은 64.3%였으나 2022년 조사에서는 약 70%로 늘어났다. 이 때문에 '나이 든 아기' 부양을 버티지 못한 부모들이 자식을 상대로 퇴거소송을 벌이는 해프닝이 심심치 않게 발생하고 있다.

한편 미국에서도 젊은 2030세대가 연로한 부모를 부양하려는 목적이 아닌, 여전히 경제생활을 하는 부모에게 의존하기 위해 본가로 돌아가는 사례가 늘어나고 있다. 2020년 미국 조사업체 '퓨리서치센터'에 따르면 18~29세 젊은이의 52%가량이 부모 집에서 얹혀사는 것으로 조사됐다. 심지어는 결혼 이후에도 부모와 함께 지내려는 '신 캥거루족'도 늘어나는 상황이다. 이에 따라 미국 내의 가족형태 추이도 달라지고 있는데, 80년대에는 두 세대 이상의 대가족 형태가 12%에 불과했지만, 2021년에는 20% 이상이 부모와 자녀세대가 함께 살고 있는 것으로 나타났다. 이는 비싼 집값을 감당 못하는 젊은 층이 부모와 함께 사는 조건으로 일정지원을 받아 새집을 구입하는 영향이 있는 것으로 알려졌다.

이제는 당연해진 캥거루족, 씁쓸한 사회상

동양에 비해 상대적으로 독립적이라 여겨지던 서구의 청년들마저 부모 집에 들어가게 되면서 캥거루족은 세계적 추세가 됐다. 캥거루족의 확산은 2008년 세계경제위기 이후 가속화됐다가 지난 코로나19 팬데믹을 지나며 절정에 올랐다. 퓨리서치센터는 미국 내 캥거루족이 늘어난 원인을 '코로나19 대유행과 경기침체'로 꼽았다. 실제로 이 시기에 미국 18~24세 청년 가운데 10명 중 1명은 집을 옮겨야 했는데, 대개 "대학 캠퍼스가 문을 닫았고(23%), 실직 등 재정적 이유(18%)"로 이사를 가야했다고 답했다.

국가별 캥거루족

미국	트윅스터 Twixter	중간에 낀 세대로 대학졸업 이후에도 경제적으로 독립하지 못해 부모의 집에 얹혀사는 세대
프랑스	탕기 Tanguy	독립하지 않는 자녀와 부모와의 갈등을 그린 코미디 영화 제목으로 프랑스 내에서 캥거루족을 의미하는 말로 쓰임
영국	키퍼스 Kippers	'Kids in Parents's Pockets Eroding Retirement Savings'의 줄임말로 부모의 퇴직연금을 좀먹는 자녀라는 뜻
독일	네스트호커 Nesthocker	부모의 집에 눌러 앉은 사람
캐나다	부메랑키즈 Boomerang kids	직장이 없이 밖에서 떠돌다가 다시 부모 집에 돌아와 생활하는 자녀

경기침체와 취업난이 지속되면서 캥거루족을 당연시하는 풍조도 나타나고 있다. 2020년 취업플랫폼 사람인이 성인남녀 4,068명을 대상으로 한 조사에 따르면 응답자의 62.8%가 "캥거루족은 취업난과 불경기가 만든 당연한 현상"이라고 생각했다. 자신을 캥거루족이라 답한 이들 가운데 19.9%는 "캥거루족에서 탈출하지 못할 것"이라고 답하기도 했다. 이러한 인식은 이미 캥거루족이 사회적 문제로 굳어져 개인이 극복하기에 불가능하다는 무력감 때문인 것으로 분석됐다. 불황과 청년들의 자조가 빚은 씁쓸한 사회의 자화상이 아닐 수 없다. 🕮

"손배폭탄 방지 vs 불법파업 조장"

노동권 보장

그동안 기업들은 힘 있는 노동조합은 안 건드리고 힘없는 노동자 개인에게 손배가압류를 협박의 수단으로 써왔다. 손배가압류를 통해 노조의 결속을 위축·약화시키고 더 나아가 노조를 파괴할 수 있는 유력한 수단으로 보편화시켰다. 정규직 노동자들은 거대노조에 소속돼 상대적으로 보호를 받는데 반해, 하청노동자들은 저임금·고강도 노동이라는 열악한 근무환경에 내몰릴 뿐 아니라 노조활동마저 법의 테두리 안에서 보장받지 못했다.

노란봉투법은 기본적으로 '손배폭탄 방지법'이다. 과도하고 무분별한 손해배상 소송으로 노조활동이 위축되는 것을 막고, 하청노동자들의 노동3권(단결권, 단체교섭권, 단체행동권)을 보장하기 위한 것이다. 사측은 이윤을 독점하고 사회적 책임을 방기하고 있다. 이런 탐욕을 제어하기 위한 최소한의 제도적 장치이며, 권리도 없이 방치된 비정규직 노동자의 권리를 보장하기 위한 시급한 민생현안인 것이다.

노란봉투법이 '사측의 재산권 보장을 위협한다'는 재계의 주장은 '노동권은 당연히 재산권을 침해하는 것을 용인할 수 있다'는 의미가 된다. 게다가 현재 법 체계는 합법적인 파업을 하기 어려운 구조다. 모든 파업이 불법이 될 수 있는 상황에서 '합법파업을 해라'는 주장은 상식적이지 않다.

11월 9일 '노란봉투법(노동조합 및 노동관계조정법 2·3조 개정안)'이 국회를 통과했다. 2015년에 최초 발의돼 발의와 폐기를 반복한 지 8년 만이다. 표결결과는 재석 174명 중 찬성 173명, 기권 1명이었으며, 이원욱 더불어민주당 의원이 기권표를 던졌고 국민의힘은 표결에 참석하지 않았다. 당초 국민의힘은 노란봉투법에 대해 무제한 토론(필리버스터)에 나선다고 예고했으나, 상정 직후 필리버스터를 실시하지 않기로 결정하고 곧바로 퇴장해버렸다.

앞서 국민의힘 법제사법위원회(법사위) 소속 의원들은 헌법재판소(헌재)에 노란봉투법 본회의 직회부 요구안에 대한 권한쟁의 심판을 청구했다. 법사위에서 쟁점 법안으로 논의되고 있는 상황에서 야당이 일방적으로 직회부 요구안건을 처리해 법사위원들의 법률안 심사권을 침해했다는 것이다. 그러나 10월 26일 헌재가 권한쟁의 사건을 만장일치로 기각하면서 입법제지에 제동이 걸렸다. 표결 직전에는 '민주당과 정의당 등이 표결로 노란봉투법을 의결하면 윤석열 대통령에게 거부권 행사를 건의하겠다'는 뜻도 밝혔다. 이미 윤 대통령은 민주당 주도로 통과된 간호법 제정안과 양곡관리법 개정안 등에 거부권을 행사한 바 있다.

노란봉투법

월급을 현금으로 받던 시절 노란봉투는 월급의 상징이었다. 그런데 지난 2014년 경제적 어려움에 처한 쌍용자동차 노조원들을 돕기 위한 캠페인을 통해 재조명됐다. 당시 쌍용자동차 노조원들은 2009년 벌인 77일간의 파업에 대해 사측이 손해배상 소송을 제기하면서 2013년 법원으로부터 약 47억원(사측에 약 33억원, 경찰에 약 14억원)을 배상하라는 판결을 받았다. 이러한 보도가 나가자 한 독자가 시사주간지 편집국에 4만 7,000원을 보내며 '이렇게 10만명만 모아도 노조원들을 도울 수 있다'고 전했다는 소식이 전해지면서 쌍용자동차 노조원들을 돕기 위한 시민사회의 '노란봉투 캠페인'이 시작됐다.

노란봉투 캠페인은 이후 시민사회와 진보정당들을 중심으로 일명 '노란봉투법' 추진운동으로 이어졌다. 노동조합의 정당한 쟁의행위에 대한 기업의 무분별한 손해배상 청구를 제한하는 것을 골자로 한다. 기업의 손배소와 가압류가 노동자를 압박하는 수단으로 악용된다는 지적에 따라 노동쟁의 과정에서 일어난 폭력이나 파괴로 인한 손해를 제외한 노동자들의 쟁의행위에 대해 손해배상이나 가압류를 제한하자는 것이다. 이번 개정안은 적용대상을 하청과 특수고용노동자, 프리랜서, 플랫폼 노동자 등에도 확대했다. 시대

YES!
"약한 개인을 공격하는 손배폭탄 막아야"
"우리나라에서 합법파업이 가능해?"

NO!
"노사관계 무너지는 건 불 보듯 뻔해"
"불법파업에 의한 손해는 누가 보상해?"

산업현장 대혼란

사용자 범위가 확대돼 하청업체가 원청 사용자를 대상으로 교섭을 요구하면 결국 기업활동을 영위할 수 없게 된다. 이렇게 되면 투자결정과 같은 경영상 판단도 쟁의행위대상이 될 수 있다는 것이다.

노란봉투법이 시행되면 사측은 폭력과 파괴로 인한 직접적 손해에만 배상 등을 청구할 수 있다. 이는 파업으로 인해 부수적인 피해를 입는 다른 노동자들의 권리를 침해할 뿐 아니라 기업이 손해배상 청구로 불법파업에 제동을 걸 수 없게 해 재산권 침해의 소지가 있다. 노동자의 권리는 중요하다. 그러나 사용자의 재산권도 중요하다.

근본적으로 노랑봉투법은 불법적 파업에도 면죄부를 주는 것이다. 불법행위자가 피해를 배상하는 것은 법질서의 기본원칙인데, 노란봉투법은 오히려 불법행위자를 보호하고 피해자인 사용자에게만 피해를 감내하도록 하는 부당한 결과를 초래해 우리 경제질서를 심각하게 훼손할 것이다. 또한 불법파업의 피해는 다른 협력업체의 폐업으로까지 이어져 많은 노동자가 일자리를 잃게 된다. 어떤 노동쟁의로도 다른 노동자의 권리를 짓밟아서는 안 된다. 결국 노란봉투법은 노사관계를 파탄내고, 산업생태계를 뿌리째 흔들어 미래세대의 일자리까지 위협하는 악법이 될 가능성이 크다.

"안전해 vs 불안해"

찬성

과학적 검사 믿어도

우리나라가 원전사고 후 일본 8개현으로부터의 수산물을 전면 수입금지하면서 한일관계는 악화됐다. IAEA도 문제없다고 하는데 과학적 근거도 없이 실시한 수입금지는 오히려 우리나라의 수산물 안전관리에 대한 부정적인 영향만 미쳤고, 그 결과 수입금지조치 이후 국내산 수산물 판매가 줄었다.

과거 광우병에 대한 불안이 커지면서 미국산 소고기 수입 반대 시위가 전 국민적으로 있었다. 그러나 일부 제한이 있었지만 미국산 소고기는 수입됐고, 국내에서 광우병에 걸린 환자는 한 명도 보고되지 않았다. 철저한 공급관리로 식품 안전관리가 가능하다는 말이다. 따라서 일본산 수산물만 금지하는 것은 공평하지 않다.

역사적인 한일관계와는 별개의 문제다. 바다에는 물리적 국경이 없고, 물고기는 회유성을 띤다. 우리나라 해역에 살던 물고기가 일본 해역으로 갈 수 있고 그 반대일 수도 있다. 일본에서 오염된 어류가 우리나라 해역으로 들어올 수 있는 만큼 일본산 수입을 막는다고 해서 우리가 일본 해역에서 살던 물고기를 먹지 않는다고 장담할 수 없는 것이다. 오히려 철저한 안전관리와 검사를 통해 문제 수산물을 걸러내는 시스템을 보완·확충함으로써 수산물 전체에 대한 국민의 불안을 불식시켜야 한다.

방류 직후 뚜렷하게 경계가 생긴 후쿠시마 앞바다

8월 24일 일본 도쿄전력이 오염수 해양방류를 개시하자 과거 일본산 수산물의 최대 시장이었던 중국은 즉각적으로 일본산 수산물 수입을 전면 중단했다. 10월 2차 방류 후에는 중국에 러시아까지 일본산 수산물 수입을 금지했다. 특히 러시아는 연방 수의식물위생감독국의 발표를 통해 일본산 수산물의 안전성에 대한 필요정보가 러시아 당국에 제공되고 이에 대한 분석을 마칠 때까지 수입금지조치를 유지할 것이라며 일본에게 필요한 정보제공을 국가 차원에서 요구했다.

이와는 반대로 미국은 중국의 수입금지조치를 '경제전쟁'의 일부라고 비난하고 즉시 주일미군에게 제공할 일본산 수산물을 대량구매한다면서 우선적으로 가리비 1만t을 구매하기로 했다. 적대적인 미중관계를 반영하듯 원전 오염수 방류와 수산물에 비판적인 중국을 겨냥한 조치로 보였다. 한편 일본정부는 중국 대체시장을 확보하기 위해 베트남 수도 하노이에서 가리비 등 일본산 수산물을 홍보하는 행사를 개최하는 등 안정성 홍보와 대체시장마련에 적극적이다. 또한 가리비 조달에 차질이 빚고 있는 대중국 수산업자들 역시 동남아시아로 가공공장을 이전하는 방안을 검토하고 있다.

일본산 수산물 수입

이런 가운데 우리나라는 공식적으로 원전사고 이후 지난 2013년 9월부터 후쿠시마를 비롯한 인근 8개현의 모든 수산물 수입을 금지해오고 있다. 그러나 10월 12일 후쿠시마에서 생산된 수산물을 가공한 수산물가공품이 별다른 규제 없이 국내에 수입·유통되고 있었던 것으로 드러났다. 심지어 후쿠시마산 수산물 유통과 관련해 정부는 '후쿠시마산 수산물 원산지 표기를 일본산으로 바꿔 표기하라는 지시'를 내린 것도 확인됐다.

식품의약품안전처는 후쿠시마를 포함한 인근 8개현에서 생산된 수산가공품 수입과 관련해 "계속 허용해왔고, 앞으로 기존 기준을 바꿀 계획은 없다"며 "방사능 검사를 통해 식품 안전성을 지키고 있다"고 언급했다. 실제 정부가 일본 후쿠시마현에서 생산된 수산물가공품에 대한 수입을 올해 3분기 중 지속적으로 허가해온 것으로 확인됐다. 특히 후쿠시마 원전 오염수 방류가 시작된 9월 24일에도 총 1.2t가량의 후쿠시마산 수산물가공품이 국내 방사능 검사를 통과했다. 이런 정부 입장과 달리 국민들은 여전히 일본산 수산물 수입에 부정적이다. 여론조사꽃의 조사(9월 1~2일)에 따르면 10명 중 8명 정도가 일본산 수산물 수입 전면 금지에 "찬성"하는 것으로 나타났다. 🔲

"과학을 믿어야지"
"과거 역사와 수산물은 별개"

"초콜릿에서도 세슘 나오는데"
"일본은 무섭고 국민은 안 무섭나?"

오죽하면 원산지 속여 반대

후쿠시마 원전사고 이후 일본산 수산물에 대한 국민의 불신이 최고조에 달하고 있다. 10명 중 8명이 일본산 수산물을 금지시켜야 한다고 할 정도다. 그러나 정부는 "안전하다", "아무 문제없다"면서 국민의 목소리를 '괴담'으로 치부하고, 정부가 나서서 수산물 원산지 표기를 일본산으로 바꿔 표기하라는 지시를 내리기까지 했다.

올해 상반기에만 일본산 수산물이 국내산으로 둔갑한 사례가 61건이나 적발됐다. 금액으로는 따지면 1억 9,114만원에 이른다. 이 가운데는 우리 국민이 즐겨 먹는 고등어, 명태, 대구 등의 수산물이 대거 포함돼 있다. 안전관리나 관리감독에 구멍이 있다는 의미다.

수산물 소비가 줄어들어 어민들의 생계가 위협받는다고 하지만 이런 우려는 정부가 일본산 수산물에 대한 우려를 괴담으로 몰고, 시장이 일본산을 국내산으로 속여 파는 것 때문이다. 또한 광우병 때문에 미국산 소고기에 대한 불안이 커졌으나 수입 이후 국내 광우병 환자는 없었다며 일본산 수산물도 과한 불안이라고 한다. 하지만 우리가 광우병으로부터 안전했던 이유는 '소의 연령 30개월 미만'이란 기준을 세웠기 때문이다. 방사능은 미량이라고 해서 안전하다고는 누구도 장담할 수 없다. 국민의 안전은 타협할 수 있는 게 아니다.

핫이슈 퀴즈

한 달 이슈를 퀴즈로 마무리!

01 (   )은/는 핵심도시를 중심으로 일일생활권이 형성된 도시로, 인구 1,000만명 이상의 거대도시를 이르는 사회학 용어다.

02 교육부는 (   )이/가 시행되는 2025년부터 1·2·3학년 전과목에 5등급 성취평가와 상대평가를 함께 적용하기로 했다.

03 이-팔 전쟁 확전 우려로 중동 '시아파 벨트'에서 반이스라엘·반미 세력을 이끄는 (   )(으)로 국제사회의 이목이 집중됐다.

04 (   )은/는 근로자와 사용자, 정부가 고용노동정책에 관해 협의하기 위해 설립된 사회적 대화기구다.

05 우리나라의 국민연금은 소득대체율을 연금가입 후 (   )일 때를 기준으로 정한다.

06 (   )(이)란 빌린 주식을 미리 매도하는 것으로 우리나라에서는 법적으로 (   )만 허용되고 있다.

07 정부가 필수의료분야 인력확충의 시급성을 감안해 의대정원 추진과 함께 (   ) 도입을 검토하는 것으로 알려졌다.

08 (   )은/는 설립한 지 10년 이하인 기업중 10억달러 이상의 기업가치를 인정받은 비상장 벤처기업을 말한다.

09 회사의 실적을 실제보다 더 좋게 보이게 하기위한 목적으로 회사의 장부를 조작하는 것을 (   )(이)라고 한다.

10 이란의 대표 여성 인권운동가이자 반정부 인사인 (   )은/는 현지에서 수감 중인 때에 노벨평화상 수상자로 선정됐다.

11 일본은 현재 후쿠시마의 원전 오염수를 처리하는 (   )을/를 통해 희석된 삼중수소를 바다로 방류하고 있다.

12 근로자들의 근로조건 향상을 위한 노동3권에는 (   ), 단체교섭권, 단체행동권이 있다.

13 정부가 출산휴가 후 자동으로 육아휴직으로 연결되는 (   ) 도입을 검토 중이라는 소식에 부모들의 반발이 이어졌다.

14 '경제활동 재개'를 뜻하는 (   )은/는 코로나19 사태로 위축됐던 경기가 회복되는 현상을 말한다.

15 대법원의 심판권은 (   )와 대법관 3인 이상으로 구성된 부(部)가 가지며, (   )에서는 대법원장이 재판장이 된다.

16 베네수엘라는 1966년 (   )을/를 근거로 당사국 간 협상을 통해 가이아나와의 영토분쟁을 다뤄야 한다고 주장했다.

17 환경부는 일회용품 사용금지 조치를 철회하면서 대체품 시장상황과 (   )을/를 비롯한 국제사회 동향을 고려해 추후 결정하겠다고 밝혔다.

18 (   )은/는 우크라이나와 폴란드 국경지역에 주둔한 무장친위대로 유대인, 폴란드인, 벨라루스인 등에 잔학행위를 한 것으로 잘 알려져 있다.

19 YTN은 상장된 민간회사이지만 그간 공기업들이 지배주주여서 공공의 복지를 위해 보도하는 (   )(으)로 분류돼 왔다.

20 (   )은/는 범죄자 인상착의 기록을 목적으로 체포시점에 수사기관에 의해 촬영된 사진을 말한다.

21 최근 러시아가 (   )에서 탈퇴한다고 선언함에 따라 서방과 러시아간 무기 개발 및 배치 등 군비경쟁이 더욱 치열해질 것으로 전망됐다.

22 미국이 (   )에서 한국과 스위스를 제외하고 베트남을 새로 포함하는 내용을 골자로 한 2023 하반기 환율보고서를 발표했다.

23 현행법에서는 무기징역 또는 무기금고형을 선고받았더라도 20년이 지나면 (   ) 대상이 된다.

24 (   )은/는 코로나 질량 방출, 코로나 구멍, 태양 플레어 발생 등으로 인한 태양풍의 충격파로 일어나며, 지구 자기장의 급격한 변화로 일시적인 혼란이 나타난다.

25 구글은 안전한 계정 로그인을 위해 비밀번호가 필요 없는 (   )을/를 기본옵션으로 설정한다고 밝혔다.

26 (   )은/는 인간의 중추신경계에 작용하는 물질로 필로폰, 프로포폴, 케타민, 졸피뎀 등이 포함된다. 시대

---

01 메가시티(메갈로폴리스) **02** 고교학점제 **03** 이란 **04** 경제사회노동위원회 **05** 40년 **06** 차입공매도 **07** 지역의사제 **08** 유니콘기업 **09** 분식회계 **10** 나르게스 모하마디 **11** 다핵종제거설비(ALPS) **12** 단결권 **13** 자동육아휴직제 **14** 리오프닝 **15** 전원합의체 **16** 제네바 합의 **17** 유엔 플라스틱 협약 **18** 갈리치아 사단 **19** 공영언론 **20** 머그샷 **21** 유럽재래식무기감축조약(CFE) **22** 환율관찰대상국 **23** 가석방 **24** 자기폭풍 **25** 패스키 **26** 향정(향정신성의약품)

연구실 안전관리사 소개!

자격 전망

SD에듀 유튜브 채널 토크레인 인터뷰 영상 보러가기

 화학분석기사&연구실안전관리사란?

구분	화학분석기사	연구실안전관리사
자격 소개	화학관련 산업제품이나 의약품, 식품 등 화학물질의 함량이나 성분 분석 시 필요한 전문지식과 기술, 능력을 평가하는 자격	연구실의 종합적인 안전관리를 수행하는 데 필요한 전문자격으로 연구실 안전에 특화된 전문가의 필요성이 대두되면서 2022년에 신설
수행 직무	• QC(Quality Control, 품질관리) 업무 • 원재료나 제품 등의 화학성분 조성과 함량 분석을 위한 계획 수립 • 분석항목 측정 및 분석 · 평가한 최종결과 보고 및 자료의 종합관리 • 신제품 및 새로운 분석기법 조사 · 개발	• 사전유해인자위험분석 작성 지도 • 연구활동종사자 교육 및 훈련 • 안전관리 우수연구실 인증 취득 지원을 위한 지도 • 연구실 안전에 관한 사항의 자문에 대한 응답 및 조언

 자격을 추천하는 이유가 있다면?

화학분석기사의 경우에는 앞서 표로 정리된 것처럼 주로 제품분석 업무를 담당하게 되는데, 그런 업무는 일반적으로 제약회사의 연구실이나 연구소에서 많이 하고 있어 관련 기관으로 취업하는 분들이 많습니다. 잘 알려진 것처럼 연구소는 연봉도 상대적으로 높고, 재직자들의 근속연수도 긴 편에 속해서 추천하는 직업입니다.

연구실안전관리사도 화학분석기사와 근무환경은 비슷하지만, 시설이나 장비에 대한 안전관리 업무를 주로 수행한다는 점이 다릅니다. 그래서 연구실 안전을 총체적으로 살필 수 있는 넓은 시야가 무엇보다 중요해요. 연구실에서 근무하고 싶은데 대상을 세세하고 깊게 분석하고 보고서를 써야 하는 업무는 싫다거나 보다 넓은 시야로 대상을 관찰하고 동료들의 안전을 전반적으로 책임질 수 있는 일을 하고 싶다면 연구실안전관리사 자격을 추천합니다.

Q 시험합격률은?

화학분석기사의 경우 보통 화학이나 분석 쪽을 전공한 분들이 시험에 응시하는데요. 2020년에 '시험법 밸리데이션'과 '환경안전관리' 두 과목이 추가됐습니다. 그러면서 그전까지는 합격률이 50%까지 올랐었는데, 과목이 추가되면서부터는 20%대 후반 정도로 떨어졌고 이후로도 전체 합격률이 30%대로 유지되고 있어요. 실제로 시험에 응시하는 분들도 공부를 열심히 했는데 탈락했다는 후기들이 많거든요. 전공자들도 어려워하는 만큼 정말 열심히 공부해야 하는 자격이라고 볼 수 있습니다.

연구실안전관리사는 2022년 7월에 첫 시행된 시험이라 관련 자료가 아직 많지는 않아요. 다만 2022년도 합격률만 살펴본다면 1차 필기 합격률은 44.6%, 2차 실기 합격률은 13.9%로 나타나면서 난이도가 예상보다 높다는 분석이 나왔습니다. 추후에도 유사한 난이도로 출제될 가능성이 높아서 철저하게 대비할 필요가 있을 것 같습니다.

Q 연구실안전관리사의 전망은?

쉽게 말하면 '창창대로가 열릴 것이다'라고 생각해요. 자격증이 흥하기 위해서는 회사의 수요와 공부를 하려고 하는 사람들의 의지도 중요하잖아요. 연구실안전관리사의 경우 연구실안전법이 개정되면서 자격 취득 여부를 보겠다고 법에 표기가 돼 있고, 연구소들 역시 연구실안전법에 따라 인증을 받기 위해 연구실환경 안전관리자를 선임해야 하는 법적 의무가 있어요. 그런데 연구실환경 안전관리자는 연구실안전관리사 자격을 보유하고 있거나 일정 기간 관련 업무에 종사한 이력이 있어야 해요. 또 회사의 입장에서는 연구실안전관리자를 채용하면 법적 기준을 충족할 수 있을 뿐만 아니라 필수로 이행해야 하는 안전점검 업무도 맡길 수 있어 향후 수요가 엄청날 것으로 예측되고 있습니다. 시대

화학분석기사 & 연구실안전관리사 김찬양

- 전 | 한국환경공단 화학물질관리처 근무
- 전 | 삼성SDI 위험물산업기사 강의
- 현 | SD에듀 화학분석기사 전임 교수
- 자격 | 직업능력개발 훈련교사 자격증
- ⋯ 화학물질 · 화학공정관리 3급

필수
시사상식

화제의 용어를 한자리에!
시사용어브리핑

아오키의 법칙 내각과 집권여당의 합산지지율이 50% 이하면 정권유지가 어렵다고 보는 일본 정치권의 가설

▶ 국제·외교

일본 정치권에서 정권의 안정 여부와 수명을 측정하는 지표로 언급되는 가설을 말한다. 내각의 지지율과 집권여당 지지율의 합이 50%를 넘지 못하면 결국 정권이 와해된다고 보는 것이다. 일본 오부치 게이조의 내각에서 내각관방장관을 지낸 아오키 미키오(1934~2023) 전 자민당참의원 간사장이 제안해 붙은 명칭이다. 실제로 모리내각(내각 8.6%, 자민당 22.5%)과 아소내각(내각 22.2%, 자민당 23.4%)의 경우 붕괴 직전 합산지지율이 50%보다 낮았다.

왜 이슈지?

우익 성향의 산케이신문은 기시다 후미오 일본 총리의 내각 지지율이 두 달 연속 하락해 27.8%로 최저 지지율을 또다시 경신한 것을 두고 '정당 지지층 법칙'과 '**아오키의 법칙**'을 근거로 내각 지지율이 정권퇴진 수준에 근접했다고 짚었다.

디지털 영생 디지털기술을 통해 개인의 데이터를 복제하여 사후에도 온라인상에서 영생을 누리게 하는 기술

▶ 과학·IT

'디지털 도플갱어', '디지털 아바타' 등 디지털기술을 활용하여 개인의 데이터를 복제한 뒤 그가 사망한 뒤에도 온라인공간에서 영생을 누릴 수 있게 하는 기술을 말한다. 이미지와 음성을 합성하는 딥페이크기술을 이용해 실제 사람과 똑같은 외형 및 목소리를 갖추게 만들고, 생전에 남긴 각종 게시물과 메시지 등 데이터를 학습시켜 대상의 말투와 성격까지 복제할 수 있다. 이렇게 만들어진 아바타는 인위적으로 데이터를 삭제하기 전까진 디지털세계에 계속 존재하게 되며, 대상이 마치 살아 있을 때와 같이 상호작용을 할 수 있다. 또한 가상현실(VR)기술을 활용하면 현실에서 살아 움직이는 것과 같은 모습도 볼 수 있다.

왜 이슈지?

디지털 영생과 관련해 사이버공간에서나마 영생을 실현할 수 있고 유족의 심리치료 목적으로 사용할 수 있다는 긍정적인 시각이 있는 반면, 고인의 잊힐 권리를 침해하고 각종 사이버범죄에 악용될 수 있다는 부정적인 의견도 있다.

그린플루언서(Greenfluencer) 기업과 상품의 친환경성을 알리고 새로운 시장문화를 주도하는 소비자

기업의 경영방침과 상품이 얼마나 친환경적인지에 관심을 두며, 상품과 브랜드의 친환경성을 알리고 새로운 시장문화를 주도하는 소비자를 말한다. 환경을 뜻하는 'green'과 영향력을 가진 사람을 뜻하는 'influencer'를 합친 신조어로 지구온난화와 환경오염의 심각성이 커지고 진행속도가 빨라지면서 주목받고 있다. 친환경 유기농제품을 선호하는 '그린슈머(Greensumer)'보다 한 단계 진화한 개념으로 일상적인 소비에서도 환경을 필수로 고려해야 한다는 의미가 담겼다.

왜 이슈지?

환경에 대한 관심이 커지며 **그린플루언서**나 그린슈머 등 새로운 유형의 소비자가 등장함에 따라 기업들도 '무(無)라벨 음료'나 '업사이클링 의류' 등 환경을 고려한 제품을 앞다퉈 출시하고 있다.

교권회복 4법 교사의 정당한 교육활동을 보호하기 위해 제정된 4개의 법률개정안

'교사의 정당한 생활지도는 아동학대로 보지 않는다'는 내용을 골자로 한 교원지위법, 초·중등교육법, 유아교육법, 교육기본법 등 4개 법률개정안을 말한다. 지난 7월 서울 서초구 서이초등학교 교사가 사망한 사건 이후 전국에서 교권침해로 인한 교사들의 사망이 잇따라 알려지자 대책마련을 요구하는 목소리가 높아지면서 추진됐다. 개정안에 따라 교원이 아동학대로 신고돼도 마땅한 사유가 없는 한 직위해제 처분을 금지하며, 교장은 교육활동 침해행위를 축소·은폐할 수 없다. 또한 교육지원청이 교권침해 조치업무를 전담한다는 내용과 부모 등 보호자가 학교의 정당한 교육활동에 협조하고 존중해야 한다는 점 등도 포함됐다.

왜 이슈지?

지난 9월 21일 **교권회복 4법**이 국회 본회의를 통과한 가운데 법안이 현장에 안착하기까지 시간이 다소 소요되는 만큼 교육당국이 교권보호 종합대책을 마련하는 등 후속조치에 힘써야 한다는 지적이 나왔다.

란웨이러우(爛尾樓) 건설이 1년 이상 중단돼 방치된 건물

중국어로 '마무리가 좋지 않은 집' 또는 '짓다 만 아파트' 등의 의미로 사용되는 용어로 건설이 1년 이상 중지돼 방치된 아파트 등의 건물을 말한다. 중국에서는 일반적으로 아파트 건설계획을 세운 후 이를 대부분 선분양해 모은 돈으로 착공을 하는데, 경제호황 시기 중국의 부동산 개발업체들이 대규모 주택건설 프로젝트를 경쟁적으로 시행했으나 중국 당국의 자금통제에 경기침체와 코로나19 사태까지 더해져 공사가 중단되는 아파트가 속출하기 시작했다.

왜 이슈지?

최근 중국의 대규모 부동산 개발업체들이 부도를 가까스로 피하는 등 부동산위기가 현실화하는 가운데 건설사의 부도나 자금난으로 건설이 중단된 '**란웨이러우**'가 중국 내 심각한 사회문제로 떠올랐다.

둠 루프(Doom Loop) 한 가지 부정적인 요인이 다른 분야로 번져 상황이 전반적으로 악화하는 현상

'파멸의 고리'라는 뜻으로 경제상황에서 악순환이 연속적으로 이어지는 현상을 일컫는 말이다. 한 가지 부정적인 요인이 다른 분야로까지 번져 상황을 전반적으로 악화시키는 것을 말한다. 1970년대 일본 자동차업체들이 부상하면서 미국의 자동차산업이 큰 타격을 받았는데, 당시 자동차산업의 중심지였던 미시간주 디트로이트가 몰락하는 과정에서 발생한 '일자리 급감 → 인구·세수 감소 → 치안 부재로 인한 우범지대 급증' 등으로 이어지는 악순환을 가리키는 용어로 사용됐다.

왜 이슈지?

2022년 국제금융시장에서 달러화의 강세와 위상이 최고점을 찍으며 '킹 달러' 현상이 주목을 받았는데, 이로 인해 안전자산인 달러로 투자가 집중되면서 달러강세 심화에 따른 글로벌제조업 경기둔화와 원자재 가격하락 등 **둠 루프**가 형성되기도 했다.

법인차 전용번호판 제도 법인차에 연두색 전용번호판을 부착하도록 한 제도

국토교통부가 법인승용차 전용번호판 도입을 위한 '자동차 등록번호판 등의 기준에 관한 고시' 개정안을 행정예고함에 따라 2024년부터 시행되는 제도다. 이에 따라 공공·민간법인이 신규·변경 등록하는 '8,000만원 이상의 업무용 승용차'는 내년부터 연두색 전용번호판을 부착해야 한다. 신차는 출고가, 중고차는 취득가를 기준으로 한다. 전용번호판은 법인차에 일반번호판과 구별되는 색상번호판을 배정해 법인들이 스스로 업무용 차량을 용도에 맞게 운영하도록 유도하기 위해 추진된 것으로 세제혜택 등을 위해 법인명의로 고가의 차량을 구입 또는 리스한 뒤 사적으로 이용하는 문제를 막기 위해 도입됐다.

왜 이슈지?

법인차 전용번호판 제도가 2024년 1월 1일부터 시행예고 됨에 따라 이날 이후 신규·변경 등록하는 8,000만원 이상의 법인차는 연두색 번호판을 달아야 하며, 그간 탈세문제가 제기된 민간법인 소유·리스 차량, 1년 이상 장기렌트, 관용차에도 동일하게 적용된다.

징벌적 판다외교 중국이 대여형식으로 다른 국가에 보낸 판다가 속속 반환되면서 나온 신조어

중국이 전 세계 곳곳에 대여형식으로 보낸 판다가 최근 중국으로 속속 반환되면서 미국에서 새롭게 등장한 개념이다. 중국은 장제스 총통이 집권했던 1941년부터 외교적으로 중요하다고 판단되는 국가에 국보급 동물인 판다를 증정하는 '판다외교'를 시행해왔다. 그러나 미국정부가 중국을 '전략적 경쟁자'로 지목해 고강도 견제에 나서면서 미국을 비롯한 서방과의 관계가 악화하자 판다의 소유권을 가진 중국은 '임대종료'를 이유로 판다를 다시 자국으로 데려가고 있다.

왜 이슈지?

미국과 중국의 우호외교의 상징으로 여겨지던 판다 7마리 중 3마리가 임대연장 협의 없이 12월 중국으로 반환되는 가운데 일부 미국언론에서는 '중국이 정치적 요인에 따라 **징벌적 판다외교**를 하고 있다'고 보도했다.

모두예술극장 우리나라 최초의 장애예술인 표준공연장

장애예술인들의 창작 · 육성 · 교류 활동을 지원하기 위해 조성된 우리나라 최초의 장애예술인 표준공연장이다. 무대와 객석의 크기 · 위치 · 구조 등을 자유롭게 조정할 수 있는 블랙박스형으로 설계됐으며, 총 250여 석의 좌석 중 상황에 따라 휠체어석 수를 가변적으로 조정할 수 있다. 이밖에 교육공간, 창작 스튜디오, 연습실과 분장실 등도 마련돼 있다. 또한 일부 공간을 제외한 각 층의 바닥은 모두 높낮이 차이를 없애 이동 시 불편함을 줄이고, 핸드레일이나 점자안내판처럼 시각 · 청각 · 발달 및 학습 등 장애 유형별로 필요한 시설을 설치하여 장애인들이 공연장을 이용하는 데 불편함이 최소화될 수 있도록 했다.

왜 이슈지?

지난 10월 24일 개관한 **모두예술극장**은 서울 서대문구 충정로에 위치해 있으며, 장애예술인들과 기술 스태프가 물리적 제약 없이 자유롭게 활동할 수 있는 환경을 구축하고, 창작의 과정 · 공연 · 운영 서비스 전반에 걸쳐 편의성과 접근성을 실현한 것이 특징이다.

어디로든 그린카드 탄소중립 생활실천과 친환경 소비문화 확산을 위해 환경부가 출시한 카드

환경부가 탄소중립 생활실천과 친환경 소비문화를 확산시킨다는 목적하에 출시한 카드다. 일본 만화 '도라에몽'에 나오는 '어디로든 문'에서 착안해 그린카드를 사용하면 교통이 편리해진다는 의미를 담고 있으며, 재생플라스틱이 50% 이상 함유된 리사이클링 PVC 소재를 사용하고 있다. 저탄소 친환경생활을 실천할 경우 현금처럼 쓸 수 있는 에코머니 포인트를 적립해주며, 전기 · 수소차 충전 시 충전금액의 최대 40%(월 2만원 한도)까지 되돌려 받을 수 있는 혜택이 새로 추가됐다.

왜 이슈지?

11월 7일에 출시된 '**어디로든 그린카드**'는 IBK기업은행, NH농협은행, BC카드, 롯데카드, 부산은행, 경남은행, 대구은행, 제주은행, 우체국 등 9개 금융기관의 영업점을 방문하거나 온라인으로 신청해 발급받을 수 있다.

다이내믹 프라이싱(Dynamic Pricing) 제품 · 서비스 가격을 유동적으로 바꾸는 가격전략

제품이나 서비스 가격을 일률적으로 정하는 것이 아니라 실시간 수요 · 공급을 반영해 유동적으로 바꾸는 가격전략을 말한다. 즉, 상품의 고정가격을 정해놓고 판매하지 않고 시장상황이나 수요에 따라 가격을 탄력적으로 조정하는 것이다. 주로 여행산업처럼 실시간으로 수요 · 공급이 변화하지만 제품 · 서비스 품질은 변화시키기 힘든 분야에서 활용돼왔다. 그러나 정보통신기술(ICT)의 발전으로 실시간 수요 · 공급 파악이 가능해졌고, 경쟁업체 가격이나 제품 생애주기 등 다양한 데이터를 확보 · 분석할 수 있게 되면서 외식 · 유통 · 공연 업계 등으로 적용분야가 확산하고 있다.

왜 이슈지?

세계 최대 온라인상거래 업체인 '아마존'은 동일상품에 대한 경쟁사 제품의 가격을 실시간으로 모니터링함으로써 판매가를 계속해서 변경하는 **다이내믹 프라이싱**을 적극적으로 시행하고 있다.

저항의 축(Resistance Axis) 이란의 지원을 받는 반이스라엘 단체 및 국가

이란과 이란이 지원하는 하마스와 헤즈볼라, 시리아, 예멘 등을 일컫는 말이다. 원래 미국을 비롯해 이스라엘, 사우디아라비아 등 미국의 동맹국에 반대·저항하는 국가들을 뜻하는 용어였으나, 최근 이슬람권 언론이 미국이 만들어낸 '악의 축(Axis of Evil)'에 반감을 드러내는 의미로 자주 사용하고 있다. 1979년 이슬람혁명 이후 이란에 들어선 이슬람정부는 레바논의 헤즈볼라와 팔레스타인 가자지구의 하마스를 지원하며 중동정세에 관여하기 시작했으며, 이후 이슬람 시아파 계열의 시리아정부군과 예멘의 후티반군까지 지원하며 영향력을 확대해왔다.

왜 이슈지?

이스라엘-하마스 전쟁이 개전한 지 한 달도 안 돼 사망자가 1만명을 넘어선 가운데 이란의 지원을 받는 **저항의 축**이 직간접적으로 개입하면서 중동지역에 대한 확전 우려가 커지고 있다.

가로저축 계획에 따라 만기를 세분화해 저축하는 것

일종의 '쪼개기 저축' 방법으로 계획을 세운 뒤 목표별 만기를 세분화해 저축하는 것을 말한다. 단기·중기·장기 재무목표를 세운 뒤 이를 달성하기 위해 금융 포트폴리오를 만들고 각각의 목표에 따라 동시에 저축 또는 투자하는 형태다. 단기저축이 끝나도 중장기저축은 유지되기 때문에 안정적이며, 목적에 따라 자금을 분산해 저축하기 때문에 돈을 효율적으로 관리할 수 있다. 또 장기상품일수록 금리가 높고 복리와 비과세상품이 많아 이자수익을 많이 거둘 수 있다.

왜 이슈지?

고물가시대에 목돈을 모으기 위한 방법으로 다양한 방법이 소개되고 있는데, 그중 **가로저축**은 한 번에 여러 가지 목표를 기간별로 세분화해 설정할 수 있고, 장기상품일수록 고금리·비과세 상품이 많아 사회초년생들에게 유리하다고 알려져 있다.

마가(MAGA) 트럼프 전 대통령을 지지하는 강경파 공화당 의원이나 적극 지지층을 일컫는 용어

도널드 트럼프 전 대통령을 지지하는 강경파 공화당 의원이나 적극 지지층을 일컫는 말로 2016년 대선 당시 그가 외쳤던 구호인 '다시 미국을 위대하게(Make America Great Again)'의 앞글자를 딴 것이다. 주로 블루칼라(육체노동자)·저소득·저학력의 백인들이 주축을 이루고 있는데, 이들은 미국의 제조업 부진과 소수인종 약진으로 주류사회에서 소외되다가 2016년 대선에서 존재감을 드러냈다. 이를 두고 당시 미국언론은 주류사회로부터 소외되는 동안 쌓였던 불만이 이전까지 정치경험이 전무했던 트럼프와 그가 내세운 '아메리카 퍼스트(미국 우선주의)'에 대한 열성적 지지로 표출된 것이라는 분석을 내놨다.

왜 이슈지?

지난 10월 25일 공화당 소속 마이크 존슨 의원이 미국 하원의장으로 선출된 가운데 그가 트럼프 전 대통령에 강한 충성심을 보이는 **마가(MAGA)** 의원이라는 점이 선출에 큰 영향을 미쳤다는 분석이 나왔다.

그록(Grok) 일론 머스크가 설립한 AI 스타트업이 처음으로 선보인 생성형 AI 챗봇

일론 머스크 테슬라 최고경영자(CEO)가 설립한 인공지능(AI) 스타트업 'xAI'가 처음으로 선보인 생성형 AI 챗봇이다. '그록'이란 미국의 공상과학(SF) 작가 로버트 하인라인이 1961년 출간한 소설 '낯선 땅의 이방인'에 나오는 화성인 용어로 '무엇인가를 직관적으로 철저히 이해한다'는 의미를 담고 있다. xAI가 개발한 대규모언어모델(LLM) 그록-1을 기반으로 구동되며, 330억개의 매개변수를 활용하지만 700억개의 매개변수를 가진 메타의 라마2(LLaMA)와 유사한 성능을 낼 수 있다.

왜 이슈지?

11월 4일 xAI가 공개한 **그록**은 X(옛 트위터) 계정으로만 가입이 가능하며, 베타서비스 기간을 거친 뒤 X의 유료서비스 '프리미엄 플러스(+)' 가입자에 한해 공식 출시될 예정이다.

선임 사외이사제도 이사회 내 적절한 균형유지와 견제를 가능하도록 하는 제도

대표이사나 사내이사가 이사회 의장직을 맡고 있는 경우 사외이사를 대표하는 선임 사외이사를 선출해 이사회 내 적절한 균형유지와 견제가 가능하도록 하는 제도를 뜻한다. 국내 상법상 금융권기업에서만 의무화하고 있는데, 금융권은 '금융사 지배구조법' 제13조에 따라 선임 사외이사제도를 시행하고 있다. 선임 사외이사는 사외이사회 소집 및 회의 주재 권한이 있으며, 경영진에게 주요현안 관련 보고 요구도 가능하다. 또 이사회 운영 전반에 관한 사항을 협의하고, 이사회 의장 · 경영진 · 사외이사 간 소통이 원활하도록 중재자 역할을 맡기도 한다.

왜 이슈지?

선임 사외이사제도는 2018년 3월 SK하이닉스가 국내에서 처음으로 도입했으며, 2023년 10월에는 삼성이 삼성SDS와 삼성SDI에 선임사외이사를 도입한다고 밝혀 주목을 받았다.

순환자원 활용가치가 높은 폐자원을 관련 규제 면제대상으로 분류하는 것

폐자원 중 활용가치가 높은 자원의 순환이용을 촉진하기 위해 규제 면제대상을 지정하는 것을 말한다. 이는 ▲ 건강과 환경에 유해하지 않고 ▲ 경제성이 있고 유상거래가 가능하며 ▲ 방치 우려가 없는 자원을 대상으로 한다. 순환자원 지정대상의 경우 다른 종류의 폐기물과 혼합되지 않고 이물질 함유량이 높지 않도록 관리해야 한다. 순환자원으로 지정되면 순환이용의 용도와 방법, 기준을 모두 충족하는 범위에서 폐기물 규제를 면제받을 수 있다.

왜 이슈지?

그동안 개별사업자가 신청해야 이용이 가능했던 **순환자원** 인정제도가 2024년부터 시행될 예정인 '순환경제사회전환촉진법'에 따라 환경부 장관이 순환자원을 일괄지정할 수 있게 되면서 별도 신청 없이도 개별사업자가 이용할 수 있게 됐다.

시사상식 기출문제

01
2023년 노벨문학상을 수상한 노르웨이 출신의 작가는?

[2023년 뉴시스]

① 올가 토카르추크
② 욘 포세
③ 아니 에르노
④ 토마스 트란스트뢰메르

해설

2023년 노벨문학상은 노르웨이 출신의 문학가 욘 포세(Jon Fosse)가 수상했다. 1983년 장편소설 '레드, 블랙'으로 데뷔한 포세는 90년대부터 본격적인 작품활동을 시작했고, 희곡과 소설, 시 등 장르를 가리지 않고 창작했다. 특히 그의 희곡은 전 세계 무대에서 900회 이상 공연됐을 만큼 명성이 높다. 그의 작품은 리얼리즘과 부조리극을 넘나들며, 인간의 절망 속에서 피어나는 투쟁을 잘 그려냈다는 평가를 받는다.

02
어른이 마치 아이처럼 젊고 개성 있게 생활하려고 하는 개인적 풍조를 뜻하는 말은?

[2023년 뉴시스]

① 피터팬 신드롬
② 파랑새 신드롬
③ 아도니스 신드롬
④ 네버랜드 신드롬

해설

네버랜드 신드롬(Neverland Syndrome)은 나이 든 어른이 실제 나이보다 젊고 개성 있게 살아가는 것을 미덕으로 여기는 개인적 풍조를 뜻한다. 성인인데도 아이의 행동양식을 가지려 하는 피터팬 신드롬과는 다르다. 삶이 질 향상과 정보화로 인터넷에서 다양한 유행을 접할 수 있게 되면서, 자신의 개성을 자유롭게 표현하려는 풍조가 만든 현상이라고 볼 수 있다.

03
팔레스타인의 무장단체인 하마스에 대한 설명으로 옳지 않은 것은?

[2023년 뉴시스]

① 이란과 같은 종파인 시아파다.
② 팔레스타인의 해방을 목표로 한다.
③ 명칭에는 '이슬람 저항운동'이라는 뜻이 있다.
④ 가자지구를 실질적으로 통치하고 있다.

해설

팔레스타인의 무장단체이자 정당인 하마스(HAMAS)의 명칭은 '이슬람 저항운동'의 아랍어 첫 글자를 따 지어졌다. '아마드 야신'이 1987년 창설한 이 단체는 이슬람 수니파 원리주의를 표방하고 있으며, 이스라엘에 저항하고 팔레스타인의 독립을 목표로 무장 저항활동을 하고 있다. 이들은 팔레스타인 가자지구와 요르단강 서쪽 지역을 실질 지배하고 있다.

04
최근 도입될 것으로 알려진 법인차의 번호판 색상은?

[2023년 뉴시스]

① 노란색
② 연두색
③ 파란색
④ 분홍색

해설

윤석열정부는 기업의 소유주 또는 가족이 고가의 법인차를 사적으로 사용하는 것을 막기 위해 법인차 번호판 색상을 연두색으로 하는 법안을 추진해왔다. 정부는 당초 2023년 9월경 해당 법안을 시행하겠다고 밝혔으나, 경차·소형차에는 이를 적용해선 안 된다는 국내 렌터카 업체들의 요구가 거센 것으로 알려졌다. 이 때문에 법안의 적용범위를 두고 논의가 이어지며 도입이 지연되는 것으로 전해졌다.

05 세계 최초로 달 남극에 우주선을 착륙시키는 데 성공한 국가는?

[2023년 뉴시스]

① 미국
② 일본
③ 인도
④ 프랑스

해설

지난 2023년 8월 23일 인도의 무인 달 탐사선 '찬드라얀 3호'가 세계 최초로 달 남극에 착륙하는 데 성공했다. 인도의 달 남극 착륙이 주목 받은 것은 아무도 이루지 못한 달의 극궤도 진입에 성공했다는 사실 때문이다. 그러나 지난 9월 찬드라얀 3호와 착륙선, 탐사로봇이 기나긴 달의 추운 밤을 견디지 못하고 수면상태에서 깨어나지 못해, 달에서 영원히 잠들게 됐다는 소식도 들렸다.

06 다음 중 한국형 3축 체계에 해당하지 않는 것은?

[2023년 뉴시스]

① KMPR
② KAMD
③ Kill Chain
④ WMD

해설

한국형 3축 체계는 우리 군의 미사일 선제 대응방법 순서로서 3축은 북한의 미사일 위협을 실시간으로 탐지해 표적을 타격하는 공격체계인 '킬 체인(Kill Chain, 1축)', 북한의 미사일을 공중에서 방어하는 '한국형 미사일방어체계(KAMD, 2축)', 북한의 미사일 공격 시 미사일 전력과 특수작전부대 등으로 지휘부를 응징하는 '대량응징보복(KMPR, 3축)'을 말한다. 'WMD(Weapon of Mass Destruction)'는 대량살상무기를 의미한다.

07 다음 중 특례시에 해당하지 않는 도시는?

[2023년 KNN]

① 성남시
② 고양시
③ 창원시
④ 수원시

해설

특례시란 광역시에 준하는 지위가 부여된 인구 100만명 이상의 도시를 말한다. 인구규모는 광역시에 육박하지만 재정적 권한이 적어 시민들에게 걸맞은 행정서비스를 제공하지 못하는 점을 보완하기 위해 지정된다. 2022년 1월 13일부터 지방자치법에 따라 지정됐으며, 현행 특례시에는 고양시, 창원시, 수원시, 용인시 등이 있다.

08 정부가 처리 지원사업을 벌이고 있는 지붕용 슬레이트에서 검출되는 발암물질은?

[2023년 KNN]

① 타르
② 라돈
③ 석면
④ 벤젠

해설

이전부터 주택의 지붕에 주로 사용되던 슬레이트는 발암물질인 석면으로 만들어져 그 위해성이 끊임없이 경고돼왔다. 정부와 지자체는 석면 슬레이트 지붕을 철거하려는 가구에 2023년부터 최대 700만원을 지원하고 있다.

09 다음 중 직접세에 해당하는 세금은?

[2023년 KNN]

① 법인세
② 인지세
③ 부가가치세
④ 개별소비세

해설

직접세는 세금을 납부할 의무를 지닌 사람과 부담하는 사람이 동일하여 조세부담이 전가되지 않는 조세를 말한다. 종류에는 법인세, 소득세, 상속세, 종합부동산세, 증여세 등이 있다.

10 최근 대부분의 기업들이 채용하는 경영기조인 ESG에 해당하지 않는 요소는?

[2023년 KNN]

① 환경
② 복지
③ 사회적 책무
④ 지배구조

해설

ESG는 'Environmental', 'Social', 'Governance'의 앞 글자를 딴 용어로 기업의 비재무적인 요소인 환경과 사회적 책무, 지배구조를 뜻한다. '지속가능한 경영방식'이라고도 하는데, 기업을 운영하면서 사회에 미칠 영향을 먼저 생각하는 것을 말한다. ESG는 지역사회 발전에 기여하고 기후변화에 대처하며 지배구조의 윤리적 개선을 통해 지속적인 성과를 얻으려는 방식이다.

11 65세 이상 인구수가 전체인구수의 20%를 차지하는 초고령화 시대를 뜻하는 말은?

[2023년 머니투데이]

① 실버에이지
② 골든에이지
③ 글로벌에이지
④ 슈퍼에이지

해설

슈퍼에이지는 65세 이상의 인구수가 전체연령 인구수의 20%를 차지하는 초고령화 사회를 뜻하는 말이다. 인구통계학자 브레들리 셔먼이 만든 신조어다. 그는 앞으로의 세상은 노년층이 강력한 소비층으로 떠오르면서, 고령화로 인한 암울한 미래가 아닌 새로운 산업발전의 기회가 찾아올 수도 있다는 전망을 내놨다.

12 AI 챗봇 등 생성형 인공지능이 근거 없는 잘못된 정보를 생성하는 것을 뜻하는 용어는?

[2023년 머니투데이]

① 할루시네이션
② 일루전
③ 디버깅
④ CRC

해설

할루시네이션(Hallucination)은 영어로는 '환영', '환상'을 뜻하는데, IT업계에서는 최근 챗GPT 등 생성형 인공지능이 대두하면서 AI가 잘못된 답변이나 정보를 생성하는 현상을 가리키기도 한다. 또한 정보처리과정에서 발생하는 오류를 뜻하기도 한다. 데이터를 잘못 학습해 질문에 엉뚱한 대답을 한다든가, 사실과 다른 내용을 전달하는 등의 할루시네이션이 발생하는 때가 있다.

13

다음 중 뱃사람들이 쓰는 말로 '서남풍'을 뜻하는 말은? [2023년 수원시공공기관통합채용]

① 된바람
② 샛바람
③ 하늬바람
④ 갈마바람

해설

갈마바람은 서풍인 갈바람과 남풍인 마파람이 합쳐진 말로 뱃사람들이 '서남풍'을 이를 때 쓰는 말이다. 바람의 옛 이름은 이외에도 다양하다. 북쪽에서 부는 바람은 높바람(된바람), 동쪽에서 부는 바람은 샛바람, 남쪽에서 부는 바람은 마파람, 서쪽에서 부는 바람은 하늬바람이라 한다. 북동쪽에서 부는 바람은 높새바람이라고 하는데, 늦은 봄에서 초여름에 걸쳐 동해로부터 태백산맥을 넘어 불어오는 고온건조한 바람을 뜻한다.

14

다음 중 가장 늦은 시기에 활동한 음악가는? [2023년 수원시공공기관통합채용]

① 볼프강 아마데우스 모차르트
② 프레데리크 쇼팽
③ 프란츠 요제프 하이든
④ 안토니오 비발디

해설

1810년 폴란드에서 출생한 프레데리크 쇼팽은 피아노의 시인이라고 불리며, 200곡에 이르는 수많은 피아노곡을 작곡했다. 독자적인 피아노 연주 테크닉을 완성했고, 후대 피아니스트들에게도 그의 연주법은 지대한 영향을 끼쳤다. 한편 18세기 빈 고전파를 대표하는 모차르트와 하이든은 각각 1756년, 1732년 태어났다. 바로크시대의 이탈리아 출신 음악가 비발디는 더 이전인 1678년 출생했다.

15

다음 중 피아노 3중주에 쓰이는 악기가 아닌 것은? [2023년 수원시공공기관통합채용]

① 비올라
② 바이올린
③ 피아노
④ 첼로

해설

피아노 3중주는 피아노와 다른 두 개의 악기가 모인 고전주의 실내악의 한 형태다. 일반적으로 피아노와 바이올린, 첼로로 구성된다. '피아노 트리오'라고 부르기도 한다. 대체로 소나타 형식을 취하고 있고 하이든, 모차르트, 베토벤 등 저명한 음악가들도 작곡하였다. 멘델스존의 '피아노 3중주 1번'이 특히 유명하다.

16

다음 문장에서 밑줄 친 외래어의 표기가 옳은 것은? [2023년 수원시공공기관통합채용]

① 오늘 저녁식사는 뷔페로 제공됩니다.
② 잠시라도 좋으니 앙케이트에 참여해주세요.
③ 상점에 다양한 악세사리가 진열돼 있었다.
④ 그는 처음 참가한 콩쿨에서 우승을 거뒀다.

해설

② 앙케이트는 앙케트(enquête), ③ 악세사리는 액세서리(accessory), ④ 콩쿨은 콩쿠르(concours)로 적는 것이 옳은 외래어 표기이다.

17 토마토에 함유된 붉은 색소로 항암작용을 하는 물질은? [2023년 광주광역시공공기관통합채용]

① 안토시아닌
② 카로틴
③ 라이코펜
④ 루테인

> **해설**
> 라이코펜(Lycopene)은 잘 익은 토마토, 수박, 감, 당근 등 붉은 색의 과일 · 채소에 함유된 카로티노이드 색소의 일종이다. 항산화작용과 항암작용을 하는 것으로 유명하며, 산화물질을 효과적으로 제거할 수 있는 중화제로도 알려져 있다.

18 2023년 5월 확대된 외국인 계절근로자의 최대 국내 체류기간은? [2023년 광주광역시공공기관통합채용]

① 3개월
② 5개월
③ 6개월
④ 8개월

> **해설**
> 외국인 계절근로자는 농어촌의 농 · 어번기 인력부족을 해결하기 위해 단기간 외국인 근로자를 정식 고용할 수 있도록 하는 제도다. 도입을 결정한 지방자치단체는 각 지역의 계절근로자 수요를 조사하고 고용을 허가한다. 2023년 5월 정부는 기존 5개월이었던 체류기간이 다소 짧다는 지자체와 농어업 현장의 목소리를 반영해, 최대 국내 체류기간을 8개월까지 확대하기로 했다.

19 다음 중 파리협정에 대한 설명으로 옳지 않은 것은? [2023년 공무원연금공단]

① 2015 기후변화협약에서 채택됐다.
② 2020년에 만료됐다.
③ 교토의정서를 대체한다.
④ 지구 평균기온을 산업화 이전보다 2도 이상 오르지 않게 하자는 내용이다.

> **해설**
> 파리기후변화협약(Paris Climate Change Accord)은 일명 파리협정으로, 프랑스 파리에서 2015년 12월 12일에 열린 제21차 유엔기후변화협약에서 195개 협약 당사국이 지구온난화 방지를 위해 채택했다. 지구 평균기온이 산업화 이전보다 2도 이상 상승하지 않도록 온실가스를 단계적으로 감축하는 방안으로서, 2020년에 만료된 교토의정서(1997)를 대신하여 2021년부터 적용됐다.

20 개방형 클라우드와 폐쇄형 클라우드가 조합된 클라우드 컴퓨팅 방식은? [2023년 공무원연금공단]

① 온 프레미스 클라우드
② 퍼블릭 클라우드
③ 프라이빗 클라우드
④ 하이브리드 클라우드

> **해설**
> 하이브리드 클라우드는 공공에게 개방된 개방형(퍼블릭) 클라우드와 개인이나 기업 자체에서 활용하는 폐쇄형(프라이빗) 클라우드가 조합되었거나, 개방형 클라우드와 서버에 직접 설치된 온 프레미스(On-premise)를 조합한 방식의 클라우드 컴퓨팅을 말한다. 기업 · 개인이 보유한 IT 인프라와 데이터, 보안시스템을 한 곳에 몰아넣지 않고 그 특성과 중요도에 따라 분산하여 배치해, 업무효율성과 안전성을 획득할 수 있다.

21 다음 중 안보협의체인 쿼드 플러스에 해당하는 국가가 아닌 것은? [2023년 창원문화재단]

① 중국
② 한국
③ 뉴질랜드
④ 베트남

해설

쿼드(Quad)는 미국, 일본, 인도, 호주로 구성된 안보협의체다. 2007년 아베 신조 당시 일본 총리의 주도로 시작됐으며 2020년 8월 미국의 제안 아래 공식적인 국제기구로 출범했다. 중국의 일대일로를 견제하기 위한 목적도 갖고 있으며, 미국은 쿼드를 인도-태평양판 북대서양조약(NATO)기구로 추진했다. 한편 쿼드는 한국, 뉴질랜드, 베트남이 추가로 참가하는 쿼드 플러스로 기구를 확대하려는 의지를 내비치기도 했다.

22 태국 유명인들이 '하나의 중국'을 무시하는 SNS 게시물을 올리면서 촉발된 반(反) 중국 운동은? [2023년 창원문화재단]

① 세 손가락 경례
② 우산혁명
③ 밀크티 동맹
④ 제론토크라시

해설

'밀크티 동맹'은 2020년 3월 태국의 유명인사들이 중국이 천명한 '하나의 중국' 기조를 무시하는 SNS 게시물을 올리자, 중국 네티즌들이 이를 비난한 사태를 계기로 발생했다. 태국, 홍콩과 대만의 네티즌들은 이 사태에 반중운동을 벌이며, 중국의 권위주의를 비판하고 나섰다. 이들은 SNS의 반중 게시물에 '#MilkTeaAlliance(밀크티 동맹)'이라는 해시태그를 붙였는데, 이들 나라에서 밀크티를 즐겨 마신다는 공통점 때문이다.

23 다음 중 교육학의 하위학문인 안드라고지에 대한 설명으로 잘못된 것은? [2023년 창원문화재단]

① 미국 교육학자 '노울즈'에 의해 이론으로 정립됐다.
② 아동에 대한 교육기법 등을 연구한다.
③ 패다고지와 대비되는 관점의 학문이다.
④ 학습자의 자발적인 학습참여를 전제로 한다.

해설

안드라고지(Andragogy)는 '성인교육론'이라고 번역되며, 성인에 대한 학습방법, 이론, 기법 등을 연구하는 교육학의 하위학문이다. 아동교육을 뜻하는 '패다고지(Pedagogy)'와 대비되는 개념이며, 아동과는 차별화된 성인을 대상으로 한 교육방법을 연구한다. 성인인 학습자의 자발적인 학습참여를 전제로 하고 있다. 1980년대 이후 미국의 교육학자 '노울즈'에 의해 이론으로 정립되기 시작했다.

24 국어의 수사법 중 끝을 의문형으로 종결해 청자에게 생각할 여지를 남기는 방법은 무엇인가? [2023년 창원문화재단]

① 영탄법
② 활유법
③ 도치법
④ 설의법

해설

설의법(設疑法)은 국어의 수사법 중 '변화주기'의 일종이다. 필자 혹은 화자가 단정해도 좋을 것을 일부러 질문의 형식을 취하여 독자 혹은 청자에게 생각할 여유를 준다. 가령 '흔들리지 않고 피는 꽃이 어디 있으랴'처럼 누구나 알고 있는 사실을 질문하는 형식을 통해 상대방이 이에 대해 결론을 내릴 수 있도록 한다.

시사상식 예상문제

01 우리나라 내륙의 각 도청과 소재지를 짝지은 것으로 잘못된 것은?

① 경기도청 – 수원시

② 충청남도청 – 천안시

③ 강원특별자치도청 – 춘천시

④ 경상남도청 – 창원시

해설

우리나라의 충청남도청은 충청남도 홍성군에 위치해 있다. 제시된 보기 외에도 충청북도청은 청주시, 경상북도청(본청)은 안동시, 전라북도청은 전주시, 전라남도청은 무안군에 위치하고 있다.

02 컴퓨터 · 비디오 게임에서 플레이어를 돕거나 임무를 부여하는 게임상 캐릭터의 명칭은?

① PK

② DLC

③ NPC

④ PvP

해설

NPC(Non−Player Character)는 플레이어가 직접 조종할 수 없는 게임 내의 캐릭터로, 플레이어에게 도움을 주거나 새로운 임무를 부여하는 캐릭터를 말한다. 게임 플레이가 자연스럽고 수월하게 이어지도록 배치되어 있고, 상점을 운영하거나 이벤트를 작동시켜 플레이어에게 재미를 주는 역할을 한다.

03 14~15세기 유럽에서 일어난 백년전쟁의 당사국으로 올바른 것은?

① 독일 – 오스트리아

② 영국 – 프랑스

③ 포르투갈 – 스페인

④ 이탈리아 – 스위스

해설

백년전쟁은 1337년부터 1453년까지 영국과 프랑스 사이에서 벌어진 전쟁이다. 프랑스의 왕위계승 문제와 플랑드르의 양모공업을 둘러싼 경제적 문제가 얽혀 영국군이 프랑스에 침입하면서 시작되었다. 초기에는 영국이 우세했으나, 1429년 잔다르크의 활약에 힘입어 프랑스가 영토를 회복했다. 봉건제후와 귀족들이 몰락하고 중앙집권적 국가로 진입하는 계기가 됐다.

04 스폰서의 권리가 없는 자가 마치 자신이 스폰서인 것처럼 대중들을 현혹하는 마케팅 방식은?

① 코즈 마케팅

② 데카르트 마케팅

③ 앰부시 마케팅

④ 퍼플카우 마케팅

해설

앰부시 마케팅은 매복 마케팅이라고도 한다. 공식 스폰서의 권리를 획득하지 못한 다른 기업들이 마치 자신이 공식 스폰서인 것처럼 대중들을 현혹하는 마케팅 방식이다. 공식 스폰서 활동을 통해 얻고자 하는 기대효과의 일부분을 자신들이 빼앗을 목적으로 각종 이벤트와 함께 실시하는 것을 말한다.

05 다음 중 위헌법률심판 제청에 대한 설명으로 옳지 않은 것은?

① 재판 중인 사건에 적용되는 법률의 위헌 여부를 따지는 것이다.

② 제청 결정이 나도 해당 재판은 이어진다.

③ 제청 신청이 기각되면 항고할 수 없다.

④ 위헌 결정이 내려지면 해당 법률은 그 재판에 한해 효력을 상실한다.

해설

위헌법률심판 제청은 법원에서 재판 중인 소송 사건에서 그 사건에 적용될 수 있는 법률이 헌법에 위배되는지의 여부를 결정하도록 헌법재판소에 요청하는 제도다. 제청 결정이 나면 해당 재판은 중지되며, 위헌 결정이 내려지면 법률의 효력은 해당 재판에 한해 효력을 상실한다. 만약 제청 신청이 기각되면 항고나 재항고를 할 수 없다.

06 제2급 감염병에 해당하지 않는 것은?

① A형 간염

② 결핵

③ 콜레라

④ 페스트

해설

우리나라는 사회적 파급력이 높고 전염성이 강한 감염병을 법정 감염병으로 지정하여 환자를 격리·수용하는 등의 방역조치를 펼친다. 그 심각성에 따라 제1~4급 감염병 등으로 구분하는데, 페스트는 그중 제1급 감염병에 해당한다. 제2급 감염병에는 결핵, 수두, 홍역, 콜레라, 장티푸스, A형 간염 등이 있다.

07 속담과 비슷한 의미의 한자성어로 묶이지 않은 것은?

① 낫 놓고 기역자도 모른다 – 목불식정

② 소 잃고 외양간 고친다 – 망우보뢰

③ 고래 싸움에 새우등 터진다 – 경전하사

④ 호랑이에게 물려가도 정신만 차리면 산다 – 담호호지

해설

담호호지(談虎虎至)는 '호랑이도 제 말하면 온다'는 속담과 의미가 통하는 한자성어로, 대화의 주제가 된 사람이 마침 그 자리에 등장한다는 의미를 담고 있다. 목불식정(目不識丁)은 고무래를 보고도 정(丁)자를 알지 못한다는 뜻이고, 망우보뢰(亡牛補牢)는 소를 잃고서야 외양간을 고친다는 의미이며, 경전하사(鯨戰蝦死)는 고래의 싸움에 애꿎은 새우의 등이 터진다는 뜻의 한자성어다.

08 SNS에서 연인관계를 미끼로 금전을 갈취하는 범죄 수법은?

① 로맨스 스캠

② 장미꽃 강매

③ 스피어 피싱

④ 퍼블릭 피겨

해설

로맨스 스캠(Romance Scam)은 주로 SNS상에서 신분을 위장하는 등의 방식으로 이성을 유혹한 뒤, 결혼이나 사업자금을 명목으로 금전을 갈취하는 사기범죄 수법이다. 신분을 속여 피해자에게 호감을 산 후 거액의 투자를 유도하거나, 사기행각을 저지르도록 강요하기도 한다.

🔓 01 ② 02 ③ 03 ② 04 ③ 05 ② 06 ④ 07 ④ 08 ①

09 다음 중 유니콘기업으로 분류되는 기업가치의 기준은?

① 5억달러

② 10억달러

③ 15억달러

④ 20억달러

해설

유니콘기업은 2013년 카우보이 벤처스를 창업한 에일린 리가 처음 사용한 용어로 '혜성처럼 나타난 기업'을 말한다. 유니콘기업을 판단하는 기준은 생겨난 지 10년이 되지 않고, 주식을 상장시키지 않았지만 기업가치가 10억달러(1조원)를 넘는 기업을 가리킨다.

10 세계경제포럼의 회장이며 제4차 산업혁명 시대로의 전환을 최초로 주장한 인물은?

① 폴 크루그먼

② 제러미 리프킨

③ 폴 밀그럼

④ 클라우스 슈밥

해설

경제학자이자 세계경제포럼(WEP)의 회장인 클라우스 슈밥은 '제4차 산업혁명'이라는 개념을 최초로 주장한 인물로 알려져 있다. 2016년 1월 열린 다보스 포럼에서 제4차 산업혁명을 글로벌 의제로 삼은 슈밥은 이 새로운 물결로 인해 빈부격차가 심해지고 사회적 긴장이 높아질 것으로 전망했다.

11 다음 중 감기 바이러스에 해당하는 것은?

① 리노 바이러스

② 지카 바이러스

③ 로타 바이러스

④ 노로 바이러스

해설

리노 바이러스는 급성호흡기감염증을 일으키는 바이러스로, 콧물·인후통·기침 등의 감기 증상을 일으킨다. 지카 바이러스는 주로 모기에 의해 전파되어 태아의 소두증을 유발하고, 로타 바이러스와 노로 바이러스는 모두 장염이나 식중독을 일으키는 바이러스다.

12 다음 중 님비 현상과 유사한 개념은?

① J턴 현상

② 코쿠닝 현상

③ 바나나 현상

④ 눔프 현상

해설

바나나 현상(Build Absolutely Nothing Anywhere Near Anybody)은 혐오시설이나 수익성 없는 시설이 자기 지역에 들어오는 것을 반대하는 현상인 님비(NIMBY)와 유사한 개념이다. 공해와 수질오염 등을 유발하는 공단, 댐, 원자력 발전소, 핵폐기물 처리장 등 환경오염시설의 설치에 대해 그 지역 주민들이 집단으로 거부하는 지역이기주의 현상이다.

13 다음 중 화가 파블로 피카소의 대표작이 아닌 것은?

① 달과 6펜스
② 아비뇽의 처녀들
③ 게르니카
④ 한국에서의 학살

> **해설**
> 20세기 회화의 거장으로 평가되는 파블로 피카소는 스페인 출신으로 19세에 프랑스로 건너가 본격적인 작품활동을 시작했다. 혁신적 화법인 입체파의 대표주자이기도 한 그는 〈아비뇽의 처녀들〉(1907), 〈게르니카〉(1937), 〈한국에서의 학살〉(1951) 등 독보적인 작품을 남겼다. 〈달과 6펜스〉(1919)는 프랑스 소설가 '서머싯 몸'의 소설로 프랑스의 인상파 화가 폴 고갱의 전기에서 모티프를 얻은 작품이다.

15 다음 중 자금긴축과 함께 금리인상 정책을 펴는 것을 의미하는 경제용어는?

① 타이트닝
② 테이퍼링
③ 양적완화
④ 긴축발작

> **해설**
> 정부는 과열된 경기를 가라앉히기 위해 다양한 방법의 긴축정책을 펴게 된다. 그중 타이트닝(Tightening)은 금리를 인상하는 방식으로 시장의 유동성을 줄이는 긴축정책이다. 자산의 매입규모를 줄여 과열을 안정시키는 테이퍼링(Tapering)과 구별된다.

14 다자간 안보협의체인 파이브아이즈, 오커스, 쿼드에 공통으로 속해 있는 국가는?

① 인도
② 일본
③ 호주
④ 영국

> **해설**
> 파이브아이즈(Five Eyes), 오커스(AUKUS), 쿼드(Quad)는 모두 국제 안보와 관련한 동맹 혹은 협의체로 미국과 호주는 이 세 협의체에 모두 속해 있다. 파이브아이즈는 미국 · 영국 · 캐나다 · 호주 · 뉴질랜드로 구성되어 있고, 쿼드는 미국 · 일본 · 인도 · 호주의 안보협의체. 오커스의 명칭은 호주 · 영국 · 미국의 국가 영문명을 조합해 만들어졌다.

16 우리나라의 대통령과 국회의원, 지방자치단체장의 출마 하한연령을 합한 숫자는?

① 76
② 80
③ 84
④ 88

> **해설**
> 우리나라 대통령의 피선거권은 만 40세, 국회의원과 지방자치단체장은 만 18세. 지난 2021년 12월 31일에 공직선거법 개정안이 국회를 통과하면서, 만 18세 이상인 사람도 국회의원 · 지방자치단체장 등의 후보로 출마할 수 있게 됐다.

🔒 09 ② 10 ④ 11 ① 12 ③ 13 ① 14 ③ 15 ① 16 ①

17 기업의 지속가능경영보고서의 작성기준을 제시하는 미국의 비영리 경제단체는?

① ALCO
② GRI
③ SASB
④ IIRC

해설
SASB(지속가능성 회계기준위원회)는 2011년 설립된 미국의 비영리 경제·회계 단체다. 이 단체는 기업의 지속가능경영보고서를 작성하는 국제표준을 제시하고 있다. 이를 통해 투자자들에게 기업들의 ESG 경영성과에 대한 구체적인 정보를 제공하기 위함이다.

18 다음 중 김지하 시인의 작품이 아닌 것은?

① 타는 목마름으로
② 오적
③ 황톳길
④ 새들도 세상을 뜨는구나

해설
김지하 시인은 우리나라의 70년대 대표적 저항시인이자 민주화운동에 투신했던 인물이다. 반독재 성향으로서 사회현실을 날카롭게 비판한 작품을 주로 남겼으며, 반공법 위반으로 옥고를 치르기도 했다. 그러나 90년대 이후에는 박근혜 전 대통령을 지지하는 등 진보진영으로부터 변절자라는 오명을 쓰기도 했다. 그의 대표작으로는 〈타는 목마름으로〉, 〈오적〉, 〈황톳길〉 등이 있다. 〈새들도 세상을 뜨는구나〉는 황지우 시인의 작품이다.

19 삼원계 배터리의 양극재에 들어가는 금속원소가 아닌 것은?

① 니켈
② 코발트
③ 망간
④ 수은

해설
삼원계 배터리는 리튬이온 배터리의 양극(＋)재에 니켈, 코발트, 망간 등 세 가지 금속원소를 함유시켜 만든 배터리를 말한다. 리튬이온 배터리의 일종이라고 할 수 있다. 리튬인산철 계열을 사용한 LFP 배터리보다 더 진보한 배터리로 세 금속원소의 비율을 어떻게 조절하느냐에 따라 성능이 달라진다.

20 외교사절 가운데 특정 인물을 받아들이고 싶지 않을 때 접수국에서 선언하는 것은?

① 모두스 비벤디
② 아그레망
③ 페르소나 논 그라타
④ 아타세

해설
페르소나 논 그라타(Persona non Grata)는 라틴어로 '환영받지 못하는 인물'이라는 의미로서, 외교관계에서 외교사절을 받아들이는 국가가 사절 중 기피하고 싶은 인물이 있을 때 그에 대한 거부를 선언하는 것이다. 관례적으로 파견국은 페르소나 논 그라타가 선언될 경우 해당 외교사절을 소환하거나 외교관직을 박탈한다. '외교관계에 관한 비엔나 협약'에 이 같은 내용이 명시되어 있다.

21 다음 중 우리나라의 단오에 대한 설명으로 옳지 않은 것은?

① 백중 또는 백종일이라고도 부른다.
② 1년 중 양기가 가장 왕성한 날이다.
③ 음력 5월 5일에 지낸다.
④ 창포물에 머리를 감고, 쑥을 뜯어 떡을 만들어 먹었다.

해설
단오는 음력 5월 5일로서 1년 중 가장 양기가 강한 날로 여겨졌고, 봄철 모내기를 끝내고 풍년을 기원하는 제사를 지내기도 했다. 창포물에 머리를 감거나 그네를 뛰고, 쑥을 뜯어 바퀴 모양의 수리취절편을 만들어 먹었다. 수릿날, 천중절이라는 이름으로 불린다. 백중 또는 백종일은 음력 7월 15일로 우리나라의 보름 명절 중 하나다.

22 다음 중 가장 나중에 일어난 독립운동은?

① 조천만세운동
② 6 · 10만세운동
③ 봉오동전투
④ 2 · 8독립선언

해설
1919년 2 · 8독립선언은 한국의 독립에 관심을 갖게 된 일본 도쿄의 유학생들이 발표한 독립선언으로 3 · 1운동에 직접적인 영향을 끼쳤다. 같은 해 일어난 조천만세운동은 4차에 걸쳐 진행되었으며 제주도에서 일어난 대표적 독립운동 중 하나다. 또 이듬해 6월에 시작된 봉오동전투는 홍범도 장군이 이끄는 한국독립군 부대가 중국 지린성의 봉오동에서 일본군을 크게 격파한 사건이다. 6 · 10만세운동은 1926년 순종 황제의 장례식 날 일어난 대규모 만세운동이다.

23 외국자본이 국내시장을 지배하는 현상을 일컫는 경제용어는?

① 웩더독 효과
② 테킬라 효과
③ 피셔 효과
④ 윔블던 효과

해설
윔블던 효과는 국내시장에서 외국기업이 자국기업보다 잘 나가는 현상이다. 영국의 유명 테니스대회인 '윔블던 대회'가 외국선수에게 문호를 개방한 이후 대회 자체의 명성은 올라갔지만 영국인 우승자를 배출하는 것이 어려워진 것에 빗댄 것으로, 금융시장을 개방하고 나서 외국계 자본이 국내 자본을 몰아내고 오히려 안방을 차지하는 현상을 말한다.

24 미국 바이든정부가 주도하고 있는 인도-태평양 지역의 경제 · 안보 국제기구는?

① RCEP
② IPEF
③ CPTPP
④ ASEM

해설
IPEF(Indo-Pacific Economic Framework)는 인도-태평양 경제 프레임워크로 바이든정부가 가장 역점에 두고 있는 국제 경제 · 안보 플랫폼이자 국제기구다. 현재 미국과 우리나라를 비롯해 일본, 호주, 인도네시아, 말레이시아 등 14개국이 가입되어 있다. 포괄적 · 점진적 환태평양경제동반자협정(CPTPP)을 견제하겠다는 목적에서 추진했다는 시각이 있다.

방송에 출제됐던 문제들을 모아!
재미로 풀어보는 퀴즈~!~!

01 다음의 힌트에서 공통적으로 연상되는 것은?
[장학퀴즈]

> 30, 콜럼버스, 모나리자, 부활절

정답
보기에서 공통으로 연상되는 것은 '달걀'이다. 달걀 한 판은 30알이며, 콜럼버스는 달걀을 깨뜨려 탁자 위에 세웠다. 모나리자에는 달걀노른자를 넣은 물감이 사용됐으며, 부활절 행사에 달걀이 활용된다.

02 '본다'라는 뜻의 라틴어에서 파생된 말로 빛이 프리즘 등의 도구를 통과할 때 서로 다른 굴절률로 파장에 따라 분해되어 나타나는 것은?
[장학퀴즈]

정답
스펙트럼은 일반적으로 빛이 파장에 따라 나뉜 성분 분포를 뜻한다. 그러나 최근에는 의미가 확장되어 일상에서 매우 다양한 종류나 범위를 가리키는 말로도 많이 사용된다.

03 우리 몸에서 콩팥 기능에 이상이 생기면 소변에 특정 증상이 관찰되는 단백뇨를 의심할 수 있다. 이 증상은 무엇인가?
[옥탑방의 문제아들]

정답
건강한 소변은 맥주에 물을 탄 것처럼 맑고 투명하면서 약간의 노란빛을 띠는 반면, 콩팥 기능에 이상이 생긴 소변에서는 거품이 많이 생기는 증상이 나타난다.

04 최근 잇따른 이상동기범죄로 안전에 대한 시민들의 우려가 커진 가운데, 서울시가 운영하는 이 어플을 통해 긴급상황 발생 시 도움을 받을 수 있다. 이 어플은 무엇인가?
[옥탑방의 문제아들]

정답
'서울시 안심이 앱'은 서울 전역에 설치된 약 8만대의 CCTV와 어플을 연계해 시민들의 안전한 귀가를 돕는 서비스. 실시간 모니터링과 음성경고 기능 등을 통해 위급상황 시 빠르게 대처할 수 있다.

05 '부각(浮刻)'의 바른 뜻풀이는?
[우리말 겨루기]

① 어떤 사물을 특징지어 두드러지게 함
② 다시마 따위에 찹쌀 풀을 발라 말려 튀긴 반찬

정답
부각(浮刻)은 어떤 사건이나 현상, 사물 등을 특징지어 두드러지게 나타낸다는 의미다. 보기 ②는 동음이의어로 '다시마 부각', '깻잎 부각'처럼 재료를 앞에 덧붙여서 사용한다.

06 제시된 지문에 띄어쓰기를 올바로 적용하면?
[우리말 겨루기]

> 추석날잠깐만났던조카를수개월후다시만나려했지만거리가너무멀고차도없어어찌할바를몰랐다.

정답
지문에 띄어쓰기를 올바로 적용하면 다음과 같다.
'추석날 잠깐 만났던 조카를 수개월 후 다시 만나려 했지만 거리가 너무 멀고 차도 없어 어찌할 바를 몰랐다.'

07 번개의 빛과 부싯돌의 불꽃을 합친 사자성어로 지극히 짧은 시간이나 재빠르고 날쌘 동작을 가리키는 이것은?

[유퀴즈 온 더 블럭]

정답

전광석화(電光石火)란 번개나 부싯돌의 불꽃이 번쩍이는 것처럼 매우 짧은 시간이나 아주 빠른 움직임을 비유하는 말이다. 당나라의 시인 백거이는 짧은 인생을 전광석화에 비유하기도 했다.

08 1930년 마하트마 간디는 영국이 공기와 물 다음으로 인간에게 중요한 '이것'에 세금을 부과하는 것을 반대하는 비폭력 저항운동을 펼쳤다. 이것은 무엇인가?

[유퀴즈 온 더 블럭]

정답

간디는 영국정부가 추진한 '소금세' 부과에 저항하며 비폭력 운동을 펼쳤으며, 이는 당시 영국의 식민지였던 인도의 독립을 위한 발판이 되기도 했다.

09 태양계를 구성하는 천체 중 하나로 긴 꼬리를 그리며 떨어지는 모습 때문에 과거에는 전쟁이나 가뭄 등을 일으키는 불길한 존재로 여겨지기도 한 이것은 무엇인가?

[유퀴즈 온 더 블럭]

정답

혜성이란 가스 상태의 빛나는 긴 꼬리를 끌고 태양을 초점으로 긴 타원이나 포물선에 가까운 궤도를 그리며 운행하는 천체를 말한다. 오늘날에는 특정 분야에서 갑자기 뛰어나게 드러나는 존재를 비유하는 말로도 사용한다.

10 다음 암호에 숨겨진 인물은? [문제적 남자]

EDSAD
NRTDD
DDAAC
DLASD
DUSDE
D

정답

제시된 보기에서 암호를 찾아 인물을 지칭하는 단어를 찾는 문제다. 보기를 자세히 살펴보면 첫째 줄부터 다섯째 줄까지 대각선으로 'ERASE'라는 단어가 숨겨져 있는 것을 알 수 있다. 'ERASE'와 맨 마지막 줄의 'D'를 보기에서 모두 지워보면 'SANTA CLAUS', 즉 산타클로스의 스펠링만 남게 된다.

11 세 인형이 가진 사탕의 수를 합하면?

[문제적 남자]

토끼 : 사자가 나한테 두 개 주면 모두 같아지잖아!
사자 : 토끼가 나한테 한 개 주면 나는 곰돌이의 두 배가 될 텐데.
곰돌이 : 사자가 제일 많이 가지고 있네!

정답

보기에 언급된 내용을 이용하면 풀 수 있는 문제다. 토끼가 언급한 내용을 수식으로 정리하면 ① 곰＝토끼＋2＝사자－2이고, 사자가 언급한 내용은 ② 2×곰＝사자＋1이 된다. 이때 ①의 곰=사자－2를 ② 수식에 대입하면 사자가 가진 사탕 수가 5개임을 알 수 있다. 이를 다시 ①의 전체 수식에 대입하면 곰=토끼＋2＝5－2이므로 곰이 가진 사탕은 3개, 토끼가 가진 사탕은 1개가 된다. 따라서 세 인형이 가진 사탕의 수는 모두 9개가 된다.

취업!
실전문제

최종합격 기출면접

이랜드그룹은 일반적으로 면접을 3단계로 진행하고 있다. 1차 면접에서는 사전에 작성한 질문지를 바탕으로 실무면접을 진행하며, 2차 면접은 1차 면접 합격자들을 대상으로 현장면접 즉, 인턴기간 동안 다양한 항목을 평가한다. 마지막으로 3차 면접은 2차 면접에 합격한 사람을 대상으로 심층면접을 진행한다. 다만, 최근 사회적 흐름에 부응하는 다양한 인재를 뽑기 위한 여러 가지 방법과 유형이 진행되는 만큼, 계열사 및 직무별로 면접유형이 달라질 수 있으므로 본인이 지원한 계열사 및 직무별 면접전형을 공고를 통해 반드시 확인해야 한다.

1 1차 면접

실무진이 진행하는 면접으로 간단한 설문지를 작성한 뒤 실무면접이 진행된다. 실무면접은 다대다 면접 형식으로 실무능력 및 개인역량을 평가하며, 어떤 문제에 대해 기초적인 지식과 논리적인 추론만으로 단시간에 대략적인 추정 근사치를 도출하는 페르미 추정 문항이 제시된다. 특이사항으로는 일부 계열사에서 자유로운 면접복장을 요구하는데, 면접시 해당 복장을 착용한 이유를 설명해야 하므로 유의하여 복장을 선택해야 한다.

기출문제

설문지 문항

- 존경하는 인물
- 희망연봉
- 성격의 장단점
- 강점검사에 나온 5가지 결과를 제외하고 중시하는 가치관 5가지
- 최근 가장 인상깊게 읽었던 신문기사

실무면접

- 자사 매장의 개선점과 개선방안에 대해 말해 보시오.
- 이랜드 비전에 대한 자신의 강점은 무엇인가?
- 팀 활동을 하면서 갈등을 해결했던 경험은?
- 자신이 선택한 브랜드의 장점과 단점을 말해 보시오.

페르미 추정 문항

- 이랜드 한강 크루즈의 1년 탑승객 수는 몇 명인가?
- 강남 스파오의 한 달 매출액을 구해 보시오.
- 신촌 애슐리의 월 매출을 계산해 보시오.

2 최종면접

1차 면접 합격자들을 대상으로 약 한 달간 현장면접(인턴)이 진행되며, 중간중간 다양한 평가시험(EBG 프로젝트)을 진행한 후 3차 최종면접을 실시한다. 최종면접은 2차 면접에 합격한 사람들을 대상으로 심층 면접을 실시하며, 면접관은 경영진과 실무진으로 구성된다.

기출문제

- 1분 동안 자기소개를 해 보시오.
- 최근 가장 인상깊었던 브랜드는 어디인가?
- 지원한 이유가 무엇인가?
- 자신이 가진 좋은 습관은 무엇인가?
- 부모님이 지적하는 본인의 문제점 두 가지를 말해 보시오.
- 존경하는 인물에 대해 말해 보시오.
- 본인의 가치관과 회사의 가치관이 다를 경우 어떻게 하겠는가?
- 이랜드 외에 지원한 회사는 어디인가?
- 성공한 경험이 많다면, 반대로 책임을 맡아서 실패했던 경험은 무엇인가?
- 인큐베이팅 사업에 대해 아는 것을 말해 보시오.
- 찬·반이 갈리는 시사문제에 대한 견해와 이유를 말해 보시오.
- 본인이 지원한 분야의 1·2지망이 무엇이었는가?
- 본인에게 있어 평생직장이란 무슨 의미인가?
- 만약 떨어진다면 어떤 일을 할 것인가?
- 발렌시아가라는 브랜드에 대해 어떻게 생각하는가?
- 희망연봉을 주지 않으면 입사할 생각이 없는가?
- 어떤 일을 할 때 주도적인 성격인가?
- 이랜드를 제외하고 가고 싶은 회사가 어디인가?
- 자사 브랜드를 방문했던 경험에 대해 말해 보시오.
- 본인의 희망연봉을 무한이라고 한 이유는?
- 이랜드에서 본인이 일을 잘했다고 가정할 때, 이랜드에 바라는 것은 무엇인가?
- 주말근무를 해야 할지도 모른다. 상관없는가?
- 자신이 생각하는 SPA브랜드란 무엇인가?
- 최근 스파오의 컬래버레이션 상품 중에 가장 인상 깊었던 제품은?
- 본인이라면 어떤 캐릭터와 컬래버를 진행할 것인가?
- 직무나 경험이 패션과 맞지 않는데, 왜 패션 산업에 지원했는가?
- 점장이 하는 일이 무엇이라고 생각하는가?
- 이랜드의 브랜드 중 주도적으로 맡고 싶은 브랜드 두 가지를 말하고, 그 중 한 가지를 선택한 후 그 이유를 말해 보시오.

롯데그룹은 지원자의 역량, 가치관 발전 및 가능성, 보유역량의 수준 등을 종합적이고 심도 있게 평가하기 위해 다양한 면접방식을 도입하여 실시하고 있다. 2017년 상반기까지 조직·직무적합검사와 면접전형이 1일 통합 시행했던 것과 달리 2017년 하반기부터 조직·직무적합검사를 통과한 지원자만 이후에 실시되는 면접전형에 응시할 수 있게 됐다.

계열사별 차이는 있으나 PT면접, 그룹 토의 면접(GD면접), 역량면접 등 최대 1~3회 이상의 과정을 거쳐 지원자의 역량을 철저히 검증하고 있다. 여기에 최근에는 지원자의 Global Communication 능력을 검증하기 위한 외국어면접도 점차 확대하는 추세다.

PT면접

프레젠테이션(PT)면접은 주어진 주제에 대해 지원자가 직접 분석 및 자료작성을 통해 발표를 진행하는 방식으로 이루어진다. 조별로 기사가 3개 정도 주어지며 면접관 2명과 지원자 1명으로 구성되어 10분 정도 진행된다. PT면접에서 중요한 것은 정해진 시간 내에 합리적이고 독창적인 결과를 도출해 낼 수 있는 분석력과 창의성이다. 또한 이를 상대방에게 효과적으로 전달할 수 있는 발표능력도 매우 중요하다.

기출문제

식품부문

- 롯데제과의 제품 하나를 골라 할랄식품 인증을 획득할 계획을 수립하시오. [롯데제과]
- (시장점유율 표 제시) 시장의 변화를 주기 위한 상품과 현실적인 적용 방안 [롯데칠성음료]
- 브랜드 이미지 상승 방안을 말해 보시오. [롯데칠성음료]
- 파스퇴르 우유 제품을 중국 시장 어느 연령대에 어떻게 공략할 것인지 말해 보시오. [롯데푸드]
- 편의점 도시락 메뉴 및 간편식 시장을 공략하고자 할 때 활성화 방안에 대해 말해 보시오. [롯데푸드]
- 1인 가족을 타깃으로 한 새로운 상품 개발에 대해 말해 보시오. [롯데푸드]
- 한식의 세계화 방안을 말해 보시오. [롯데푸드]
- 부실한 군납 급식 개선 방안을 말해 보시오. [롯데푸드]
- 롯데리아의 옴니채널 활용 방안을 말해 보시오. [롯데리아]
- (식품 트렌드 관련 기사 제시) 롯데에서 개발할 신제품을 발표하고자 할 때, 이름, 포장법, 타깃, 가격 등의 계획을 수립하여 발표하시오. [롯데중앙연구소]

유통부문

- 코즈마케팅과 관련한 기업의 실천 방안 [롯데백화점]
- 경쟁 백화점과의 차별 방안 [롯데백화점]
- 매출 부진을 극복하기 위한 상품기획안 제시 [롯데슈퍼]
- 배송 경쟁, 가격 경쟁 심화 속에서 롯데홈쇼핑만의 차별화된 경쟁 방안 제시 [롯데홈쇼핑]

금융부문

- 주어진 기사를 바탕으로 서비스 기획 [롯데카드]
- 창업 지원에 초점을 맞추면 어떤 업종을 추천하겠는가? [롯데캐피탈]
- 오토리스 직무 관련해서는 어떤 업종을 추천하겠는가? [롯데캐피탈]
- 롯데 멤버스 제휴사와 상호 송객을 통한 마케팅 전략 [롯데멤버스]

2 GD(Group Discussion)면접

GD(Group Discussion)면접은 특정 주제에 대해 자유롭게 토의하는 방식으로 4~6명이 한 조가 되어 30분가량 토론이 진행된다. 면접관은 토론에 전혀 관여하지 않으며 찬반 토론이 아닌 주제에 대한 토의로 서로 의견을 공유하며 해결 방안을 도출한다. 또한 해당 주제에 대한 특정 정답을 요구하는 것이 아니므로 단순히 지적수준이나 토론능력만을 평가하지 않는다. 따라서 토론에 임하는 자세와 의사소통능력, 협동심이 등이 더욱 중요하다.

기출문제

관광부문

■ 전망대, 키즈파크, 아쿠아리움, 어드벤처, 워터파크의 통합 마케팅 방안 [롯데월드]

■ 롯데월드 타워의 활용 방안 [롯데월드]

■ 갑질논란에 대한 의견 [롯데제이티비]

서비스부문

■ 3PL 영업전략 [롯데글로벌로지스]

■ 롯데시네마 월드타워관 운영 및 활성화 방안 [롯데시네마]

■ O2O 서비스 발전 방향 [롯데정보통신]

■ 공인인증서 폐지 [롯데정보통신]

■ 경쟁사인 AJ렌터카의 저가전략에 대한 대응 방안 [롯데렌탈]

유통부문

■ CRV에 대한 아이디어 [롯데백화점]

■ 1인 가구 트렌드에 맞는 롯데백화점의 상품, 서비스 전략 [롯데백화점]

■ (백화점 아울렛 시장에 대한 기사) 백화점 3사 아울렛 시장 [롯데백화점]

■ 중국 롯데백화점 홍보 마케팅 전략 [롯데백화점]

■ 고유가 대책과 유류세 인하 [롯데백화점]

■ 종교인의 세금 부과 [롯데백화점]

■ 선거운동과 SNS [롯데백화점]

■ 학생 체벌 금지 [롯데백화점]

■ (새롭게 표준어가 된 단어 제시) 새 표준어 개정안에 대한 의견 [롯데백화점]

■ 하이마트 PB상품 개발에서 고려해야 할 요소 및 홍보전략 [롯데하이마트]

■ 고객 니즈를 충족시킬 수 있는 편의점 신전략 [코리아세븐]

■ 편의점의 수익성 강화를 위해 필요한 변화 [코리아세븐]

■ 롯데닷컴 단합대회 기획 [롯데닷컴]

건설·제조부문

■ 롯데건설이 나아갈 새로운 사업 [롯데건설]

■ 역발상과 롯데건설이 나아가야 할 방향 [롯데건설]

■ 천안함 피폭 사건과 관련한 국민의 알 권리와 국가기밀 보호 [롯데건설]

교육청 직무능력 적성검사

1. 국어

01 김부장은 직원들의 위생 관리를 위해 관련 기사를 매주 월요일마다 제공하고 있다. 다음 중 기사를 본 직원들의 반응으로 적절하지 않은 것은?

> ### 올해 첫 비브리오패혈증 환자 발생 … 예방수칙 지키세요!
> ### 어패류 충분히 가열해 먹어야 … 피부 상처 있으면 바닷물 접촉 금지
>
> 올해 첫 비브리오패혈증 환자가 발생했다. 질병관리본부는 만성 간 질환자와 당뇨병 환자, 알코올 중독자 등 비브리오패혈증 고위험군은 감염예방을 위해 각별한 주의를 당부했다.
>
> 질병관리본부에 따르면 올해 첫 비브리오패혈증 환자는 이달 발생해 항생제 치료를 받고 현재는 회복한 상태다. 이 환자는 B형간염을 동반한 간경화를 기저질환으로 앓고 있는 상태다. 질병관리본부는 역학조사를 통해 위험요인 등을 확인하고 있다.
>
> 비브리오패혈증은 어패류를 날로 또는 덜 익혀 먹었을 때, 상처 난 피부가 오염된 바닷물에 접촉했을 때 감염될 수 있으며 급성 발열과 오한, 복통, 구토, 설사 등의 증세가 나타난다. 이후 24시간 이내에 발진, 부종 등 피부 병변이 생기기 시작해 수포가 형성되고 점차 범위가 커지며 괴사성 병변으로 진행된다. 특히 간 질환이나 당뇨병 등 만성질환자, 알코올 중독자, 백혈병 환자, 면역결핍 환자 등 고위험군은 치사율이 50%까지 높아지므로 더욱 주의해야 한다.
>
> 비브리오패혈증은 6월부터 10월 사이에 주로 발생하고 환자는 9월에 가장 많이 나온다. 비브리오패혈증균은 지난 3월 전라남도 여수시 해수에서 올해 처음으로 검출된 이후 전남과 경남, 인천, 울산의 바다에서 계속 확인되고 있다.
>
> 예방을 위해서는 어패류를 충분히 가열해 먹고 피부에 상처가 있는 사람은 오염된 바닷물과 접촉을 금지해야 한다. 또 어패류는 가급적 5℃ 이하로 저온 저장하고 어패류를 요리한 도마, 칼 등은 소독 후 사용해야 한다.

① 강대리 : 건강검진에서 간 수치가 높게 나왔는데 어패류를 날로 먹지 않는 것이 좋겠어요.

② 박사원 : 어패류 조리 시에 해수로 깨끗이 씻어야겠어요.

③ 최사원 : 어패류를 먹고 발열이나 복통 증세가 나타나면 비브리오패혈증을 의심해볼 수 있겠어요.

④ 윤과장 : 어패류를 요리한 도마, 칼 등은 항상 소독 후 사용하는 습관을 들여야겠어요.

해설 해수에 비브리오패혈증균이 있을 수 있으니 해수로 씻으면 안 된다.

02 다음 글에 나타난 언어의 특징으로 가장 적절한 것은?

'철 그른 동남풍'이란 말이 있다. 버스 떠난 뒤에 손든다는 식으로 때를 놓쳤을 때 흔히 하는 말이다. 어떤 일이든 그 일에 맞는 적절한 때가 있기 마련이라는 뜻이다. 우리말 '철'은 계절을 지칭하기도 하고, '철들다, 철나다'에서와 같이 사리를 분별하는 힘을 나타내기도 한다. 제철을 모르고서는 제대로 농사를 지을 수 없다는 뜻에서 의미가 확장된 것으로 보인다. 이처럼 우리말은 농경문화의 특성이 반영되어 절후에 대한 인식이나 그것을 부르는 명칭도 먹고사는 일, 이른바 농사일과 결부되어 있다.

'어정 칠월, 동동 팔월'이란 속담이 있다. 우리네 농가에서 7월 한 달은 하릴없이 어정거리지만 8월이 오면 갑자기 바빠져 동동거린다고 하여 일컫는 말이다. '동동 팔월'을 혹은 '건들 팔월'이라고도 하는데, 이는 바쁘긴 해도 건들바람처럼 그렇게 훌쩍 가 버린다는 뜻이다.

'오월 농부, 팔월 신선'이란 말도 있다. 보릿고개의 절정인 음력 5월은 농사짓는 사람으로서는 더할 수 없이 어려운 시기다. 그러나 한가위가 낀 8월은 그 풍족함이 어떤 신선도 부럽지 않다는 데서 이런 말이 생겼다.

보릿고개의 말뜻을 모르는 한국인은 없을 것이다. 지난해의 묵은 곡식은 이미 바닥이 났고 보리는 아직 여물지 않은 음력 4~5월경, 흔히 춘궁기라 불리는 이때야말로 가장 춥고 배고픈 시기였다. 결코, 높아서가 아니다. 그러나 세상에서 가장 넘기 힘들다는 이 보릿고개를 넘으면서 우리 조상들은 '깐깐 오월'이란 별칭을 덧붙여 주었다. 우리 조상들은 춥고 배고픈 시기를 지내면서도 그 어려움을 직설적으로 표현하지 않고, 돌려서 표현하는 품위나 마음의 여유를 잃지 않았다.

한편, 우리말은 감각어가 많이 발달해 있다. 우리 민족은 본래 풍류를 즐기는 낙천적인 민족으로, 정서적이고 감각적인 편이었다. 이러한 특징이 언어에 반영되어 우리말에 감각적인 어휘가 풍부해졌다.

계절 감각을 잘 드러내는 몇 가지 예를 들어보면, 이른 봄, 쌀랑한 추위를 일컫는 '꽃샘'이란 말이 있다. 한겨울 추위보다 더 고약스런 봄추위에, 우리는 이처럼 멋진 이름을 붙여주었다. 일종의 감정이입법으로 꽃에 대한 동장군의 시샘을 그렇게 표현한 것이다.

꽃이 피기 전 새싹을 시샘하는 '잎샘 바람'이란 말도 있지만, 유명도에서나 감칠맛에서는 '꽃샘추위', '꽃샘바람'에는 결코 미치지 못한다. 눈부신 설경을 일러 '눈꽃'이라 하고, 차창에 증기가 서려 생긴 무늬를 '서리꽃'이라 하는 것도 이와 유사한 표현이다.

우리말의 감각성은 추위를 나타내는 표현에서도 잘 드러난다. 우선 '춥다'와 '차다'의 의미부터 구분된다. 찬 기운을 온몸으로 느낄 경우 전자의 '춥다'로 표현하고, 신체 일부에서 감지될 때를 후자의 '차다'로 표현한다. 또한, 약간 추위를 느낄 때 '썰렁하다'고 하는데, 이 말은 기후 표현에만 쓰이는 것은 아니다. "참, 썰렁하네"라고 하면 의도적으로 남을 웃기려 했으나 반응이 좋지 않을 때를 표현한 말이다. '산산하다, 선선하다, 오싹하다, 살랑거리다, 설렁대다, 선뜻하다, 쌀랑하다, 으스스하다' 등의 어휘들도 그 쓰임이 마찬가지다.

① 구체적 대상을 추상적으로 표현한다.

② 음성과 의미가 결합한 기호체계이다.

③ 형식과 내용 사이에는 필연적 관계가 없다.

④ 민족의 사고방식과 삶의 모습을 반영한다.

해설 제시문은 우리말에 농경문화의 특성과 정서적이고 감각적인 민족성이 반영되어 있음을 밝히고 있다. 따라서 글에 나타난 언어의 특징으로 ④가 가장 적절하다.

03 다음 중 외래어 표기가 적절하지 않은 것은?

① 로봇(robot)

② 로켓(rocket)

③ 소시지(sausage)

④ 푸켓(Phuket)

> **해설** 푸켓 → 푸껫
> 타이(태국)어 표기법에 따라 '푸껫(Phuket)'으로 표기한다.

04 다음 중 로마자 표기가 잘못된 것은?

① 인천시(Incheon-si)

② 팔당(Paldang)

③ 종로(Jongro)

④ 여의도(Yeouido)

> **해설** 종로(Jongro → Jongno)
> 자음 사이에서 동화작용이 일어나는 경우로 Jongno로 표기한다.

05 다음 밑줄 친 단어와 같은 의미로 사용된 것은?

> 아무래도 말을 꺼내기가 조심스럽다.

① 아이가 말을 배우기 시작했다.

② 빈칸에 들어갈 적절한 말을 찾으시오.

③ 민지와 슬기는 서로 말을 놓기로 하였다.

④ 경서는 무료해 보이는 연주에게 말을 건넸다.

> **해설** 제시된 '말'은 '일정한 주제나 줄거리를 가진 이야기'를 의미하므로 이와 같은 의미로 사용된 것은 ④이다.
> ① 사람의 생각이나 느낌 따위를 표현하고 전달하는 데 쓰는 음성기호
> ② 단어, 구, 문장 따위를 통틀어 이르는 말
> ③ 음성기호로 생각이나 느낌을 표현하고 전달하는 행위. 또는 그런 결과물

06 다음 중 신라왕에 대한 설명으로 적절하지 않은 것은?

① 내물왕 : 처음으로 마립간의 칭호를 사용했다.

② 눌지왕 : 백제와 나제동맹을 체결했다.

③ 지증왕 : 병부를 설치하고 17관등 및 공복을 제정했다.

④ 법흥왕 : 율령을 반포하고, 불교를 공인했다.

> **해설** 병부를 설치하고 공복을 제정한 것은 법흥왕 때이다. 지증왕은 국호를 '신라', 왕호를 '왕'으로 하였고, 우산도(울릉도)를 정복하였으며, 우경을 실시했다.

07 다음 활동을 전개한 단체로 가장 적절한 것은?

> 평양 대성학교와 정주 오산학교를 설립하였고 민족 자본을 일으키기 위해 평양에 자기회사를 세웠다. 또한 민중 계몽을 위해 태극서관을 운영하여 출판물을 간행하였다. 그리고 장기적인 독립운동의 기반을 마련하여 독립전쟁을 수행할 목적으로 국외에 독립운동기지 건설을 추진하였다.

① 보안회   ② 신민회

③ 대한자강회   ④ 대한광복회

> **해설** 신민회는 1907년에 창립되어 국권 피탈기에 애국계몽운동과 무장투쟁을 함께 했던 단체다. 신민회의 애국계몽운동은 평양 대성학교와 정주 오산학교 설립, 태극서관 및 평양 자기회사 운영 등 교육과 산업을 강조했다. 또한 장기적인 무장투쟁을 위해 국외 독립운동기지를 건설하고자 하여 경학사, 신흥강습소를 설치하고, 서간도 삼원보에 신한민촌을 만들었다.

08 채권이나 주식과 같은 전통적인 투자상품 대신 부동산, 인프라스트럭처, 사모펀드 등에 투자하는 방식은?

① 대체투자   ② 순투자

③ 재고투자   ④ 민간투자

> **해설** ② 순투자 : 기업이 고정자산을 구매하거나, 유효수명이 당회계연도를 초과하는 기존의 고정자산투자에 돈을 사용할 때 발생한다.
> ③ 재고투자 : 기업의 투자활동 중 재고품을 증가시키는 투자활동 또는 증가분을 말한다.
> ④ 민간투자 : 사기업에 의해서 이루어지는 투자로 사적투자라고도 한다.

🔒 03 ④   04 ③   05 ④   06 ③   07 ②   08 ①

09 위도 48° 이상의 고위도 지방에서 해가 지지 않는 현상을 일컫는 말은?

① 백야현상

② 일면통과현상

③ 식현상

④ 극야현상

해설 백야현상은 보통 고위도 지방에서 한여름에 발생하며, 길게 나타날 경우 최장 6개월 동안 해가 지지 않는다.

② 일면통과현상 : 지구에서 보았을 때 내행성이 태양면을 통과하는 현상으로 수성과 금성의 일면통과를 관찰할 수 있다.

③ 식현상 : 천문학에서 한 천체가 다른 천체를 가리거나 그 그림자에 들어가는 현상으로, 개기 또는 개기식이라고도 한다. 일반적으로 월식, 일식 등으로 사용된다.

④ 극야현상 : 고위도 지역이나 극점 지역에서 겨울철에 오랫동안 해가 뜨지 않고 밤만 계속되는 현상이다.

10 다음에서 설명하고 있는 온실가스(Green-house Gas)는?

> 온실가스는 지구 대기를 오염시켜 온실효과를 일으키는 가스를 통틀어 이르는 말로, 적당량의 온실가스는 지구의 온도를 일정하게 유지해 준다. 그러나 기술 발달 등으로 인한 온실가스의 증가는 지구온난화현상을 일으켜 심각한 생태계 변화를 초래하고 있다. 온실가스 중 온도와 상당히 관계가 있는 이 가스의 경우 온난화 잠재력이 이산화탄소보다 약 20배 이상 크다. 이 가스는 무색무취의 가연성 기체로, 자연적으로는 늪이나 습지의 흙 속에서 유기물의 부패와 발효에 의해 발생한다.

① 수소불화탄소(HFCs)

② 과불화탄소(PFCs)

③ 메탄(CH4)

④ 육불화황(SF6)

해설 메탄은 미생물에 의한 유기물질의 분해과정을 통해 주로 생산되며, 화석연료 사용, 폐기물 배출, 가축 사육, 바이오매스의 연소 등 다양한 인간활동과 함께 생산되는 온실가스이다. 대기 중에 존재하는 메탄가스는 이산화탄소의 1/200에 불과하지만, 그 효과는 이산화탄소보다 약 20배 이상 강력하여 지구온난화에 치명적이다.

① 수소불화탄소(HFCs) : 인위적으로만 발생하는 온실가스로, 이산화탄소보다 1,000배 이상의 온실효과가 있다. 에어컨, 냉장고의 냉매로 사용됨에 따라 사용량이 급증하고 있다.

② 과불화탄소(PFCs) : 인위적으로만 발생하는 온실가스로, 이산화탄소보다 6,000~10,000배 이상의 온실효과가 있으며, 주로 반도체 제작 공정과 알루미늄 제련 과정에서 발생한다.

④ 육불화황(SF6) : 인간에 의해 생산·배출되는 온실가스로, 이산화탄소보다 20,000배 이상의 온실효과가 있다. 자연적으로 거의 분해되지 않아 누적 시 지구온난화에 큰 영향을 줄 것으로 예측되며, 주로 반도체나 전자제품 생산 공정에서 발생한다.

1. 언어논리력

01 다음 뜻을 지닌 한자성어로 적절한 것은?

> 외손뼉은 울릴 수 없다.

① 고장난명(孤掌難鳴)

② 상전벽해(桑田碧海)

③ 오비이락(烏飛梨落)

④ 순망치한(脣亡齒寒)

해설 고장난명(孤掌難鳴)은 '외손뼉만으로는 소리가 울리지 아니한다'는 뜻으로, 혼자의 힘만으로 어떤 일을 이루기 어려움을 이르는
말이다.
② 상전벽해(桑田碧海) : '뽕나무밭이 변하여 푸른 바다가 된다'는 뜻으로, 세상일의 변천이 심함을 비유적으로 이르는 말
③ 오비이락(烏飛梨落) : '까마귀 날자 배 떨어진다'는 뜻으로, 아무 관계도 없이 한 일이 공교롭게도 때가 같아 억울하게 의심을
받거나 난처한 위치에 서게 됨을 이르는 말
④ 순망치한(脣亡齒寒) : '입술이 없으면 이가 시리다'는 뜻으로, 서로 이해관계가 밀접한 사이에 어느 한쪽이 망하면 다른 한쪽
도 그 영향을 받아 온전하기 어려움을 이르는 말

02 다음 중 띄어쓰기가 적절한 것은?

① 이 가방은 저희 매장에 하나 밖에 남지 않은 마지막 상품입니다.

② 이번 휴가에는 올해 열살이 된 조카와 놀이공원에 가려고 한다.

③ 실제로 본 백두산의 모습은 사진에서 본 바와 같이 아름다웠다.

④ 화가 머리끝까지 차오른 주인은 손님을 쫓아내버렸다.

해설 '바'는 '앞에서 말한 내용 그 자체나 일 따위를 나타내는 말'을 의미하는 의존명사이므로 앞말과 띄어 쓴다.
① '-밖에'는 주로 체언이나 명사형 어미 뒤에 붙어 '그것 말고는', '그것 이외에는' 등의 뜻을 나타내는 보조사로 '하나밖에'와 같
이 앞말에 붙여 쓴다.
② '살'은 '나이를 세는 단위'를 의미하는 의존명사이므로 '열 살이'와 같이 띄어 쓴다.
④ 본용언이 합성어인 경우는 본용언과 보조용언을 붙여 쓰지 않으므로 '쫓아내 버렸다'와 같이 띄어 써야 한다.

03 점심식사를 하기 위해 구내식당 배식대 앞에 A, B, C, D, E, F가 한 줄로 줄을 서 있는데, 순서가 다음과 같다. 다음 중 항상 적절한 것은?

> • A는 맨 앞 또는 맨 뒤에 서 있다.
> • B는 맨 앞 또는 맨 뒤에 서지 않는다.
> • D와 F는 앞뒤로 인접해서 서 있다.
> • B와 C는 한 사람을 사이에 두고 서 있다.
> • D는 B보다 앞쪽에 서 있다.

① A가 맨 뒤에 서 있다면 맨 앞에는 D가 서 있다.

② A가 맨 앞에 서 있다면 E는 다섯 번째에 서 있다.

③ F와 B는 앞뒤로 서 있지 않다.

④ C는 맨 뒤에 서지 않는다.

해설 조건에 따라 정리해 보면 다음과 같다.

구분	첫 번째	두 번째	세 번째	네 번째	다섯 번째	여섯 번째
경우 1	A	D	F	B	E	C
경우 2	A	F	D	B	E	C
경우 3	D	F	B	E	C	A
경우 4	F	D	B	E	C	A
경우 5	D	F	C	E	B	A
경우 6	F	D	C	E	B	A

A가 맨 앞에 서면 E는 다섯 번째에 설 수밖에 없으므로 ②는 항상 적절하다.

04 A, B, C, D 네 명이 4층 아파트의 서로 다른 층에 살고 있다. 다음 사실로 볼 때 3층에 사는 사람은?

> • A는 짝수 층에 살지 않는다.
> • B는 1층에 살지 않는다.
> • C는 B보다 더 위층에 산다.
> • D는 A보다 더 아래층에 산다.

① A

② B

③ C

④ D

해설 A 아래에 D가, C 아래에 B가 살고, B는 1층에 살지 않는다. 따라서 A, B, C는 1층에 살 수 없다.
그러므로 D가 1층에 살고, A는 3층에 산다. 그리고 B는 2층, C는 4층에 산다.
따라서 3층에 사는 사람은 A이다.

05 신발가게에서 일정 금액 이상 구매한 고객에게 추첨을 통해 다양한 경품을 주는 이벤트를 하고 있다. 함께 쇼핑을 한 A~E는 이벤트에 응모했고 이 중 1명만 신발에 당첨되었다. 다음 A~E의 대화에서 한 명이 거짓말을 한다고 할 때, 신발 당첨자는?

- A : C는 신발이 아닌 할인권에 당첨됐어.
- B : D가 신발에 당첨됐고, 나는 커피 교환권에 당첨됐어.
- C : A가 신발에 당첨됐어.
- D : C의 말은 거짓이야.
- E : 나는 꽝이야.

① A ② B
③ C ④ D

해설 단 한 명이 거짓말을 하고 있으므로 C와 D 중 한 명은 반드시 거짓을 말하고 있다. 즉, C의 말이 거짓일 경우 D의 말은 참이 되며, D의 말이 참일 경우 C의 말은 거짓이 된다.
❶ D의 말이 거짓일 경우, C와 B의 말이 참이므로, A와 D가 모두 신발 당첨자가 되어 모순이 된다.
❷ C의 말이 거짓일 경우, A는 신발 당첨자가 되지 않으며, 나머지 진술에 따라 D가 신발 당첨자가 된다.
따라서 C가 거짓을 말하고 있으며, 신발 당첨자는 D이다.

06 6명의 학생이 아침, 점심, 저녁을 먹는데, 메뉴는 김치찌개와 된장찌개뿐이다. 주어진 〈조건〉이 모두 참일 때, 적절하지 않은 것은?

- 아침과 저녁은 다른 메뉴를 먹는다.
- 점심과 저녁에 같은 메뉴를 먹은 사람은 4명이다.
- 아침에 된장찌개를 먹은 사람은 3명이다.
- 하루에 된장찌개를 한 번만 먹은 사람은 3명이다.

① 아침에 된장찌개를 먹은 사람은 모두 저녁에 김치찌개를 먹었다.
② 된장찌개는 총 9그릇이 필요하다.
③ 김치찌개는 총 10그릇이 필요하다.
④ 점심에 된장찌개를 먹은 사람은 아침이나 저녁 중 한 번은 된장찌개를 먹었다.

해설 주어진 조건을 표로 정리하면 다음과 같으므로, 김치찌개는 총 9그릇이 필요하다.

구분	A	B	C	D	E	F
아침	된장찌개	된장찌개	된장찌개	김치찌개	김치찌개	김치찌개
점심	김치찌개	김치찌개	된장찌개	된장찌개	된장찌개	김치찌개
저녁	김치찌개	김치찌개	김치찌개	된장찌개	된장찌개	된장찌개

07 S학원에 초급반 A, B, C, 고급반 가, 나, 다 수업이 있다. 6개 수업을 순차적으로 개설하려고 할 때, 고급반 수업은 이어서 개설되고, 초급반 수업은 이어서 개설되지 않는 경우의 수는?

① 12가지

② 24가지

③ 36가지

④ 72가지

해설 고급반 가, 나, 다 수업은 이어서 개설되므로 하나의 묶음으로 생각한다. 고급반 가, 나, 다 수업이 하나의 묶음 안에서 개설되는 경우의 수는 3!가지이다.
초급반 A, B, C수업은 이어서 개설되지 않으므로 6개 수업을 순차적으로 개설하는 방법은 다음과 같은 두 가지 경우가 있다.

초급반 A, B, C	고급반 가, 나, 다	초급반 A, B, C	초급반 A, B, C

초급반 A, B, C	초급반 A, B, C	고급반 가, 나, 다	초급반 A, B, C

두 가지 경우에서 초급반 A, B, C수업의 개설 순서를 정하는 경우의 수는 3!가지이다.
따라서 6개 수업을 순차적으로 개설하는 경우의 수는 $3! \times 2 \times 3! = 72$가지이다.

08 K마트에서 세일하는 제품인 오리구이 400g과 치킨 1마리를 구매하면 22,000원이고, 치킨 2마리와 오리구이 200g을 구매하면 35,000원이다. 오리구이 100g당 가격은 얼마인가?

① 1,000원

② 1,500원

③ 2,000원

④ 2,500원

해설 치킨 1마리 값을 x원, 오리구이 100g당 가격을 y원이라고 하자.
· $4y + x = 22,000$ ··· ㉠
· $2x + 2y = 35,000$ ··· ㉡
㉠과 ㉡을 연립하면 $x = 16,000$, $y = 1,500$이다.
따라서 오리구이 100g당 가격은 1,500원이다.

09 다음은 황소개구리의 개체 수 변화에 대한 자료이다. 이와 같은 일정한 변화가 지속될 때 2025년 황소개구리의 개체 수는 몇 마리인가?

구분	2017년	2018년	2019년	2020년	2021년
황소개구리	50	47	44	41	38

황소개구리 개체 수 변화 (단위 : 만마리)

① 24만마리   ② 25만마리

③ 26만마리   ④ 27만마리

해설 ❶ 규칙 파악
- 황소개구리 개체 수

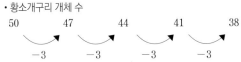

∴ 황소개구리의 개체 수는 감소하고 있으며, 첫째 항은 50이고 공차가 3인 등차수열이다.

❷ 계산
  ㉠ 직접 계산하기
- 황소개구리 개체 수

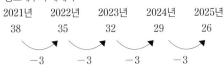

  ㉡ 식 세워 계산하기
- 황소개구리 개체 수

$n≥2$인 자연수일 때 n번째 항을 a_n이라 하면
$a_n=a_{n-1}-3=a_1-3(n-1)$인 수열이므로
$a_9=50-3(8)=26$만마리이다.

10 학교에서 도서관까지 시속 40km로 갈 때와 시속 45km로 갈 때 걸리는 시간이 10분 차이가 난다면 학교에서 도서관까지의 거리는 얼마인가?

① 50km   ② 60km

③ 70km   ④ 80km

해설 학교에서 도서관까지의 거리를 $x$km라고 하자.

$$\frac{x}{40}=\frac{x}{45}+\frac{1}{6} \rightarrow 9x-8x=60$$
$$∴ x=60$$

한국사능력검정시험

01 (가), (나) 사이의 시기에 있었던 사실로 옳은 것은? [2점]

> (가) 장수왕 63년, 왕이 군사 3만 명을 거느리고 백제에 침입해 도읍인 한성을 함락시키고 백제왕을 죽였다.
>
> (나) 보장왕 4년, 당의 여러 장수가 안시성을 공격했다. …… [당군이] 밤낮으로 쉬지 않고 60일 간 50만 명을 동원해 토산을 쌓았다. …… 고구려군 수백 명이 성이 무너진 곳으로 나가 싸워서 마침내 토산을 빼앗았다.

① 원종과 애노가 봉기했다.
② 김흠돌이 반란을 도모했다.
③ 을지문덕이 수의 군대를 물리쳤다.
④ 장문휴가 당의 산둥반도를 공격했다.

기출 태그 #고구려의 대외항쟁 #장수왕의 한성 점령
#안시성 전투 #당의 고구려 침략 #살수대첩

해설

(가) 장수왕의 한성 점령(475): 고구려 장수왕은 국내성에서 평양으로 수도를 옮기고 남진정책을 실시했다. 이에 따라 백제의 수도 한성을 함락하고 개로왕을 죽임으로써 한강유역을 장악하고 영토를 넓혔다.

(나) 안시성 전투(645): 당이 연개소문의 정변을 구실로 고구려를 침략하면서 안시성을 공격했다. 고구려군이 크게 저항하자 당군은 성벽보다 높게 흙산을 쌓아 성을 공격했지만 갑자기 흙산이 무너졌고, 고구려군은 무너진 성벽 사이로 빠져 나와 흙산을 점령해 당군을 물리쳤다.

③ 고구려의 을지문덕은 우중문이 이끄는 수의 30만대군을 살수에서 공격해 크게 무찔렀다(612).

02 다음 가상뉴스에서 보도하고 있는 사건이 일어난 시기를 연표에서 옳게 고른 것은? [3점]

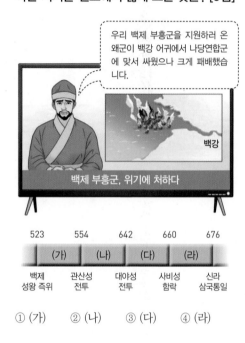

> 우리 백제 부흥군을 지원하러 온 왜군이 백강 어귀에서 나당연합군에 맞서 싸웠으나 크게 패배했습니다.

백강

백제 부흥군, 위기에 처하다

523	554	642	660	676
	(가)	(나)	(다)	(라)
백제 성왕 즉위	관산성 전투	대야성 전투	사비성 함락	신라 삼국통일

① (가) ② (나) ③ (다) ④ (라)

기출 태그 #사비성 함락 #백제 부흥운동 #백제 부흥군
#흑치상지 · 복신 · 도침

해설

• 사비성 함락(660): 황산벌 전투에서 계백의 결사대가 김유신이 이끄는 신라군에게 패배했고 결국 나당연합군이 수도 사비성을 함락하면서 백제가 멸망했다.

• 백제 부흥운동(660~663): 백제 멸망 이후 흑치상지와 복신, 도침이 왕자 부여풍을 왕으로 추대하고 임존성과 주류성을 중심으로 백제 부흥운동을 전개했다. 이후 왜의 수군이 백제 부흥군을 지원하고자 백강까지 진격했으나 나당연합군에게 패배하면서 백제 부흥운동도 실패하게 됐다.

03 (가)에 들어갈 내용으로 옳은 것은? [2점]

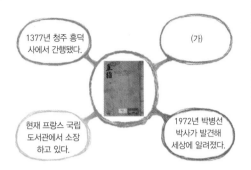

- 1377년 청주 흥덕사에서 간행됐다.
- (가)
- 현재 프랑스 국립 도서관에서 소장하고 있다.
- 1972년 박병선 박사가 발견해 세상에 알려졌다.

① 김부식이 왕명을 받아 편찬했다.

② 사초와 시정기를 바탕으로 제작됐다.

③ 우리나라 풍토에 맞는 농법을 소개했다.

④ 현존하는 세계에서 가장 오래된 금속활자본으로 밝혀졌다.

해설

〈직지심체요절〉은 고려 우왕 때인 1377년 청주 흥덕사에서 백운화상에 의해 금속활자로 인쇄됐다. 이는 구한말 프랑스로 유출됐다가 1967년 프랑스 국립도서관에서 연구원으로 일하던 박병선 박사에 의해 발견됐으며 현재까지도 그곳에 소장돼 있다.

④ 〈직지심체요절〉은 세계에서 가장 오래된 금속활자본으로 유네스코 세계기록유산으로 등재됐다.

04 (가)에 해당하는 문화유산으로 옳은 것은? [2점]

문화유산 답사 보고서

답사 목적	한국의 산성 알아보기
답사 장소	(가)
답사 날짜	2021년 ○○월 ○○일
새롭게 알게 된 점	백제가 웅진에 수도를 두었을 당시 웅진성이라 불렸어. 산성 안에는 쌍수정, 연지 등의 유적이 있어. 2015년에 유네스코 세계유산으로 등재됐어.

①
공산성

②
삼랑성

③
삼년산성

④
오녀산성

해설

공주 공산성은 백제 당시 웅진성이라 불렸으며, 수도를 옮긴 후 이를 방어하기 위해 축조된 것으로 짐작된다. 공산성 안에는 여러 유적이 발견됐는데 이중 쌍수정은 공산성 안쪽 북서쪽에 위치해 있으며 조선 영조 때 처음 세운 정자이다. 연지는 공산성 안에 있는 연못 중 하나로, 백제 때부터 이용된 것으로 추정되며 돌을 쌓아 만들어졌다. 공산성을 비롯한 백제유적 8곳이 '백제역사유적지구'로 2015년 유네스코 세계유산에 등재됐다.

05 (가)에 들어갈 내용으로 옳은 것은? [2점]

(앞면)

주요활동
■ (가)
■ 위화도회군으로 권력을 장악함
■ 정도전 등과 함께 개혁을 추진함
■ 조선을 건국함

(뒷면)

① 별무반을 편성함

② 우산국을 정벌함

③ 전민변정도감을 설치함

④ 황산에서 왜구를 격퇴함

기출태그 #태조 이성계 #4불가론 #위화도회군
#신진사대부 #조선건국

해설

고려 우왕 때 요동정벌을 추진했다. 이에 이성계는 4불가론을 제시하며 반대했으나 왕명에 따라 출병하게 됐다. 결국 의주 부근의 위화도에서 군사를 돌려 개경으로 회군하면서 최영 등 반대파를 제거하고 권력을 장악했다. 이후 정도전, 남은 등 신진사대부들과 함께 유교사상을 바탕으로 개혁을 단행했으며 마침내 1392년 공양왕을 쫓아내고 조선을 건국했다.

④ 고려 우왕 때 이성계는 황산에서 적장 아지발도를 죽이고 왜구를 격퇴했다(황산대첩).

06 (가) 왕이 실시한 정책으로 옳은 것은? [2점]

원행을묘정리의궤 반차도

이 그림은 사도세자의 아들인 (가) 이/가 1795년 어머니 혜경궁 홍씨의 회갑을 기념해 수원 화성으로 행차하는 모습의 일부입니다. 수많은 수행원과 말이 동원돼 그 위엄이 대단했죠. 당시 도화서 화원들이 그린 행차 장면에 색칠하며 그때의 모습을 상상해 보세요!

① 경복궁을 중건했다.

② 대마도를 정벌했다.

③ 장용영을 창설했다.

④ 탕평비를 건립했다.

기출태그 #조선 정조 #원행을묘정리의궤 #수원 화성 행차
#장용영 설치

해설

〈원행을묘정리의궤〉는 1795년 정조의 어머니인 혜경궁 홍씨의 회갑연을 기념하는 수원 화성 행차를 그린 책으로 배다리 건설, 화성에서 실시한 문무과 별시 등 관련 내용이 상세히 기록돼 있다. 정조는 이날 행차 때 아버지 사도세자의 무덤인 현륭원을 방문한 뒤 화성 봉수당에서 어머니의 회갑연을 열어 주민들에게 잔치를 베풀었다.

③ 조선 정조는 왕권을 뒷받침하는 군사적 기반을 갖추기 위해 친위부대인 장용영을 설치했다.

07 (가) 시기에 있었던 사실로 옳은 것은? [3점]

한국사 연표

1863 ──── (가) ──── 1876

고종 즉위 ──── 강화조약

①
신미양요

②
보빙사 파견

③
황룡촌전투

④
만민공동회 개최

기출 태그 #신미양요 #흥선대원군의 섭정
#제너럴셔먼호 사건 #강화도조약

해설
- 고종 즉위(1863): 고종이 어린 나이에 즉위하자 흥선대원군이 섭정을 실시했다.
- 강화도조약(1876): 일본이 조선에 통상조약을 강요해 외국과 맺은 최초의 근대적 조약이자 불평등조약인 강화도조약이 체결됐다.
① 미국이 제너럴셔먼호를 이끌고 평양 대동강에 들어와 교역을 요구하다가 평양관민들의 저항으로 배가 불태워진 사건이 발생했다(제너럴셔먼호 사건, 1866). 이후 미국이 이를 구실로 강화도에 침입해 신미양요가 발생했고, 어재연이 이끄는 조선군대가 초지진, 광성보를 점령한 미국군에 항전했다(1871).

08 (가)에 들어갈 기구로 옳은 것은? [1점]

저는 지금 일제식민통치의 최고기구였던 [(가)] 청사 철거현장에 나와 있습니다. 정부는 광복 50주년을 맞아 '역사바로세우기' 사업의 일환으로 이번 철거를 진행한다고 밝혔습니다.

① 조선총독부
② 종로경찰서
③ 서대문형무소
④ 동양척식주식회사

기출 태그 #조선총독부 #초대 총독 데라우치 #김영삼정부
#역사바로세우기

해설
김영삼정부는 민족정기회복을 위한 '역사바로세우기' 사업의 일환으로 일제식민통치의 핵심적 기구였던 조선총독부 청사 해체를 추진했다. 광복 50주년을 맞은 1995년 8월 15일에 해체가 진행됐고, 이듬해 11월 철거가 완료된 뒤 해체된 건물의 부재들은 천안 독립기념관으로 이전돼 전시됐다.
① 1910년 한일병합조약을 통해 대한제국의 주권이 완전히 상실됐다. 이에 따라 일제는 일체의 정무를 관할하는 조선총독부를 설치하고 초대 총독으로 데라우치를 임명했다.

09 (가) 민족운동에 대한 설명으로 옳은 것은?

[2점]

이것은 1919년에 일어난 ___(가)___ 의 지역별 시위현황을 표기한 지도입니다. 이 자료를 통해 우리민족이 일제의 무단통치에 맞서 전국적으로 독립운동을 전개했음을 확인할 수 있습니다.

① 개혁추진을 위해 집강소가 설치됐다.
② 조선물산장려회를 중심으로 전개됐다.
③ 대한민국 임시정부수립의 계기가 됐다.
④ 신간회의 지원을 받아 민중대회가 추진됐다.

기출 태그 #3·1운동 #대규모 독립운동
#대한민국 임시정부 #일제의 문화통치

해설

1919년 학생과 시민 등 각계각층의 사람들이 일제의 무단통치에 저항해 일제강점기 최대 규모의 민족운동인 3·1운동을 전개했다. 이를 계기로 민족의 주체성을 확인한 국내외 독립운동가들은 조직적인 독립운동을 전개하기 위해 중국 상하이에 모여 대한민국 임시정부를 수립했다. 3·1운동 이후 일제는 기존의 무단통치방식을 문화통치로 바꾸게 됐다.
③ 3·1운동은 각계각층의 사람들이 참여한 대규모 독립운동으로, 민족의 주체성을 확인해 대한민국 임시정부를 수립하는 계기가 됐다.

10 (가) 민주화운동에 대한 설명으로 옳은 것은?

[2점]

기록으로 만나는 ___(가)___

2월 28일
대구 학생 시위

4월 11일 김주열 군 시신 발견,
2차 마산 의거

4월 26일
이승만 대통령 하야

4월 19일 경찰이 시위대에 발포,
비상계엄령 선포

① 3·15부정선거에 항의했다.
② 4·13호헌조치 철폐를 요구했다.
③ 유신체제가 붕괴하는 계기가 됐다.
④ 신군부의 비상계엄 확대에 반대했다.

기출 태그 #4·19혁명 #3·15부정선거 #2·28민주운동
#김주열 #마산 의거 #대통령 하야 요구

해설

이승만 정권과 자유당이 3·15 정·부통령 선거 당선을 위해 부당한 선거운동을 벌이자, 이에 항거한 대구학생들이 2·28민주운동을 주도했다. 이후 마산 해변가에 버려진 마산상고 학생 김주열의 시신이 발견돼 마산 의거가 발생했고 정부는 비상계엄령을 선포했다. 학생과 대학교수단이 대통령의 하야를 요구하는 행진을 전개하면서 4·19혁명은 전국적으로 확산됐고(1960), 결국 이승만이 하야하고 내각책임제를 기본으로 하는 허정 과도정부가 구성됐다.
① 이승만의 장기집권과 자유당 정권의 3·15부정선거에 저항해 4·19혁명이 발발했다(1960).

01 (가), (나) 사이의 시기에 있었던 사실로 옳은 것은? [2점]

> (가) 고구려 병사는 비록 물러갔으나 성이 파괴되고 왕이 죽어서 [문주가] 왕위에 올랐다. …… 겨울 10월, 웅진으로 도읍을 옮겼다.
> – 〈삼국사기〉 –

> (나) 왕이 신라를 습격하고자 몸소 보병과 기병 50명을 거느리고 밤에 구천(狗川)에 이르렀는데, 신라 복병을 만나 그들과 싸우다가 살해됐다.
> – 〈삼국사기〉 –

① 익산에 미륵사가 창건됐다.
② 흑치상지가 임존성에서 군사를 일으켰다.
③ 동진에서 온 마라난타를 통해서 불교가 수용됐다.
④ 지방을 통제하기 위해 22담로에 왕족이 파견됐다.
⑤ 계백이 이끄는 결사대가 황산벌에서 신라군에 맞서 싸웠다.

기출태그 #백제 문주왕 #웅진 천도 #백제 성왕 #나제동맹
#관산성 전투 #22담로 설치

해설
(가) 문주왕의 웅진 천도(475): 남진정책을 추진하던 고구려 장수왕에 의해 수도 한성이 함락되고 백제 개로왕이 전사했다. 한강유역을 빼앗긴 이후 즉위한 백제 문주왕은 웅진(공주)으로 천도했다.
(나) 성왕의 관산성 전투(554): 무령왕의 뒤를 이어 즉위한 백제 성왕은 신라 진흥왕과 함께 고구려를 공격해 한강유역을 차지하면서 백제의 중흥을 도모했다. 하지만 진흥왕이 나제동맹을 깨고 백제가 차지한 지역을 점령했고 이에 분노한 성왕은 신라를 공격했으나 관산성 전투에서 전사했다.
④ 백제는 웅진으로 도읍을 옮기고 대외팽창이 위축됐으나 5세기 후반부터 다시 국력을 회복했으며, 무령왕 때 지방에 22담로를 설치하고 왕족을 파견해 지방통제를 강화했다.

02 다음 대화에서 언급된 '이 제도'에 대한 설명으로 옳은 것은? [1점]

> 축하드립니다. 이번에 대아찬으로 승진하셨다고 들었습니다.

> 고맙네. 하지만 6두품인 자네는 이 제도 때문에 아찬에서 더 이상 올라갈 수 없다는 것이 안타깝네 그려.

① 원화(源花)에 기원을 두고 있다.
② 을파소의 건의로 처음 마련됐다.
③ 서얼의 관직진출을 법으로 제한했다.
④ 집과 수레의 크기 등 일상생활을 규제했다.
⑤ 문무 5품 이상 관리의 자손을 대상으로 했다.

기출태그 #신라 골품제 #관등승진의 제한 #일상생활 규제

해설
④ 신라는 골품제라는 특수한 신분제도를 운영했다. 골품에 따라 관등승진에 제한을 두었으며, 6두품은 능력이 뛰어나도 17관등 중 제6관등인 아찬까지만 오를 수 있었다. 또한, 골품제도는 가옥의 규모와 장식물은 물론 복색이나 수레의 크기 등 일상생활까지 규제했다.

03 밑줄 그은 '이 시기'에 일어났던 사실로 옳은 것은? [3점]

> 이곳은 명주군왕(溟州郡王) 김주원의 묘야. 그의 아들 김헌창은 아버지가 왕위에 오르지 못한 것에 불만을 품고 반란을 일으켰어.

> 김주원과 김헌창의 삶을 통해 혜공왕 피살 이후 왕위 쟁탈전이 거듭된 이 시기의 상황을 잘 알 수 있어.

① 왕의 장인인 김흠돌이 난을 일으켰다.

② 거칠부가 왕명에 의해 국사를 편찬했다.

③ 김춘추가 진골 출신 최초로 왕위에 올랐다.

④ 자장의 건의로 황룡사 9층목탑이 건립됐다.

⑤ 체징이 9산선문 가운데 하나인 가지산문을 개창했다.

해설

통일신라 말 혜공왕은 어린 나이로 즉위해 수많은 진골귀족의 반란을 겪었으며 이찬 김지정의 반란군에 의해 피살됐다. 이후 왕권이 크게 약화돼 왕위쟁탈전이 심화됐고, 헌덕왕 때에는 김주원이 왕위쟁탈전에서 패배하자 아들인 웅천주(충남 공주) 도독 김헌창이 반란을 일으켰다가 관군에 진압됐다(822).

⑤ 왕위 혼란이 계속되자 지방세력이 성장했고, 지방호족 세력의 지원을 바탕으로 선종불교가 성행했다. 9세기 중반에는 특정사찰을 중심으로 한 선종 집단인 9산선문이 형성됐고, 그중 하나로 당에서 귀국한 승려 체징이 전남 장흥군 가지산의 보림사에서 국사 도의를 종조로 삼아 가지산문을 개창했다.

04 (가)에 해당하는 문화유산으로 옳은 것은? [2점]

> 이 불상은 천연암벽을 이용해 몸체를 만들고 머리는 따로 만들어 올렸습니다. 눈, 코, 입 등을 크게 만들어 거대한 느낌을 주며 조형미는 다소 떨어지지만 지방화된 불상양식을 잘 보여줍니다. 불상 측면에는 세조의 비 정희왕후와 성종의 안녕을 기원하는 발원문이 새겨져 있습니다.

한국의 불상

(가)

- 종목: 보물
- 소재: 경기도 파주시

 ③

 ②

 ①

 ④

 ⑤

해설

① 파주 용미리 마애이불 입상은 자연암벽에 2구의 신체를 새기고 머리 위에 돌갓을 얹어 토속적인 분위기를 풍기는 거대 불상이다. 자연석을 그대로 사용해 신체비율이 맞지 않고 거대한 느낌을 주는 고려시대 불상의 특징이 잘 나타나며, 보물 제93호로 지정돼 있다. 마애불의 바위 측면에서는 조선 세조와 정희왕후에 대해 새겨진 발원문이 발견됐다.

05 (가) 기구에 대한 설명으로 옳은 것은? [2점]

이달의 책

내각일력은 ⎡(가)⎤에서 있었던 일과 업무를 기록한 책이다. ⎡(가)⎤은/는 정조의 명에 의해 설치된 왕실 도서관이자 학술연구 및 정책자문기관으로, 이 책은 어제(御製)의 봉안, 검서 등의 소관업무뿐만 아니라 일반 정사나 왕의 동정, 소속관원의 근무상황까지 수록하고 있다.

① 을묘왜변을 계기로 상설화됐다.

② 은대(銀臺), 후원(喉院)이라고도 불렸다.

③ 5품 이하 관리 임명에 서경권을 행사했다.

④ 대사성을 중심으로 좨주, 직강 등의 관직을 두었다.

⑤ 유능한 인재를 양성하기 위한 초계문신제를 주관했다.

기출 태그 #조선 정조 #내각일력 #규장각 업무 기록 #탕평 · 인재양성 #초계문신제

해설

〈내각일력〉은 정조가 창덕궁 후원에 설치한 왕실도서관인 규장각의 업무에 관해 1779년부터 1883년(고종 20)까지 기록한 책이다. 초기 규장각은 어제(국왕의 글이나 글씨)를 보관하고 각종서적을 수집 · 편찬하는 작업을 수행했으며, 점차 학술 및 정책을 연구하는 기관으로서의 기능도 담당하게 됐다. 정조는 탕평정치와 고른 인재등용을 위해 관직진출이 막혀 있던 서얼 출신을 규장각 검서관으로 등용하기도 했다.

⑤ 정조는 인재양성을 위해 새롭게 관직에 오르거나 기존 관리들 중 능력 있는 문신들을 규장각에서 재교육시키는 초계문신제를 실시했다.

06 밑줄 그은 ㉠이 원인이 돼 발생한 사건에 대한 설명으로 옳은 것은? [2점]

해군 제독 로즈 귀하

당신이 지휘하는 해군병력에 주저 없이 호소합니다. ㉠프랑스인 주교 2명과 선교사 9명을 희생시킨 사건이 조선에서 벌어졌습니다. 이에 대한 확실한 복수가 필요합니다. 당신의 지휘로 가능한 모든 수단을 사용해 조선에 대한 공격을 최대한 빨리 개시하도록 간곡히 요청합니다.

7월 13일 베이징에서

벨로네

① 운요호가 강화도와 영종도를 공격했다.

② 양헌수 부대가 정족산성에서 승리했다.

③ 정부가 청군의 출병을 요청하는 계기가 됐다.

④ 사태를 수습하기 위해 박규수가 안핵사로 파견됐다.

⑤ 흥선대원군이 톈진으로 압송되는 결과를 가져왔다.

기출 태그 #병인양요 #병인박해 #흥선대원군 #로즈 제독 #양헌수 부대 #정족산성

해설

흥선대원군은 천주교를 통해 프랑스와 조약을 체결하고 러시아의 남하정책을 견제하고자 했으나 국내외에서 천주교에 대한 반발이 생겨나자 프랑스인 선교사들을 처형해 병인박해가 발생했다. 소식을 들은 프랑스 대리 공사 벨로네는 로즈 제독에게 서한을 보내 조선을 정벌하고 병인박해에 대한 복수를 요청했다. 이에 로즈 제독이 함대를 이끌고 강화도를 침략하면서 병인양요가 발생했다(1866).

② 양헌수 부대는 병인양요 때 강화도를 공격한 프랑스 군대를 정족산성에서 기습해 물리치고 승리를 거뒀다.

07 (가)~(다) 학생이 발표한 내용을 순서대로 옳게 나열한 것은? [2점]

주제: 항일의병운동의 전개

을사늑약 체결에 반대해 최익현, 신돌석 등이 의병을 일으켰어요.

을미사변과 단발령 시행에 반발해 유인석, 이소응 등 유생들의 주도하에 일어났어요.

13도 창의군이 결성돼 서울진공작전을 펼쳤어요.

(가)　　(나)　　(다)

① (가) – (나) – (다)
② (가) – (다) – (나)
③ (나) – (가) – (다)
④ (나) – (다) – (가)
⑤ (다) – (나) – (가)

해설

(나) 을미의병(1895): 을미사변이 발생하고 을미개혁으로 단발령이 실시되자 유인석, 이소응 등의 유생들이 이에 반대해 전국적으로 을미의병을 전개했다.

(가) 을사의병(1905): 을사늑약이 체결되자 이에 반대해 유생 출신 최익현, 민종식, 평민 출신 신돌석 등의 의병장이 주도해 을사의병을 전개했다.

(다) 정미의병(1907): 한일신협약으로 대한제국 군대가 해산되자 이에 반발해 정미의병이 전국적으로 전개됐고, 해산 군인들이 의병활동에 가담하며 의병부대가 조직화됐다. 이후 이인영을 총대장으로 추대하고 13도 창의군을 결성해 서울진공작전을 전개했다.

08 밑줄 그은 '시기'에 있었던 사실로 옳은 것은? [3점]

이것은 대한민국 임시정부가 대일선전포고를 하고 연합군의 활동에 참여하던 시기에 창설된 한인경위대의 사진입니다. 이 부대는 재미한족연합위원회가 조직했으며, 캘리포니아 주 정부의 인가를 받아 미주 한인들의 대일전선참전을 위해 활동했습니다.

① 한국독립군이 쌍성보 전투에서 승리했다.
② 중국군벌과 일제가 미쓰야협정을 체결했다.
③ 독립운동의 방략을 논의하고자 국민대표회의가 개최됐다.
④ 사회주의세력의 활동방향을 밝힌 정우회선언이 발표됐다.
⑤ 일제가 조선사상범 예방 구금령으로 독립운동을 탄압했다.

해설

1941년 대한민국 임시정부가 대일선전포고를 하자 이에 고무된 미주 한인사회는 독립운동을 적극적으로 후원하기 위해 재미한족연합위원회의 주도로 한인경위대를 창설했다. 이후 캘리포니아 주정부의 인가를 받고 정식으로 발족됐으며, 미주 한인의 대일전선 참여를 독려하고 미군을 지원했다.

⑤ 일제는 민족말살통치기에 조선사상범 예방 구금령을 공포해 사상 및 행동을 관찰한다는 명목으로 조선인들의 독립운동을 탄압했다(1941).

09 (가) 단체에 대한 설명으로 옳은 것은? [2점]

영화제작기획안

청년 김상옥

- **기획의도**
  김상옥의 주요활동을 영화로 제작해 독립운동가의 치열했던 삶과 항일투쟁의 역사적 의미를 되새겨 본다.

- **대본개요**
  1. 혁신공보를 발행해 계몽운동에 힘쓰다.
  2. 김원봉이 조직한 ___(가)___ 의 일원이 되다.
  3. 종로경찰서에 폭탄을 투척하다.
  4. 일제경찰과 총격전을 벌이다.

① 조선혁명선언을 행동강령으로 삼았다.

② 비밀행정조직으로 연통제를 실시했다.

③ 고종의 밀지를 받아 결성된 비밀단체이다.

④ 도쿄에서 일어난 이봉창 의거를 계획했다.

⑤ 신흥무관학교를 세워 무장투쟁을 준비했다.

기출 태그 #의열단 #김상옥 #혁신단 #혁신공보
#종로경찰서에 폭탄 투척 #김원봉

해설

김상옥은 3·1운동 이후 본격적으로 독립운동에 투신했으며, 영국인 피어슨의 집에서 혁신단이라는 비밀결사를 조직하고 혁신공보를 발행해 계몽운동을 전개했다. 이후 상하이로 망명한 뒤 의열단에 입단해 의열투쟁을 준비했으며, 조선으로 귀국한 후 종로경찰서에 폭탄을 투척했다. 추격해 오는 일본경찰과 총격전을 벌였고 포위망이 좁혀오자 대한독립만세를 부르고 자결했다.

① 1919년 김원봉이 결성한 의열단은 신채호가 작성한 조선혁명선언을 기본행동강령으로 해 직접적인 투쟁방법인 암살, 파괴, 테러 등을 통해 독립운동을 전개했다.

10 다음 연설문을 발표한 정부 시기에 있었던 사실로 옳은 것은? [2점]

지난 5년 동안 우리국민은 세계가 놀라워하는 업적을 이룩해냈습니다. 외환위기를 맞이하자 우리국민은 '금 모으기'를 전개해 전 세계를 감동시켰습니다. …… 금융, 기업, 공공, 노사의 4대개혁을 고통과 희생을 감내하면서 지지하고 적극 협력함으로써 우리경제는 3년을 앞당겨 IMF관리체제에서 벗어날 수 있었습니다. …… 고용보험, 산재보험, 건강보험, 국민연금 등 4대 보험의 틀을 갖추고 국민기초생활보장법을 시행한 것을 비롯해 선진국 수준의 복지체제를 완비했습니다.

① G20 서울정상회의가 개최됐다.

② 미국과의 자유무역협정(FTA)이 체결됐다.

③ 금융실명제가 대통령 긴급명령으로 실시됐다.

④ 8·3조치로 사채동결 등의 특혜가 기업에게 제공됐다.

⑤ 남북경제교류증진을 위한 경의선 복원공사가 시작됐다.

기출 태그 #김대중정부 #IMF관리체제 극복 #4대보험
#국민기초생활보장법 #남북정상회담

해설

김영삼정부 말 외환위기로 인해 국제통화기금(IMF)으로부터 구제금융지원을 받게 됐고, 김대중정부는 이를 극복하기 위해 다각적인 노력을 기울였다. 국민들은 자발적으로 금 모으기 운동을 전개했고, 정부는 기업구조조정, 노사정위원회 설치 등을 실시해 외환위기와 IMF관리체제를 조기에 극복할 수 있었다. 또한, 극심한 양극화 해소를 위해 생활유지능력이 없거나 생활이 어려운 국민의 최저생활을 국가가 보장하는 국민기초생활보장법을 제정했으며, 고용·산재·건강보험, 국민연금 등 4대보험의 틀을 갖추면서 복지체제를 완비했다.

⑤ 김대중정부는 적극적으로 북한과의 교류를 확대했고, 평양에서 최초로 남북정상회담을 개최하고 6·15 남북공동선언을 발표했다(2000). 이를 통해 금강산관광사업 활성화, 개성공단건설 합의서 체결, 경의선 복원 등이 실현됐다.

발췌 ▶ 2021 한국사능력검정시험 기출이 답이다 심화(1·2·3급)·기본(4·5·6급)

조직이해능력과 관련된
기본적인 용어들!

면접현장에서 면접위원들은 종종 지원자들에게 회사에 대한 질문을 던지곤 합니다. 하지만 이는 단순히 지원하는 회사에 대한 정보습득 유무나 지식을 묻는 일차원적인 질문이 아니라, 회사에 대한 열정이나 강한 지원동기가 있는지를 알고자 하는 의도에서 묻는 경우가 많습니다. 이번 호에서는 이러한 조직이해능력과 관련된 몇 가지 기본적인 용어들을 면접현장에서 마주할 수 있는 질문들과 함께 살펴보도록 하겠습니다.

가장 먼저 '조직'이라는 단어에 대해 생각해보겠습니다. 조직이란 두 사람 이상이 같은 목표를 달성하기 위해 특별한 의지와 행동으로 구성된 모임을 말합니다. 아래 질문처럼 추상적이고 일반적인 질문을 받는다고 가정해 봅시다.

> **Q. 귀하에게 회사는 어떤 존재입니까? 솔직하게 답변해 주십시오.**

지원자 A

회사는 제가 사회생활을 하기 위한 초석이라고 생각합니다. 회사생활을 잘해 나가는 것이 사회인으로서 가장 기본적인 자세라고 생각합니다.

지원자A의 답변이 잘못됐다는 의미는 아닙니다만, 기본적이고 무난한 답변입니다. 질문에서 면접위원은 솔직하게 답해달라는 이야기를 덧붙였는데, 이는 지원자만의 진솔한 대답을 듣고 싶다는 의미입니다. 따라서 '솔직하게'란 단어에 대해 고민한 후 답변해야 합니다. 무엇보다 자신만의 대답을 하라는 질문의 의도를 알고 있다면 일반적인 대답보다는 조금 더 자신과 관련된, 자신을 드러낼 수 있는 답변을 하는 것이 좋을 것입니다.

지원자 B

저는 회사가 단순히 사회생활을 하거나 경제적인 필요 때문에 중요하다고 생각하지 않습니다. 저는 늘 다른 사람과 상호적인 관계를 지속하며 같은 목표를 수행하는 과정이 가장 중요하다고 생각했습니다. 따라서 제게 회사는 뜻이 맞는 사람들과 더 큰 목표를 이루기 위한 소중한 공간이라 생각합니다.

지원자B의 답변은 지원자A의 답변보다 내용도 길지만, 무엇보다 자신의 생각이나 의지가 엿보이는 점이라고 생각됩니다. 직장인의 미덕은 그 일을 잘하기 위한 직무능력도 물론 중요하지만, 실제 인성적인 측면도 많이 고려됩니다. 따라서 자신의 생각이나 의지를 단순히 나열식이 아니라 다른 사람과의 소통능력 및 협업능력을 강조한 지원자B의 답변처럼 내면의 가치관을 소개하면 더 좋은 답변이 되리라 생각합니다.

> **Q. 귀하께서 생각하기에, 학교와 회사가 다른 점이 있다면 무엇이라 생각합니까?**

위 질문은 누구나 그 차이를 쉽게 말할 수 있는 평이한 질문이기는 하지만, 의미를 조금 더 깊게 생각해

보면 단순히 학교와 회사생활의 차이를 물어보는 것이 아니라 직장인으로서의 목적이나 이상을 묻는 질문이라 볼 수 있습니다.

지원자 C

학교에서의 목표와는 달리, 회사에서 목표는 경제적인 면을 추구해야만 합니다. 또한 학교생활은 비용을 소비해야 하는 기간이지만, 회사생활은 수익을 얻는 기간입니다.

지원자C의 답변은 답변 자체도 단순나열식인데다가, 실제 면접위원의 질문의도를 정확히 파악했다고도 보기 어렵습니다. 면접위원은 질문을 통해 지원자가 가진 사회생활에 대한 가치관을 묻고자 한 것입니다. 회사는 단순히 취미생활이나 인간관계를 맺을 목적으로 모이는 것이 아니라, 눈에 보이는 목표를 달성하기 위해서 모이는 사람들의 터전이기 때문입니다.

지원자 D

학교에서는 자신의 지식을 배양하고 각자 스스로 노력을 하면 충분하지만, 직장에서는 단순히 지식을 배양하는 목표가 아니라 구체적인 목표를 정하고 이를 실행하는 과정이 가장 중요하다고 생각합니다.

지면관계상 답변내용을 모두 담지는 못했지만, 여기서 중요한 것은 학교와 회사의 차이가 '구체적인 실행목표의 유무'라고 표현한 지원자D의 답변이 지원자C의 답변보다 더 적절한 답변이 될 것이라는 점입니다. 위 답변내용 중 '실행하는 과정'이란 단어가 중요합니다. 대부분의 면접위원은 새로운 신입사원을 채용할 때, 능동적이고 적극적인 성격을 선호합니다. 이는 단순히 성격적인 측면 때문이 아니라 '다른 사람과 더불어 어떤 일을 적극적으로 수행하는 자질을 가진 사람'을 선호하기 때문입니다. 따라서

실행하는 과정이 중요하다고 답한 것은 매우 유의적절한 단어를 사용했다고 생각됩니다.

위 답변들과 관련된 탐침질문에 대해서도 생각해보겠습니다. 편의상 문과계열과 이과계열로 나누어 살펴보겠습니다.

> **Q. 그렇다면 귀하에게 있어 직장인으로서 '실행하는 과정'은 무엇이라 생각합니까?**

첫 번째 지원자는 문과계열로 '사무행정 분야'에 지원했다고 가정하고 예시답변을 구성했습니다.

지원자 E

모든 일은 사람과의 관계로부터 시작된다고 항상 생각해 왔습니다. 따라서 어떤 일을 실행하는 과정이란, 끊임없는 소통과 협력의 과정이라 생각합니다. 이와 관련된 경험으로는 … (이하 생략).

엄격히 말해, 지원자E의 답변이 유일한 모범적인 답안은 아닐 것입니다. 하지만 대부분의 사무행정직의 경우, 구체적인 기술을 어필하기보다는 자신이 다른 사람과 협력이나 협업을 많이 하여 열린 인간관계의 자질을 가지고 있다는 점을 강조하는 것도 좋은 방안이라 생각됩니다.

지원자 F

어떤 일을 잘 마무리하기 위해서는 분석능력이 가장 중요하리라 생각합니다. 특정 일을 잘 수행한다는 것은 빈틈이 없고, 시행착오 없이 행동한다는 의미이기 때문입니다. 이와 관련이 된 저의 경험으로는 … (이하 생략).

지원자F의 답변은 기술직에 지원한 지원자로 가정해 구성해 보았습니다. 기술직의 경우 한 번의 실수

가 막대한 지출로 이어질 수 있기 때문에 '시행착오를 줄이기 위한 과정'이라고 강조한 것은 상당히 타당한 답변이라 판단됩니다.

이처럼 간단하게 두 가지 경우를 가정하고 답변을 구성했습니다. 여기서 우리가 고려해야 할 것은 다음 두 가지입니다. 첫째는 직무에 대한 최소한의 사전지식이 필요하다는 것입니다. 지원자E, F의 답변 중 어느 한 사람의 답변이 옳고, 다른 한 사람의 답변이 틀렸다는 것은 아닙니다. 두 사람 모두 자신이 지원하는 직무의 가장 대표적인 특성을 고려해 답변했다는 점이 중요합니다. 둘째는 어떤 일을 잘한다는 것은 모든 일을 자기 혼자 잘한다는 의미는 아닐 것이므로, 회사에서의 '실행의 과정'에서는 다른 조직구성원들과의 관계도 중요하다고 할 수 있습니다. 따라서 앞의 답변에서 생략한 부분에는 분야적 특성이 강한 것과는 상관없이, 다른 사람과의 조화로운 관계를 제시하는 것이 중요할 것입니다.

지원자 G

저는 학교에 다닐 때, 조별 ○○과제를 지정된 마감일까지 해야 했습니다. 하지만 공교롭게도 다른 조원들이 모두 바쁜 일이 생겨 혼자 밤샘을 하면서까지 성실하게 과제를 수행하여 다른 조원들에게 좋은 인상을 주었습니다.

지원자 H

저는 학교에 다닐 때, 조별 ○○과제를 지정된 마감일까지 해야 했습니다. 하지만 다른 조원들이 모두 바빴던 관계로 기본적인 뼈대는 제가 먼저 작성해 두었고, 다른 조원들이 적은 시간으로도 각자의 역할을 빨리 진행할 수 있도록 하여 다른 조원의 칭찬을 받은 경험이 있습니다.

실제 두 사람의 답변은 각 지원자의 선의가 드러나는 내용이라 할 수 있습니다. 하지만 답변의 충실도 측면에서 고려한다면, 지원자G보다는 지원자H가 조금 더 면접위원들에게 공감을 줄 수 있는 답변이 아닐까 생각합니다. 지원자G는 혼자서 모든 일을 수행했다는 의미이고, 지원자H는 혼자만이 아닌 조원 전체를 고려하여 수행했다는 의미이기 때문입니다.

사실 이러한 생각의 차이는 면접위원들이 판단하기에는 작은 차이라고 볼 수 없습니다. 회사에서 하는 일 대부분은 혼자만 잘할 수 있는 일이 아니며, 오히려 혼자서만 잘해야 한다는 태도는 조직 전체 측면으로 보았을 때 매우 우려되는 모습이기 때문입니다. 결국 직장인이 회사에서 수행하는 거의 대부분의 업무는 사람과 사람 사이에서 행해집니다. 뿐만 아니라 다른 사람과 협동하며 행하는 일들의 일련의 과정에서 누구보다 능동적인 자세가 요구됩니다. 이와 같은 점을 고려해 본다면, 지원자H의 경우에는 위에서 언급한 두 가지 요소를 짧은 답변 내에서 잘 드러나게 표현한 점이 좋습니다.

조직이해능력과 관련된 또 다른 주제에 대하여 생각해보겠습니다. 만약 여러분이 아래와 같은 질문을 받았다면, 이러한 질문을 한 면접위원의 의도는 무엇인지 고민해 보도록 합시다.

> Q. 지금까지 귀하의 장점은 잘 들었습니다. 그렇다면 귀하께서 스스로 생각하는 업무상의 단점은 무엇이라고 생각합니까?

지면관계상 질문의 앞부분은 생략했습니다. 사실 위와 같은 질문은 실제 면접현장에서 자주 나오곤 합니다. 하지만 제대로 답변하기에는 쉽지 않은 질문이기도 합니다. 그 이유는 여러 가지가 있겠으나, 가장 크게 염두에 두어야 할 전제는 세 가지입니다. 첫째는 '지원자가 자신이 지원하는 직무에 대한 이해도나 관심도가 구체적으로 있는가?'이고, 둘째는 '자신의 업무를 명확하게 이해하고, 그 이해를 바탕으로 단점을 이야기하는가?', 셋째는 '자신의 단점을 극복하기 위해 지원자 스스로 노력한 경험이 있는가?'입니다.

즉, 위의 질문은 지원자에게 직무지식과 직무수행능력 두 가지를 모두 묻는 질문이라 볼 수 있습니다. 이때 모든 면접 질문이 그러하듯 하나의 정답만이 존재하는 것은 아닙니다. 하지만 짧은 답변 속에 자신의 해박한 직무이해의 수준을 드러내는 것이 중요합니다. 물론 신입사원의 입장에서 처음부터 모든 것이 완벽하지는 않은 것이 당연합니다. 따라서 이에 준하는 자신의 단점(또는 약점)을 답하는 것이 중요합니다. 개인의 성향이나 단점을 묻는 질문이 아니기 때문입니다.

지원자 I

제가 지원하는 인사관리직무에 가장 요구되는 것은 늘 객관적이고 합리적인 자세라고 생각합니다. 저는 평소 사람들과 이야기를 나누는 것을 너무나 좋아합니다. 그러나 업무에서만큼은 냉철하고 다른 외적인 요소에 흔들리지 않고 임하기 위해, 말을 하는 것보다 다른 사람의 말을 끝까지 경청하는 습관을 가지려고 노력하고 있습니다.

지원자 I의 답변을 보면 자신이 극복해야 할 단점을 사람들을 너무 좋아하는 것이라 표현했고, 이를 극복하기 위한 대책으로 경청의 태도를 가지겠다고 했습니다. 이는 인사관리직무에 대한 기본적인 이해도가 전제한 답변이라고 생각됩니다. 왜냐하면 인사관리직무는 단순히 사람들과의 관계가 중요하다고 보기보다는 조직 내에서 다른 부서를 지원하는 부서이

기 때문입니다. 이러한 점을 전제해 답변한 맥락이므로 좋은 답변이라 생각합니다. 또 다른 지원자의 답변을 살펴보겠습니다. 편의상 이공계 기술직무로 가정하였습니다.

지원자 J

제가 지원하는 생산관리직무는 언제나 마감시한을 준수하고, 꼼꼼한 일처리가 필요하다고 생각합니다. 저는 과거엔 다소 덜렁대는 편이었지만, 다양한 아르바이트를 하면서 침착한 태도를 유지하고, 빈틈없이 일처리를 하기 위해 여러 번 확인하는 습관을 키우게 됐습니다. 이와 같은 경험으로는 … (이하 생략).

지원자 J의 답변을 살펴보면 성격의 단점은 다소 덜렁댄다는 것이며, 이를 극복하기 위한 구체적인 노력으로는 여러 번 확인하는 습관을 키우는 것이었습니다. 생산관리 등의 직무는 지정된 마감일자가 무척 중요하다는 것을 미리 언급하여 지원자 개인이 생산관리직무에 대해 사전지식이 있다는 것을 자연스럽게 어필하면서 본인의 단점에 대해 답변하는 구성이라 좋습니다.

지금까지 살펴본 내용을 바탕으로 면접현장에서 조직이해능력과 관련한 질문이 주어지는 경우 그 의도를 파악하는 것이 중요합니다. 표면상의 내용처럼 단순히 성격을 묻는 질문이 아니라 지원기업에 대한 최소한의 직무지식을 전제하여 묻는 질문임을 염두에 두기 바랍니다. 시대

필자 소개

안쌤(안성수)
채용컨설팅 및 취업 관련 콘텐츠/과제 개발
NCS 채용 컨설팅, NCS 퍼실리테이터
취업·채용 관련 강의, 코칭, 경력 및 직업상담
공공기업 외부면접관/면접관 교육 등
취업/채용 관련 칼럼니스트, 자유기고가
저서 〈NCS와 창의적 사고기법으로 접근하기〉 外

의대정원 확대 추진,
시대적 선택인가?

필수의료 공백을 방지하기 위한 의대정원 확대

해묵은 과제로 체증이 느껴지는 의대정원 확대 안건이 마침내 규모 협의 단계에 이르렀습니다. 코로나19를 계기로 필수의료분야의 공급 부족이 공감대를 얻으며 2006년 이후 최초로 변화를 앞두고 있는 상황입니다.

사실 수요와 공급의 불균형이 초래한 과실은 온전히 의사의 몫으로 남아 있었는데, 이러한 편향이 인구구조 변화와 맞물려 필수의료의 공백을 확대해 국민의 불안을 가중해 온 셈입니다. 공급 부족은 최근의 사태가 아닙니다. 하지만 의료계는 번번이 의료파업을 예고하며 정부와 힘을 겨뤘고, 이해득실을 고려해 정부가 매번 양보한 덕분에 18년간 정원 확대를 막아설 수 있었습니다. 이에 따라 의대정원 확대가 시급해 보여도 불균형 해결의 만능키는 아니라 점이

반대측 주장의 핵심입니다. 공급 부족의 원인을 의사 수뿐 아니라 제도와 시장의 결함에서 찾을 수도 있기 때문입니다.

의대정원 확대에 대한 찬반 대립이 이뤄내야 할 목표는 궁극적으로 필수의료 공백 방지입니다. 이를 중심으로 삼아 각각의 논거를 토대로 사례를 알아보겠습니다.

예시 답안 1

수요가 공급을 견인한다. 의료 수요는 2025년을 기점으로 꾸준히 늘어날 전망이다. 초고령사회❶ 진입과 출산율 저하로 인구구조가 현격히 바뀌기 때문이다. 의대정원 확대는 한국의 안정적인 미래를 준비하기 위해 반드시 필요한 방안이다. 공급이 부족한 정황은 OCED 가입국 평균에 미치지 못하는 국민 1,000명당 의사 수로 알 수 있다. 2020년 수치에 따르면 한국은 2.5명이고, OECD 평균은 3.7명이다. 한국이 의대정원을 동결한 채 국내 인구수 5,150만명 수준을 유지하고 있어 2020년 이후 3년간 수치도 변하지 않았을 것이다. 현재와 같은 의사 규모로는 OECD의 평균과 격차가 더욱 벌어질 수 있고, 이로 인해 필수의료 수요를 충족하지 못하는 사태에 직면할 수 있다. 의사협회는 여전히 규모 확대에 미온적인 태도를 보이고 있는데, 이는 한국 의료의 질적 저하와 붕괴를 가져오는 자충수다.

실제로 코로나19 사태 당시 응급실 의사가 격무에 시달리는 모습을 자주 볼 수 있었다. 수요가 급증할 때 의료계가 겪는 상황을 확인한 장면이다. 이러한 모습과 대조적으로 환자가 응급실을 전전하다가 적절한 치료를 받지 못해 목숨을 잃은 사건도 발생했

다. 이는 절체절명의 팬데믹 상황이 아닌, 엔데믹 이후의 사건으로 매년 적지 않게 발생한다. '응급실 뺑뺑이 사망사고'는 전문의 부재와 병상 부족이 원인이었다. 두 가지 사실만 살펴봐도 수요가 공급을 크게 웃돌 때는 의료서비스 제공이 어려움을 알 수 있다.

필수의료는 국민의 생명권과 건강권을 보장하기 위해 개선을 거듭해야 하는 영역이다. 단순히 공급 부족으로 인해 의료진이 과중한 부담을 짊어지거나 환자가 생명을 잃는 사태는 방지하는 게 상식이다. 그러나 현재 병원마다 전문의가 부족해 응급상황에서 진료와 치료를 제공하는 것이 쉽지 않다. 경증 환자의 잦은 응급실 이용이 병상 부족의 일부 원인으로 작용하고 있지만, 원천적으로는 의사 수 부족이 응급실 뺑뺑이와 같은 안타까운 현실을 만드는 데 일조하고 있다.

대형병원이 밀집한 도심에서도 필수의료 영역의 공급 부족으로 어려움을 겪는데, 인구밀도가 낮아 병원이 드문 지방에서는 환자가 더욱 열악한 상황에 마주한다. 기본적으로 의료에 대한 수요가 있는 상황에서 지방의 의사 수가 적다보니 상대적으로 업무가 과중해지는 까닭에 의사들이 지방근무를 기피하고 있다. 인프라를 확충해도 운영할 의사가 수도권을 선호하니 지방에서는 공급 부족 문제를 해결하지 못하는 것이다. 지방의 공공의료기관에서조차 전문의 이탈 심화로 수도권과 지방의 의료격차가 가중되고 있는 실정이다. 경제적 여건이 넉넉지 않은 지방의료원에서는 4억원이라는 고액 연봉을 제시하며 의사 공급을 확대하고자 노력하고 있으나 업무과중에 따른 기피현상으로 공석인 경우가 대부분이다. 지방 의대와 연계하거나 제도 개선을 통해 공급을 늘리는 방안이 필요하다.

'소아과 오픈런'은 의사 수 공급 제한이 빚어낸 대표적인 참상이다. 아이들의 건강에 중요한 소아청소년과가 기피 전공으로 지원율이 낮아져 수요를 따라가지 못하고 있다. 그 원인은 복합적이다. 출산율 저하에 따른 미래시장에 대한 부정적 전망, 악성민원에 따른 심적 부담, 진료 대비 의료수가[2] 부족 등이 맞물려 개원의까지 폐업하는 상황이다. 이와 같은 요소는 정부의 지원으로 개선을 이뤄낼 수 있지만, 기피

전공의 의사 수 부족은 정원을 확대하지 않는 한 해결시도조차 할 수 없다. 소아청소년과를 포함한 기피 전공의 대부분이 필수의료 영역인 게 문제의 심각성을 더한다. 전공 선호도는 사회구조와 시장에 영향을 받는 게 당연하다. 하지만, 국민의 생명권과 건강권을 위협할 정도로 과부족 사태를 방관하는 것은 적절하지 못하다. 의대정원 확대는 이와 같은 기피현상을 해소하는 데 긍정적인 영향을 미칠 수 있다.

인구구조가 변화해도 의료 수요는 결코 감소하지 않는다. 공급 확대를 미뤄둔 게 어느덧 18년이 넘었다. 의사협회가 제시하는 반대 근거는 공급과 연결해 보완해 나갈 수 있는 요소다. 의대정원 확대가 수도권과 지방 간 의료격차 증가, 기피 전공 상황 악화, 전문의와 병상 부족 등을 해결하는 것에 역행하지 않는다. 제도 개선을 병행하며 일차적으로 부족한 의사 수를 장기적으로 늘려 나아가는 방안이 타당하다.

---

❶ 초고령사회 : 65세 인구가 전체 인구의 20% 이상이 되는 사회를 말한다. 현재 한국은 2017년 고령사회에 접어든 지 8년 만인 2025년 초고령사회에 진입할 것으로 예상되고 있다.

❷ 의료수가 : 환자가 의료기관에 지불하는 본인부담금과 건강보험공단에서 의료기관에 지급하는 급여비의 합계를 말한다. 일반적으로 의료수가 인상은 환자에게 제공되는 서비스의 정도, 서비스 제공자의 소득, 물가상승률 등을 토대로 건강보험정책심의위원회(건정심)에서 결정하고, 수가인상률은 각 가입자단체와 건강보험공단이 협상을 통해 결정한다.

답안 분석

의대정원 확대가 문제해결의 핵심이라고 주장하는 데 그친다면 그에 대한 반박으로 주장이 힘을 잃을 수 있습니다. 현재와 같은 구조는 공급 부족이 원인으로 작용했지만, 전공에 따른 기대소득과 업무부담이 의사들의 선택에 영향을 미친 것도 사실입니다. 하지만 만약 충분한 인원을 사전에 시장에 공급했다면, 기피 전공의 전문의 부족 사태는 다른 양상을 보이고 있을 수도 있습니다.

필수의료는 소수가 과점해 이득을 키우는 구조가 아닙니다. 수요 대비 공급 부족으로 해당 전문의의 시장 가치는 높아질 수 있으나, 그만큼 업무과중에 노출될 수밖에 없습니다. 의사는 생명을 다루는 역할을 수행하는 까닭에 시장의 과점과는 다른 양상을 의료현장에서 마주합니다. 지방의료원에서 높은 연봉을 제시해도 고질적인 의사 부족으로 선택권을 의사가 갖고 있기 때문에 문제해결이 어렵습니다. 게다가 그러한 환경에서는 기존 인력마저 업무과중으로 이탈을 반복합니다.

이러한 현실을 감안해 의대정원 확대로 공급을 늘려 의사의 선택권이 시장 수요와 비등한 구조를 갖추도록 만든다면, 기피 전공 고착화와 의사의 업무과중을 순차적으로 해소할 수 있습니다. 수요와 공급의 관점에서는 의사 수의 과부족이 명백한 진단이므로 정원 확대를 주장하는 데 어려움이 없습니다. 응급실 필수의료 인력 부족, 지방의료 인력 부족, 기피전공에 따른 의료인력 부족은 공급 측면에서 찬성 주장을 뒷받침하는 요소입니다. 의대정원 확대와 관련해 다룰 수 있는 논거를 고르게 활용해야 타당성을 높일 수 있습니다.

과도한 의대진학 열풍은 고급 산업인력의 유출로 이어져 한국의 발전에 이롭지 않다는 평가가 일반적이다. 불안한 경제와 수명 연장의 영향으로 고소득과 높은 사회평판을 보장하는 의사에 관심이 쏠리는 것은 당연하다. 이공계 대학에 재학 중인 고급 인력이 기업에서 전공을 활용해 산업을 일구기 보다는 병원에서 환자를 진료하는 의사로서의 미래를 선택하는 장면은 익숙하다. 이러한 현상은 의전원❶ 도입으로 가속화되었으나 본래 취지였던 의과학자 양성이 현실과 괴리를 보였고, 고비용으로 경제적 부담이 커 지원자가 소득순위로 나뉘는 문제가 잇따라 나타나 폐지가 확정됐다.

그러나 의전원 폐지를 확정한 후에 맞이한 최근의 의대정원 확대 안건은 의사를 희망하는 학생들에게 기회로 비춰질 수밖에 없다. 의사면허를 취득하기 위해서는 학사과정을 거쳐야 하므로 수능에 응시하는 장수생이 증가할 것이다. 산업 고급인력으로 성장할 수 있는 잠재력을 지닌 학생들이 미래를 보장하는 의대에 대거 지원하는 경향이 두드러질 수 있고, 이는 한국의 산업 발전에 결코 긍정적이지 않다. 의료기술만 발전한 국가는 없다. 산업과 동반해 발전해야 의료분야의 성장도 가능하다.

필수의료 인력이 부족한 현상은 의사 수의 문제보다 특정 전공과 지방근무를 기피하는 문제와 결부해 바라봐야 한다. 안정성과 경제성은 의사에게도 마찬가지로 중요한 선택사항이다. 업무부담이 상대적으로 많고, 시설과 인프라가 취약한 병원에서 근무를 희망하지 않는 게 비상식적이지는 않다. 의사에게 희생을 강요할 수도 없다. 필수의료에 해당하는 소아청소년과는 타과와 비교해 수가가 낮아 경제성이 떨어진다. 또 산부인과, 흉부외과, 응급의학과 등의 필수의료 전공은 출산율 저하, 의료과실에 대한 법적 보호 미비 등을 이유로 지원자가 격감한 상태다.

필수의료 인력을 시장에 고르게 공급하기 위해서는 의사 수의 양적 증가에 집중하는 전략보다는 수가 조정과 법적 보호 강화를 통한 구조변화를 모색하는 전략이 적절하다. 수명 연장에 따른 고령화의 영향으로 의료 수요는 장기간 더욱 늘어날 전망이다. 이에 맞춰 의대정원을 일부 확대해도 안정성과 경제성이 취약한 필수의료분야의 문제점을 보완하지 않는다면 동일한 상황을 반복할 수 있다. 악순환에서 벗어나기 위해서는 전공의 모집 정원을 조율해 인력 부족에 따른 필수의료분야의 부담을 경감하고, 법적 보호와 수가 조정을 통한 안정성과 경제성 강화에 힘써야 한다. 현재 체제로는 의사 수가 늘어나도 기피현상을 지속한 채 국가 재정 지출만 증가할 것이다.

유사한 인구구조 변화 과정을 거친 일본의 경우, 지역의료와 공공의료 인력난 개선을 목표로 의대정원을 큰 폭으로 확대했다. 그와 비례해 재정지출 부담이 커졌지만, 여전히 지역과 공공의료 영역은 인력 부족에 시달리고 있다. 일본 정부는 고령화 심화에도 불구하고 재정건전성 회복을 위해 의대정원 감축을 제시하고 있는 상황이다. 그리스는 의대정원 확대로 특정 전공과 지방근무 기피현상을 해소하고자 했으나 기대한 변화는 이뤄지지 않았고, 오히려 의사의 해외 유출이 증가해 공공의료 영역에서 의사 부족으로 어려움을 겪고 있다.

필수의료분야의 인력난은 단기에 해결할 수 있는 문제가 아니다. 필수의료는 국민의 건강을 위해 공급 하한선을 상시 상회해야 하는데, 현재는 절대적으로 부족하다. 더욱이 초고령사회에서는 필수의료를 제공할 수 있는 전문의의 수요가 더욱 증가할 것이다. 이러한 추세를 감안하면 의대정원 확대는 불가피하지만, 양적 확대보다 문제의 근원을 해결하는 데 집중해야 장기적으로 성과를 기대할 수 있다. 산업 발전을 지탱할 이공계 인력의 감소 비율, 재정지출 증가 등을 고려해 정원 확대 규모를 결정하고, 그와 병행해 필수의료분야의 수가 조정과 법적 보호 강화로 변화를 뒷받침해야 한다.

---

❶ 의전원 : '의학전문대학원'의 약칭으로, 이공계 등 타전공을 이수했지만 의사가 되고자하는 학생들을 위해 출범한 전문대학원이다. 기존 6년제 과정인 의과대학을 대학원 과정의 4년제로 운영했다. 그러나 우수인력 대부분이 의전원으로 이탈하고, 대부분 임상의사로 일한다는 점 등 여러 문제가 논란이 되면서 폐지 수순을 밟게 됐다.

답안 분석

양적 확대와 질적 성장은 정비례하지 않기 때문에 원인을 짚어내야 반대 근거가 설득력을 얻을 수 있습니다. 의대정원 확대가 문제해결의 전부가 아니라는 점을 강조하며 의료수가, 법적 보호 등을 보완 방안으로 언급했습니다.

산업인력 유출은 통상 의대정원 확대와 연동해 바라봅니다. 내수 중심의 의료분야에 치중하는 것만으로는 중장기적으로 한국산업의 발전을 기대하기 어렵기 때문입니다. 이와 같은 우려를 도입부에 배치해 최근의 혼란 상황을 서술했습니다.

해외 사례는 근거로 활용도가 높습니다. 일본과 그리스의 사례는 의대정원 확대에 반대하는 용도로 적합합니다. 사례는 반대 주장이지만, 필수의료 부족에 대한 공감을 이뤄낸 상황이므로 규모 확대 수준을 논의하는 것으로 방향을 잡았습니다. 필수의료와 지방의료 인력난 해소에 추가할 수 있는 내용으로는 공공의대, 특수목적 의대 설립 등이 있습니다. 시대

자기소개서 작성 팁을 유튜브로 만나자!

필자 소개
정승재(peoy19@gmail.com)
홈페이지 오로지첨삭(www.오로지첨삭.한국)
오로지면접(fabinterview.com)
유튜브 채널 : 오로지첨삭
저서 <합격하는 편입자소서 & 학업계획서>
<합격하는 취업, 자소서로 스펙 뛰어넘기>

SD에듀 직업상담소

노무사에 대한 이모저모!

Q1 노무사는 어떤 업무를 수행하나요?

공인노무사는 우리나라 유일의 공인된 노동관계 법률전문가라고 할 수 있습니다. 인사에서 RJP(Real Job Preview, 현실적인 직무소개)라고 많이 들어보셨을 텐데요. 쉽게 얘기하면 회사로부터 받지 못한 임금을 근로자들을 대신해서 받아주는 겁니다. 연장근로나 연차수당 등 노무를 제공하고 받는 보수에 관한 업무나 임금체불, 부당해고나 징계 등 노동 관련 문제를 법률서비스를 통해 구제하는 일을 합니다.

또 기업의 입장에서 초기급여 기초 세팅 같은 회사의 가장 기본적인 급여제도에서부터 취업규칙 등을 정비해드리기도 하고요. 노사갈등 해결 · 조정 등뿐만 아니라 HR(Human Resource), IR(Investor Relations) 등 각종 컨설팅 업무도 합니다.

Q2 자격 취득 후 어디서 근무하게 되나요?

보통 노무법인을 설립하거나 채용 노무사 또는 파트너 노무사로 근무하는 경우가 많아요. 그게 아니면 특정 기업체에 공채 신입사원으로 입사하는 경우도 있습니다. 또 경력으로 대기업에서 인사팀이나 인사 · 노무분야 관련 교육 업무, HRD 쪽으로 일하는 경우도 많아요. 그 외에 컨설팅 분야나 노무 관련 강의를 하는 분들도 있습니다.

Q3 시험공부는 어떻게 해야 하나요?

1차 시험과 2차 시험의 공부방법을 한 과목씩 세세하게 설명할 수는 없지만, 가장 강조하고 싶은 것은 '면과락(과락을 면함)'과 '과목별 적절한 학습시간 분배'입니다. 특히 어렵다고 생각하는 과목을 먼저 공부하는 방법을 추천드립니다.

구분	1차 시험	2차 시험
내용	• 모든 과목에 똑같은 노력과 시간을 할애하는 것이 아니라 면과락을 목표로 학습 • 민법이나 사회보험법처럼 어렵다고 생각하는 과목의 경우 학습순서를 뒤로 미루다 보면 과락이 나올 수 있기 때문에 내용을 먼저 정리해 둔 후 마지막에 한 번 더 복습하는 방식으로 공부	• 모든 과목이 중요하기 때문에 1차 시험 때처럼 학습량이나 난이도에 따라 적절하게 학습시간을 분배하는 것이 필요 • 어려운 과목의 경우 동영상 강의를 활용해 일반 속도로 한 번 듣고, 마지막에 배속을 높여 한 번 더 수강하면서 공부한 내용을 정리하는 방법 추천
합격기준	과목당 100점 만점을 기준으로 각 과목 40점 이상, 전 과목 평균 60점 이상 득점	각 과목 만점의 40% 이상, 전 과목 총점의 60% 이상 득점

Q4 비전공 수험생은 불리하다는 인식에 대한 의견은?

결론만 먼저 말씀드리면 전혀 겁낼 필요가 없다고 말씀드리고 싶어요. 전공생이라고 해서 꼭 전문적인 능력을 갖추었다고 할 수는 없어요. 그래서 로스쿨이 도입되고 나서 법대가 없어진 것도 법학과가 없어진 것에 큰 몫을 하고 있어요. 특히 민법은 사시를 공부해서 본격적으로 깊게 공부를 했던 분들이 아니라면 누구나 똑같이 양이 많고 어렵다고 느끼는 과목이에요. 실제로 합격생을 봐도 전공생이 아닌 분들도 많고요. 법 용어가 어렵다고 생각할 수도 있는데, 강의를 듣고 교재 1회독이 끝나고 나면 대부분 자연스럽게 체득할 수 있습니다. 그래서 너무 걱정할 필요는 없다고 말씀드리고 싶습니다.

Q5 수험생들에게 당부의 한마디!

강의를 듣고 난 후 해당 내용을 모두 공부했다고 자만에 빠지면 안 돼요. 강의를 통해 학습한 내용을 자신의 것으로 소화하는 시간이 반드시 필요합니다. 강의를 수강한 후에도 빠뜨리는 부분이 없도록 스스로 내용을 한 번 더 정리해 보는 것을 강력하게 권유드립니다. 시대

노무사 김희향

- **경력** 노무법인 마로 부대표 · 공인노무사
- **경력** 고용노동부 · 노사발전재단 일터혁신 컨설턴트
- **경력** 한국소상공인연합회 자율시정사업 지원사업 PM
- **경력** 중소벤처기업부 비지니스 지원단 전문위원
- **현** SD에듀 노무사 강사

SD에듀 유튜브 채널 토크레인
인터뷰 영상 보러가기

03:47 / 10:00

노무사 필기시험 대비 시리즈

'노무사 시리즈'는 꼭 필요한 핵심개념만을 엄선해 수험생들의 학습부담은 줄이고, 효율은 높인 최고의 합격전략서다. 주요 기출해설 목차 위주로 핵심만 서술했으며, 최신기출문제와 참고답안을 함께 수록했다. 또 챕터별 분류를 통해 출제확률이 높은 주요 이론을 중심으로 내용을 구성했고, 반드시 짚고 넘어가야 할 중요사항은 밑줄로 표시해 두어 빈틈없이 학습할 수 있도록 했다.

상식 더하기 +

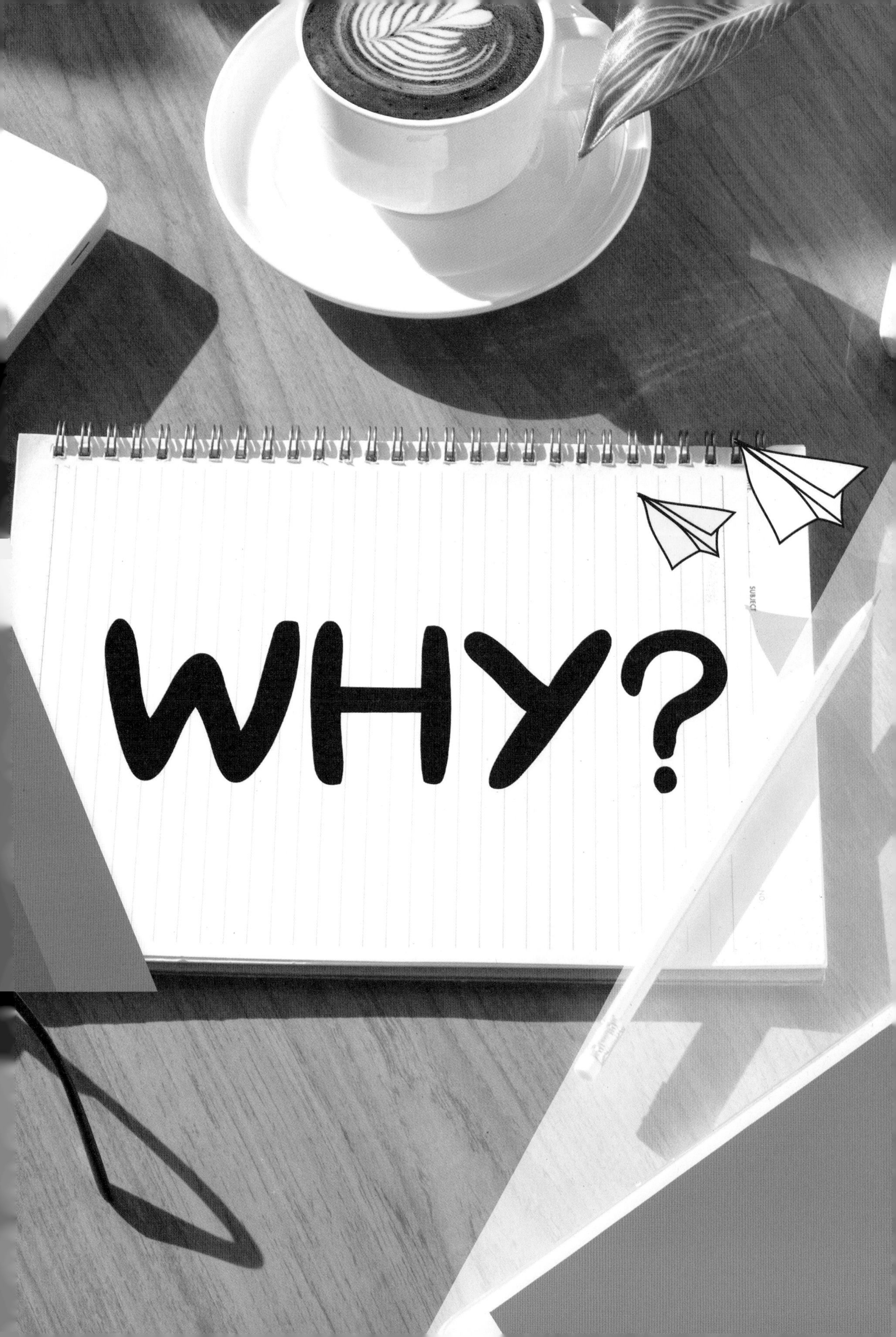
WHY?

마라탕 먹고 탕후루?
청소년 비만주의보

맵고 단 자극적 간식이 비만 위험 높여

'식사는 마라탕, 후식은 탕후루!'라는 말을 들어보셨나요? '마라탕후루'라는 신조어가 생길 만큼 마라탕과 탕후루는 요즘 10대 사이에서 큰 인기인데요. 맵고 짠 마라탕을 먹고, 후식으로 달달한 탕후루를 즐기는 문화가 확산하면서 청소년 건강에 적신호가 켜졌죠. 과하게 섭취하면 위에도 안 좋을 뿐만 아니라 비만문제로 이어질 수 있습니다.

우리나라의 소아·청소년 비만 유병률은 빠르게 늘고 있는데요. 질병관리청에 따르면 지난 10년간 10% 전후로 유지되다가 최근 15% 이상으로 급증했죠. 소아비만은 다양한 요인에 따라 복합적으로 발생합니다. 그중에서 요즘 소아·청소년의 칼로리 소모량은 줄어든 반면, 불규칙한 식사와 잦은 외식 등으로 섭취는 증가한 것이 주원인으로 꼽힙니다.

친구들과 먹다 보면 나트륨·당 섭취량 훌쩍

마라탕 1인분의 나트륨 함량은 세계보건기구(WHO)의 나트륨 하루 권장섭취량(2,000mg)과 비슷합니다. 또 한국소비자원 등에 따르면 딸기 탕후루 한 꼬치엔 당류 9.9g, 블랙사파이어에는 24.7g이 들어있는데요. 친구들과 하나씩 먹다 보면 어느새 하루 권장 당 섭취량(50g)을 훌쩍 넘길 수 있습니다. 탕후루의 주재료인 과일과 설탕은 체내에 흡수돼 혈액을 통해 몸에 에너지를 공급하지만, 과도할 경우 지방으로 쌓여 비만을 비롯한 각종 질병을 일으키죠. 탕후루 외에도 스무디 등 단순당이 많은 식품이라면 모두 주의해야 합니다.

김경곤 가천의대 가정의학과 교수는 "단순당을 먹었을 때 대사이상과 일종의 당 중독을 일으킨다"며 "단순당으로 감정을 조절하려는 나쁜 습관이 생기기 때문에 첨가당이 들어간 음식은 어렸을 때부터 억제하는 게 좋다"고 설명했죠.

소아비만의 영향과 관리방법은?

소아비만으로 지나치게 축적된 지방은 성호르몬 분비를 자극해 '성조숙증'을 유발하고 체형변화를 일으켜 정서적 위축에 따른 소아우울증, 행동장애 등의 심리문제도 함께 발생시킵니다. 또 고혈압, 당뇨병 등 성인병이 조기에 시작될 확률이 높아 각별히 주의해야 합니다. 약물이나 수술치료로도 소아비만

을 관리할 수 있지만, 어린이의 경우 성장에 따라 신체균형을 맞추는 게 우선인데요. 하루에 섭취할 칼로리양을 계산해 영양소를 골고루 섭취하고 일상생활 중 신체활동량을 늘려야 하죠. 단기간에 해결하려 하기 보다는 꾸준한 자기관리와 노력이 무엇보다 중요합니다. 시대

키 안 크는 성조숙증 … 질병위험도 함께 높여요

최근 소아비만이 증가하면서 '성조숙증'에 대한 우려도 덩달아 커지고 있습니다. 성조숙증은 여아에서 8세 이전에 가슴이 커지고 음모가 발달하거나, 남아에서 9세 이전에 고환 크기가 커지는 등의 증상을 말하는데요. 이런 성조숙증은 청소년기에 행동장애, 불안 등의 사회심리적 문제를 가져올 위험이 크고, 성호르몬 증가로 일찍 성장판이 폐쇄돼 저신장을 초래하는 것으로도 알려져 있습니다. 또 사춘기가 빨리 시작되면 성인이 됐을 때 고혈압, 비만, 당뇨병 등의 대사질환 위험이 증가한다는 보고도 있죠.

전문가들은 성조숙증이 코로나19 이후 아이들의 '집콕' 생활이 늘면서 과체중 및 비만 증가와 연관성이 큰 것으로 봅니다. 또 TV, 스마트폰 등 전자기기 사용이 늘면서 자극적인 사진과 영상에 자주 노출되는 것도 성조숙증의 위험을 높이는 요인이 됐다고 분석했죠.

성조숙증은 원인에 따라 치료가 달라지기 때문에 성조숙증이 있는 경우 '진성'과 '가성'을 구별하고 원인이 무엇인지를 밝히는 게 중요한데요. 아울러 성조숙증의 원인이 될 수 있는 체중증가를 막으려면 적절한 식단조절과 운동이 필수적입니다. 한편으로는 성장기에 있는 아이들에게 무조건적으로 칼로리를 제한하기보다는 적정 칼로리를 섭취하면서 음식의 종류를 조절하는 게 더욱 중요하다고 합니다.

아홉 번째 수업
사이드 킥

사이드 킥 시리즈는 총 6~8가지 동작이 있어요. 그중 3~4개를 골라 수업하는 게 일반적인데요. '업 앤 다운' 동작은 여러 동작 중에서도 강사들의 우선순위에서 빠지지 않는 동작 중 하나입니다. 사이드 킥 시리즈는 옆으로 편하게 누워 다리를 마구 움직이는 동작이라는 오해를 받기도 하는데요. 간혹 유연성이 좋은 수강생들은 동작의 강도가 비교적 약하다고 느끼거나 근육의 자극 정도를 거의 느끼지 못해 이 동작을 하는 이유를 강사에게 묻기도 합니다. 하지만 이런 경우는 백발백중 '동작 중에 골반이 움직여서 생긴 일'입니다. 골반을 고정한 다음 다시 동작을 수행해보면 곧바로 이 동작이 엉덩이 근육을 자극하는 운동이라는 사실을 알게 됩니다.

사이드 킥 시리즈 수업에서 강사들이 가장 강조하는 부분이 바로 '골반을 고정하는 것'입니다. 다리를 위아래로 움직이는 업 앤 다운 동작을 할 때 역시 골반은 최대한 고정한 채로 둔근(엉덩이 근육)을 이용해 다리를 움직이는 것이 중요합니다. 둔근은 대둔근과 중둔근, 소둔근 세 종류의 근육으로 이루어져 있습니다. 다만 필라테스의 영역에서는 각각의 근육을 따로 움직이거나 발달시키는 것은 불가능하므로 이들을 하나의 큰 근육으로 이해해도 무방합니다.

대둔근은 '가장 큰 엉덩이 근육'이라는 뜻으로 골반 뒤쪽의 천골(엉치뼈) 주변부와 대퇴골(넙다리뼈) 바깥쪽 상단에 부착점을 갖고 있습니다. 또한 대퇴골 옆쪽의 '대퇴근막장근'이라고 불리는 긴 조직과도 연결돼 있습니다. 대둔근과 대퇴근막장근은 흰색의 건(결합조직) 형태로 무릎까지 내려와 경골(정강뼈) 전면의 상부에 부착합니다. 우리가 보통 생각하는 엉덩이는 골반 뒤쪽에만 국한되지만, 사실은 허벅지의 외측면, 심지어 무릎 아래 종아리 앞쪽까지 포함된다는 것이죠. 몸의 중심선에 가까운 천골에서부터 허벅지 옆면을 따라 종아리의 앞쪽까지 길게 연결된 끈을 상상해 보면 이 근육이 수축했을 때 다리가 바깥으로 벌어지는 움직임이 생긴다는 것을 쉽게 추측할 수 있습니다. 그런데 이때 고정축인 천골의 위치가 앞뒤로 흔들린다면 끈이 제대로 수축하지 못하는 것은 당연한 일이겠죠.

중둔근과 소둔근은 대둔근이라는 명칭에서 크기와 관련된 부분만 변경된 것으로 대둔근과 함께 다리를 바깥으로 벌리는 움직임을 담당하고 있습니다. 범위는 몸의 중심선을 기준으로 50도 정도가 일반적이라고 하는데요. 대둔근이 고관절의 외회전을 담당한다면 소둔근은 반대로 내회전을 담당하는 식의 차이를 가지고 있습니다. 사이드 킥 시리즈의 다른 동작들에서도 세 둔근을 강화하는 동작들이 전부 포함되어 있기 때문에 중둔근이나 소둔근을 단련하기 위한 별도의 동작은 불필요하다고 볼 수 있습니다.

HOME PILATES

사이드 킥 시리즈(Side Kick Series) 업 앤 다운(Up & Down)

❶ 매트 위에 누워 오른쪽으로 돌아누워 주세요.

❷ 오른손으로는 머리를 받치고, 왼손은 복부 앞에 내려 둡니다.

❸ 두 다리는 포개어서 준비합니다. 이때 왼쪽 다리는 고관절부터 발까지 살짝 바깥으로 돌려주고(외회전), 동작을 하는 동안 움직이는 다리의 외회전 상태를 항상 유지해주세요.

❹ 셋업 자세가 완성되면 왼쪽 다리를 천장 쪽으로 한 번에 차올립니다. 공중에서 잠깐 머무른 뒤 천천히 내려 주세요.

❺ 다리를 올리는 것이 '하나'였다면 내리는 것은 '하나, 둘, 셋' 정도의 박자로 움직여 볼게요.

❻ 완전히 처음의 셋업 자세로 돌아오면 1회입니다. 이 동작을 총 6~8회 반복하고, 모두 끝나면 반대쪽으로 돌아누워 오른쪽 다리도 똑같이 수행해주세요.

필라테스로 배우는 근육의 세계

쉽게 배우는 필라테스! 강사의 지도 없이 혼자서도 따라 할 수 있는 필라테스 동작들과 우리 몸에서 중요한 근육들을 소개한다.

저자 김다은
필라테스 강사이자 아들러를 전공한 상담 전문가. 새로운 프로그램을 만들어 제공하는 콘텐츠 크리에이터로도 활동하고 있다.

이름만 50개!
명태

"명천(明川)에 사는 어부 중
성이 태씨(太氏)인 사람이
물고기를 낚았는데,
이름을 몰라 지명의 명(明)자와
잡은 사람의 성을 따서
명태라고 이름을 붙였다"

– 이유권, '임하필기' 중

우리 민족은 예로부터 여러 바닷속 생물을 다양한 조리법으로 요리해 먹었다. 서양에서는 일부 흰 살 생선만 굽거나 쪄서 먹고, 중국인들도 일부 생선만 찌거나 튀겨 먹는데 반해, 우리는 각종 생선을 회로 먹거나 찜, 구이, 튀김 등으로 먹는 것은 물론이고 찌개에 넣거나 탕으로 끓여 먹기도 한다. 또 김이나 미역, 다시마 등 해초류도 가리지 않으며, 젓갈도 지역마다 천차만별이다. 특히 과거 우리나라 인근에서 많이 잡혀 대표 어류로 손꼽혔던 명태(明太)의 다양한 명칭은 우리 민족이 얼마나 음식에 진심이었는지 보여준다.

한국인에게 사랑받는 명태

명태는 북어(北魚)라고도 하며 대구과에 속하는 바닷물고기다. 명태를 지칭하는 용어는 가공상태, 성장 정도, 잡는 방법, 잡은 지역, 잡은 시기 등에 따라 약 50여 가지로 나뉜다. 대표적으로 신선한 명태는 '생태', 어린 건 '노가리', 말린 건 '북어', 반쯤 말린 '코다리', 얼린 '동태', 얼렸다가 녹이며 말린 '황태', 건조하다가 까매진 '먹태' 등으로 부른다. 이밖에도 하얗게 마른 '백태', 크기가 작은 '왜태', 알이 가득 찬 '난태', 그물로 잡은 '망태', 낚시로 잡은 '낚시태', 늦봄에 잡은 '막물태' 등이 있다.

이와 달리 주변 국가들을 보면 중국의 약학서 '본초강목'에는 명태라는 용어가 아예 없다. 한류성 물고기가 거의 없던 일본에서도 잘 먹지 않던 종이라 우리의 명칭을 빌려 가서 '명태'라고 지칭하고, 명란젓은 '명태자'라고 표기한다. 서양에서는 알래스카에서 많이 잡혀 명태를 알래스카 볼락이라 부르긴 하지만 백인들은 먹지 않았다고 한다. 그러나 원래 즐겨 먹던 대서양 대구의 어획량이 줄어들면서 최근에서야 피시 앤 칩스, 피시버거 등에 명태가 요리재료로 사용되고 있다.

'명태'의 유래

명태란 이름의 유래에 관해서는 많은 가설이 있다. 그중 오늘날 지식 백과사전에 준하는 이유권의 '임하필기'에는 과거 함경도 감사가 함경도 북쪽 끝마을 명천(明川)에 갔다가 태씨 성을 가진 어부가 잡은 물고기를 먹고 물고기의 이름을 물었는데, 아무도 이름을 몰라 지명과 잡은 사람의 이름을 따 '명태'라고 부르기 시작했다는 이야기가 있다. 또 '신증동국여지승람'의 기록에 따르면 함경도 경성과 명천 지역 특산물인 '무태어(無泰魚)'가 명태로 추정되기도 한다. 전통적으로 우리나라에서는 생선 이름에 상

어, 민어 등 '어'나 갈치, 꽁치 등 '치', 낭태, 명태 등 '태'자 돌림자를 썼기 때문에 처음에 무태라고 불렸는데, 나중에 일련의 이유로 형태가 변형되어 명태라고 부르게 됐다는 것이다.

이밖에 함경도와 일부 동해안 지역에서 명태의 간으로 기름을 짜 등불기름으로 사용하면서 '밤을 밝혀주는 물고기'라는 의미로 명태라 부르게 됐다거나, 영양부족으로 눈이 잘 보이지 않던 함경도 삼수갑산 농민들 사이에서 어떤 생선의 간을 먹으면 눈이 밝아진다는 소문이 돌면서 그 생선을 명태라고 불렀다는 이야기도 있다. 또다른 명칭인 북어에 대해서는 이만영의 '재물보'에 북해에서 나기 때문에 붙여진 이름이라는 기록이 있다.

한편 명태처럼 한자에서 명칭이 유래한 단어로 '불가사리'가 있다. 이는 다리 중 하나가 잘려도 재생되고 죽지 않아 '죽일 수 없는 존재'란 의미로 '불가살이(不可殺伊)'라고 표현한 데서 유래했다. 또 반대로 '대게'처럼 한자어인 줄 잘못 알고 있는 경우도 있다. 흔히 '큰 대(大)+게'로 부른다고 알고 있지만, 실제로는 다리가 몸통보다 몇 배가 길쭉해 대나무 같다는 의미에서 붙은 이름이다. 🔲

알아두면 쓸데 있는 유쾌한 상식사전 -우리말·우리글편-

내가 알고 있는 상식은 과연 진짜일까?
단순한 호기심에서 출발할 수 있는 많은 의문들을
수많은 책과 연구 자료를 바탕으로 파헤친다!

저자 조홍석
아폴로 11호가 달에 도착하던 해에 태어났다.
유쾌한 지식 큐레이터로서
'한국의 빌 브라이슨'이라 불리길 원하고 있다.

시대요구에서 시대문제로
디젤엔진

바닥이 보이는 자원, 한정된 공간, 증가하는 인구…. 인류는 이 문제에 직면한 채 새로운 에너지원을 찾기 위해 매진하고 있다. 한때 원자력도 그런 것 중 하나였고, 태양력·풍력·조력 외에 최근에는 수소가 에너지원으로 부상하고 있다. 문제는 이런 에너지원으로 높은 열효율을 내는 동력기관을 만들어내는 일이다.

18~19세기에는 석탄을 이용한 증기기관과 석유를 이용한 가솔린기관이 그 역할을 맡았다. 덕분에 대량생산이 가능해졌고, 인류는 이전에 경험해보지 못한 일대 변혁을 맞았다. 이처럼 과거보다 높은 생산성을 이뤄냈지만, 열효율성이 높은 것은 아니었다. 증기기관은 열효율성이 10%, 가솔린기관은 20% 정도에 불과했던 것이다.

이 때문에 기술자들은 석탄과 석유, 가스를 이용했을 때 최대한의 열효율을 이끌어낼 수 있는 새로운 동력원 개발에 매달렸다. 독일의 기계 기술자이자 발명가였던 루돌프 디젤(Rudolf Christian Karl Diesel, 1858~1913)도 그런 사람들 가운데 한 명이었다.

루돌프 디젤

독일에서 태어난 디젤은 어릴 적부터 기계와 열기관에 관심이 많았다. 디젤이 동력기관 연구에 눈을 돌린 것은 스승 카를 폰 린데(Carl Paul Gottfried von Linde)의 영향이 컸다. 뮌헨공대에 입학해 기계공학의 꿈을 키울 때 저온공학의 대가이자 가정용 냉장고 발명자였던 린데를 스승으로 만나면서 열역학에 관심을 가졌고, 이런 관심은 후에 동력기관을 만들겠다는 꿈으로 이어졌다.

그러나 곧바로 도전했던 것은 아니다. 우수한 성적으로 졸업한 후 파리에서 린데의 현대식 냉동 및 제빙 공장의 설계 및 건설을 도왔고, 1년 후 공장의 이사로 승진했다. 결혼도 했고, 다양한 발명품을 만들어 독일과 프랑스에서 수많은 특허도 획득했다.

생활이 안정되자 그는 회사와 관련된 발명과 특허 대신 다른 쪽으로 눈을 돌렸다. 그것은 학창시절부터 꿈꿔온 동력기관 분야였다. 처음에는 증기를 다루면서 열효율과 연료효율에 대한 연구를 했는데, 이때 사용한 증기는 암모니아 증기였다. 그러나 테스트 중에 엔진이 폭발하여 죽음에 이를 뻔한 사고를 당했다. 철과 강철 실린더 헤드의 강도를 테스트하던 중 실험체 하나가 폭발했기 때문이다. 목숨은 건졌지만, 병원에서 수개월을 보냈고 그 후에도 건강과 시력을 완전히 회복하지 못했다.

그러나 성공한 대부분의 사람들이 그렇듯 그는 연구를 멈추지 않았고, 실패를 거듭하며 7년을 버텼다.

그 결과 1892년 그간의 아이디어를 모아 자신만의 새로운 이론을 완성시켰다. 같은 해에는 이 이론에 대해 독일 특허를 받았고, 다음 해인 1893년에는 증기엔진을 대체하기 위한 '합리적인 열기관의 이론과 구조'라는 제목의 논문을 출판했다. 그리고 마침내 1894년 2월 엔진의 실린더 내에서 공기를 강제로 압축시켜 높은 열에 의해 강제로 점화시키는 엔진을 개발해냈다. 오늘날 '디젤엔진'의 시작이었다.

20세기 산업은 디젤엔진과 함께 성장했다고 해도 과언이 아니다. 증기기관을 사용하는 선박과 대형장비들은 빠르게 디젤기관으로 바꿔 탔고, 여기에 벤츠·아우디·포드 등은 디젤자동차로 자동차 대중화를 이끌었다. 특히 미국의 포드사는 최초로 대량 생산 방식을 도입해 많은 사람들이 갖고 싶어 하던 디젤자동차를 실제 구입이 가능한 수준까지 가격을 끌어내림으로써 1,500만대를 판매하기도 했다.

디젤엔진(1906)

디젤자동차를 홍보하는 신문광고

디젤기관은 실린더 안의 공기를 빨아들인 뒤 압축해서 고온·고압 상태로 만들고, 여기에 액체연료(경유 또는 중유)를 분사하여 자연발화한 힘으로 피스톤을 작동시켜 동력을 얻는다. 연료는 초기에는 중유를 사용했으나 기능이 향상되면서 불이 잘 붙는 경유를 사용하게 됐다. 또한 디젤엔진은 가솔린 엔진에 비해 적은 연료를 소모하기 때문에 효율이 좋다는 점 때문에 1930년 이후 선박과 자동차, 철도차량 등 큰 힘이 필요한 운송수단의 동력원으로 사용됐다.

전기차·수소차가 자동차의 현재이며 미래라고 하는 오늘날에도 대형트럭과 선박은 디젤엔진을 사용하고 있다. 세계의 물류가 디젤엔진에 달린 것이다. 환경문제를 요소수 첨가로 해결하고 있는 지금, 요소수 공급에 문제가 발생했을 때 택배를 받지 못한 것도 이 때문이다. 압축된 연료는 강한 힘을 내뿜지만, 연소하고 남은 것들은 유해물질이 되어 차 밖으로 배출된다는 점 때문에 규제대상이 되고는 있으나, 당분간은 지금의 위상이 지켜질 듯하다. 시대

과학계를 넘어 주식시장도 들썩인
초전도체 LK-99

올해 여름, 전 세계를 뜨겁게 달궜던 초전도체 LK-99가 일장춘몽으로 끝날 가능성이 유력하다. LK-99는 각종 첨단산업의 혁신을 일으킬 총아로 주목받았고, 개발이 사실이라면 그 해 노벨물리학상은 따 놓은 당상이라는 말까지 나왔다. 과학계는 물론, 주식시장에서도 초전도체 관련주 거래가 폭발하는 등 기대감을 키웠지만, 국내외 연구진이 LK-99의 개발에 부정적 의견을 잇달아 내놓으면서 분위기는 빠르게 가라앉았다. 그러나 여전히 검증에 나서는 해외 연구기관들이 있어 많은 투자자들이 희망을 버리지 못하는 모양새다. 대체 초전도체가 뭐기에 이 난리들인 걸까?

저항이란 전기가 흐르지 않도록 방해하는 정도를 말한다. 전기흐름을 방해한다니, 전기를 쓰는 우리 입장에서는 쓸모없다고 생각할 수 있지만, 저항을 활용해 전압을 조절하고 이를 필요한 곳에 적절히 분배할 수 있다. 또 전기에너지를 열로 바꿔줄 수 있어 전열기구의 작동에 요긴히 쓰인다. 하지만 어쨌든 이 저항 때문에 우리가 전력을 사용할 때 손실을 보게 되는 것은 사실이다. 생산한 전기에너지를 온전한 양으로 운반할 수 없다는 뜻이다.

그럼 이 저항을 완전히 없앨 순 없는 걸까? 초전도체라면 가능하다. 보통 전기가 흐르는 물질을 전도체, 흐르지 않으면 부도체, 양쪽의 성질을 모두 갖고 있으면 반도체라 한다. 초전도체는 특정 임계온도에서 저항이 0이 되는 물질로, 저항이 없어 전력의 손실이 없다. 또 외부의 자기장에 반대되는 자기장을 갖는 반자성을 띠기 때문에, 자석의 같은 극을 붙이면 서로 떨어지듯 물질을 공중으로 띄울 수 있다(마이스너 효과).

초전도현상이야 1911년에 이미 발견됐고 이후에 파생된 기술을 상용화하기도 했지만, 문제는 초전도현상이 일어나는 극한의 외부환경이었다. 저온 초전도현상의 경우 임계온도인 절대온도 4.2K(영하 268.8도), 이를 상온에 실현하려면 무려 260만기압을 조성해야 하는 것으로 알려졌다. 그러니 초전도기술을 적용하기 위해서는 알맞은 환경을 먼저 구현해야 하는데, 여기에 만만치 않은 비용이 든다. 고로 상온과 상압에서도 작용하는 초전도체를 찾아내는 것이 관건이었다.

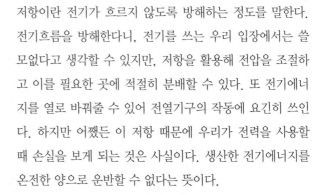

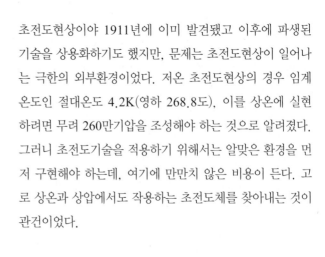

기대되면서도 뭔가 수상했던 LK-99

상온·상압에서도 작용하는 초전도체를 만들어내면, 전송 시 낭비되는 전력손실을 없애고 장거리를 한달음에 주파하는 자기부상열차 노선을 큰 비용 없이도 전국에 개통할 수 있다. 거기에 초월적 성능의 양자컴퓨터를 개발해내고, 차세대 발전방식으로 꼽히는 인공태양에 필수적인 초고열의 플라스마를 손쉽게 만들어낼 수도 있다. 이를 가능케 한다고 주장한 LK-99의 등장은 많은 이들을 설레게 혹은 미심쩍게 했다. LK-99를 개발했다고 알려진 '퀀텀에너지연구소(퀀연)' 측은 관련논문을 '아카이브'라는 논문 사전공개 사이트에 게시했다. 이 사이트는 전문가들의 동료평가나 정식심사를 받지 않은 논문도 자유롭게 게시할 수 있는 곳으로, 해당논문은 엄밀히 말해 진위여부가 가려지지 않은 상황이었다.

퀀텀에너지연구소가 초전도체라고 주장한 LK-99

상온·상압 초전도체의 개발은 전 세계 많은 이들을 솔깃하게 했으나, 논문의 진위여부도 그렇고 일단 논문저자들의 정체가 여러모로 흐릿했다. 제1연구자로 등재된 이석배 퀀연 대표는 물론 다른 연구진들도 각계의 뜨거운 관심에 비해 좀처럼 직접 언론에 얼굴을 비추는 일이 없었다. 그러면서 국내와 해외대학 연구진들은 논문에 기재된 제조법을 바탕으로 샘플 재현에 나섰고, 초전도체로 보이지 않는다는 결과가 속속 발표되자 기대감은 크게 수그러들었다. 초전도성을 띠지 않는 절연체, 혹은 반자성을 띤 새로운 물질이라는 의견이 우세했다. 퀀연 측은 자신들만의 제조 '노하우'가 있다는 식으로 해명하며 샘플제조를 비롯해 검증결과를 직접 발표하겠다고 선언했지만, 다시 공식적인 움직임을 보이지 않고 잠행 중이다. 그 사이 검증에 나섰던 국내외 연구진들은 LK-99의 개발을 아쉽게도 실패로 매듭짓는 모양새다.

LK-99가 우리에게 남긴 것은?

일반의 기대는 크게 사그라들었지만, 초전도체 테마주에 자산을 몰아넣은 투자자들은 초전도체 가능성이 있다는 보도와 아니라는 보도가 뒤섞여 터지면서 천당과 지옥을 오갔다. 덕분에 금세 기세가 크게 꺾일 것으로 예상됐던 테마주의 주가도 한동안 급등과 급락을 반복해 이어갔다. 퀀연이 검증결과 공식발표를 선언하자 희망의 끈을 붙잡는 눈치지만, 이미 8~9월 예정했던 발표일정이 기약 없이 미뤄지고 있어 LK-99광풍은 아쉬움만 남긴 채 끝날 것으로 보인다.

LK-99가 남긴 것은 무엇일까? 사실 완전치 않은 연구를 덥석 아카이브에 게재한 퀀연의 행보를 두고, 자사 홍보 혹은 증권시장을 자극할 의도가 있었던 것 아니냐는 비판적 시각이 있기도 하다. 물론 아카이브가 본래 그런 성격의 사이트이긴 하지만, 상온·상압 초전도체는 누구나 구미가 당길만한 굉장한 업적이기 때문이다. 한편 LK-99의 실패가 과학이 발전하는 과정 중 하나라는 의견도 있다. 나노물질 '그래핀'을 발견한 공로로 노벨물리학상을 수상한 콘스탄틴 노보셀로프 교수는 "과학이란 뭔가를 발견하고 밝혀내는 과정으로, 이론·가설을 실험을 통해 검증하는 것"이라고 말했다. 그러면서 "LK-99 사례도 흔하게 일어나는 그런 과정의 일부"라고 덧붙였다.

사명과 의무라면 죽어도 행복하리
이회영 지사

2023년 홍범도 장군 흉상 이전 방침으로 이념논쟁의 중심에 선 육군사관학교(육사)가 교내 '독립전쟁 영웅실' 철거에도 돌입했다고 알려졌다. 대신 6·25전쟁과 베트남전쟁 등에 참전한 육사 졸업생을 소개하는 공간으로 바꾸겠단다. 여기에는 항일무장투쟁은 제외돼 있다. 또한 최근까지도 육사의 정신적 연원이라고 밝힌 신흥무관학교의 설립자 이회영 지사를 기리는 공간마저 철거대상에 포함됐다.

1932년 11월. '중앙일보' 사회면에 3단짜리 기사가 실렸다.

배에서 나리자 경찰에 잡혀서 취조 중
류치장 창살에 목매 죽은 리상한 로인

다롄 항구에 도착한 배에서 내리자마자 일본경찰에 붙잡혀 취조당하던 한 노인이 유치장 창살에 목을 매 숨졌다는 내용이었다. 숨진 노인에 대한 구체적인 정보는 없었다. 그저 스스로 목숨을 끊었다는 것뿐이었다. 그런데 기사가 나오자마자 소문이 돌았다. 유치장에서 숨졌다는 노인이 신흥무관학교를 설립한 이회영 지사라는 것이었다.

일본경찰은 즉각 부인했다. 항구에서 체포된 인물도 이 지사가 아니라는 데 그들의 부인은 집중됐다. 그러나 며칠 뒤 소문은 사실이었음이 밝혀졌다. 더욱이 "유치장 안에서 빨랫줄로 목을 매 자결했다"는 일본경찰의 발표 역시 거짓말로 드러났다. 체포될 당시 65세였던 이 지사는 잔혹한 고문을 받던 중 체포 나흘 만에 순국한 것이었다. 일제는 이를 숨기기 위해 서둘러 화장까지 해버렸다. 일제군국주의의 서곡인 만주사변이 일어난 지 1년 만의 일이었다.

1932년 초 중국국민당을 찾아가 교섭을 통해 자금과 무기 지원을 약속받았던 이 지사가 다롄에 간 이유는 만주의 독립운동 지하조직을 굳건히 하고 만주 주재 일본군 사령관을 처단하는 작전을 추진하기 위해서였다. 그러나 밀정의 밀고가 있었고, 그로 인해 일본경찰에 체포됐으며, 고문 끝에 생을 달리한 것이었다. 이 지사 순국소식이 전해지자 '독립운동사에 빛나는 별 하나를 잃었다'는 애끊는 통곡이 한국인이 사는 곳곳에서 메아리쳤다.

이회영 지사
(1867.3.17.~1932.11.17)

이회영 지사는 서구와 일제의 조선침략이 노골화되던 1867년에 서울에서 7형제의 넷째로 태어났다. 그의 가문은 임진왜란 이래 다섯 번의 병조판서, 세 번의 좌·우 정승과 영의정을 지낸 10대조 백사 이항복에서부터 그의 아버지에 이르기까지 거의 모두가 정승·판서·참판을 지낸 손꼽히는 명문가였다. 형제 중 이 지사는 가장 먼저 봉건적 인습과 사상을 타파한 개방적이고 활달한 성격의 소유자였다.

스무 살의 이 지사는 집안의 노비들을 평민으로 풀어줬고, 청상과부가 된 누이동생을 재혼시키는 등 새로 배운 제도와 사상을 즉각 행동에 옮기는 사람이었다. 사회적으로는 독립협회를 중심으로 이상재, 이상설 등과 교류하면서 민중계몽과 내치, 그리고 외교정책의 수립 등에 힘썼다. 1910년 국치를 당했을 당시 손위 건영·석영·철영, 손아래 시영·호영에 이 지사를 포함한 6형제와 식솔들까지 50여 명이라는 대가족의 만주 망명을 추진한 것 또한 이 지사였다고 한다. 이 과정에서 형 석영은 양부로부터 물려받은 6,000석의 재산을 독립운동자금으로 내놓기도 했다.

이 지사는 3·1만세운동까지는 국내외에서 독립운동을 전개했고, 이후로는 중국에서 무정부주의 사상을 받아들여 그 이념과 노선에 따라 일제에 대한 테러 등 격렬한 운동을 전개했다. 독립협회를 중심으로 한 민중계몽 운동(1898)으로 시작된 이 지사의 독립투쟁은 을사오적 규탄(1905), 안창호·이동녕·신채호 등과 함께한 비밀결사 신민회 활동(1906), 중국 동삼성에 교포자녀 교육을 하게 한 서전서숙 개설(1907), 서울 상동교회의 상동청년학원 개설(1908), 농업생산과 교육을 위한 교민자치단체 경학사 조직(1911), 청산리전투의 주역들을 배출한 신흥무관학교 설립(1912), 재(在) 중국 조선무정부주의자연맹 조직(1924년), 항일구국연맹 조직(1931) 등으로 이어졌다. 우리 독립운동사에 굵직한 사건들이 모두 이 지사의 손을 거친 셈이다.

특히 그의 나이 64세에 중국인 동지들과 함께 구축한 항일구국연맹은 상하이 북역사건, 아모이 일본영사관 폭파사건, 톈진항 일본 군수물자 수송선 폭파사건, 톈진 일본영사관 폭파사건 등 잔인한 일본제국주의의 근간을 흔들기 위한 의거를 주도했다. 이

왼쪽부터 김창숙, 미상, 미상, 김달하, 이회영(1924년 베이징)

봉창·윤봉길 의사의 폭탄투척의거도 바로 이런 독립투쟁의 기운 속에서 실현된 것이다.

이회영 지사뿐 아니다. 만주와 상해 등 광활한 대륙에서 그들 형제는 인재양성과 독립투쟁을 계속했다. 그러나 그로 인한 고초와 희생은 말로 다할 수 없었다. 회영·호영 형제는 고문으로 순국했고, 석영은 먹지 못해 숨졌다. 호영의 가족은 몰살당했다. 해방 후 시영이 임정요인으로서 조국에 돌아왔을 때 살아남은 가족은 20여 명밖에 되지 않았다.

생과 사는 다 같이 일생의 일면인데
사를 두려워해 가지고 무슨 일을 하겠는가
이루고 못 이루고는 하늘에 맡기고
사명과 의무를 다하려다가 죽는 것이
얼마나 떳떳하고 가치 있는가

이회영 지사는 평생을 독립운동과 혁명가의 길을 걸었음에도 조직의 장(長)을 맡은 적이 없다. 이 때문에 이 지사는 아우 시영에 가려 후세에 별로 알려지지 않았다가 무장투쟁사가 조명되고서야 세상이 알려졌다. 대한민국정부는 이 지사에게 1962년 건국훈장 독립장을 추서했다. 時代

또 다른 의미의 침략
시오니즘

Zionism

팔레스타인 지역에 유대인국가 건설을 목적으로 한 민족주의 운동

#시온 #디아스포라 #민족주의 #드레퓌스

바다가 다시 메워지고 있다. 금방이라도 목덜미를 잡을 듯 뒤쫓던 600대의 전차와 병사들이 순식간에 쏟아지는 바닷물에 휩쓸려 버렸다. 기원전 1500년경 모세가 애굽(이집트)에서 노역과 학대, 차별로 고된 삶을 이어갔던 유대인들을 이끌고 하나님이 약속한 땅, 팔레스타인에 도착했다. 그들은 하나님으로부터 10개의 계명을 받고 이를 기반으로 해 이미 정착해 살고 있던 이들을 내쫓은 후 왕국을 세웠다. 다윗과 솔로몬의 영광을 누렸지만, 기원전 722년과 기원전 587년에 앗수르와 바빌론에 짓밟혀 왕국은 멸망하고 유대인들은 그 옛날처럼 또다시 뿔뿔이 흩어져 유럽의 가장 천대받는 민족으로 2,000년을 살았다. 주인 없이 버려진 땅엔 또다시 원주민들이 자리잡았다. 그런데 유대인들이 다시 팔레스타인으로 돌아오기 시작했다.

직접적인 계기는 19세기 말 '드레퓌스 사건'이었다. 드레퓌스 사건은 반유대주의, 강박적인 애국주의 때문에 억울하게 옥살이를 한 프랑스 포병대위 드레퓌스의 간첩혐의를 놓고 프랑스 사회가 무죄를 주장하는 드레퓌스파와 유죄를 주장하는 반드레퓌스파로 양분되어 격렬하게 투쟁했던 정치적인 스캔들이다. 스파이 문제가 터지자 단순히 필적이 비슷하다는 이유를 들어 대위였던 드레퓌스를 범인으로 낙인찍고 일사천리로 종신형을 선고했는데, 드레퓌스를 범인으로 본 이유가 그가 유대인이라는 것 때문이었다.

보불전쟁의 패배로 큰 상처를 입은 프랑스는 자신들이 약해졌다는 것도, 독일이 강해졌다는 것도 인정할 수 없었다. 대신 누군가 조국을 배신했을 거라는 강한 의심을 품음으로써 패전을 합리화하려 했다. 이때 작용한 것이 유럽에 깊게 뿌리 내려 있던 반(反)유대정서였다. 전쟁의 패배에 대한 원인과 희생양으로서 유대인을 선택한 것이다. 이에 반유대주의와 극우 보수단체들의 목소리가 커졌고, 이에 귀를 기울이는 시민들이 점점 많아졌다. 그런 중에 스파이 사건이 터졌고, 범인을 찾기 어렵자 희생양이 필요했으며, 그때 눈에 띈 인물이 유대인이었던 드레퓌스였던 것이다. 재판과정이 편파적이었던 것은 말할 것도 없었다. 훗날 프랑스군부의 조작이 밝혀지면서 드레퓌스는 누명을 벗었지만, 이 불합리한 과정을 눈여겨본 이가 있었다.

18세기 시집의 삽화(홍해를 건너는 모세)

LA LIBRE PAROLE
ILLUSTRÉE

La France aux Français!

RÉDACTION
14 Boulevard Montmartre | Directeur : EDOUARD DRUMONT | ADMINISTRATION
91, boulevard Montmartre

1893년 프랑스 신문에 실린 반유태주의 캐리커처

오스트리아 신문의 유대인 기자 테어도어 헤르츨이었다. 그는 사건과 재판 과정에서 반유대주의를 통감했고, 유럽사회에 동화되는 방식으로는 문제를 해결할 수 없다고 판단, '시온으로 돌아가자'는 민족주의 운동, 시오니즘을 주창했다.

여기에서 시온(Zion)은 예루살렘 시가지 내에 있는 언덕 이름으로 시오니즘은 곧 예루살렘으로 돌아가 유대인국가를 건설하자는 것이었다. 헤르츨은 책 출간에 이어 1897년 스위스 바젤에서 제1회 시오니즘 세계대회를 개최했고, 이 자리에서 국제법으로 보장되는 유대인국가를 세운다는 강령을 마련했다. 즉, 외교적 협상으로 국가를 건설하겠다는 것이었다.

19세기 민족주의 열풍과 함께 유럽에서의 유대인 박해가 심화된 때 미국과 같은 신대륙을 건너가거나 국제사회주의 운동에 참여하는 것 외에 유대인들이 선택할 수 있는 것은 시오니즘에 입각해 국가를 건설하는 것이었다. 그 결과 유대인의 팔레스타인 이주를 뜻하는 '알리야' 물결이 이어졌다.

20세기 들어서는 러시아에서의 유대인 집단학살(포그롬, Pogroms), 나치의 유대인 학살(홀로코스트) 등의 생존자들이 또한 팔레스타인으로 모여들었다. 영국의 외상 밸포어가 이스라엘 건국을 지지한 것도 이런 이동을 부추겼다. 제1차 세계대전 종전 후 영국이 팔레스타인을 위임통치했기 때문이었다.

그러나 그곳에는 이미 주인이 있었다. 중동의 패권 국가였던 오스만제국이 제1차 세계대전에서 패망한 뒤 팔레스타인 지역을 영국이 장악했지만, 이곳에 사는 사람 중 대부분이 아랍인이었고, 유대인은 소수민족일 뿐이었다. 그런데 시온주의자들은 유대인들이 이주를 해 와 팔레스타인 지역에서 유대인이 다수를 차지하게 된다면 수년 내에 국가를 건설할 수 있을 것이라는 판단하에 전 세계 유대인들의 이주를 장려했다. 결국 이주하는 유대인들이 증가함에 따라 유대인 정착촌이 커져갔고, 이는 팔레스타인 땅에서 살고 있던 아랍인들과의 충돌을 야기했다. 급기야 1947년 유엔(UN)은 팔레스타인 지역을 유대인국가, 아랍국가로 분리하되 예루살렘은 국제 공동통치 구역으로 두는 '팔레스타인 분할안'을 일방적으로 통과시켜 사태를 악화시켰다.

그런 중에 사태를 해결하지 못한 채 영국 통치자들이 1948년 팔레스타인 지역에서 완전히 철수하자 유대인 지도자들은 이스라엘국가 건국을 선언해버렸다. 그리고 대량의 팔레스타인 사람들을 난민으로 전락시켰다. 고향을 찾겠다며 찾아왔던 유대인을 함께 살자 받아들였던 팔레스타인 사람들을 내쫓아버린 것이다.

과거 유대인들을 팔레스타인에서 내쫓은 이들은 팔레스타인의 아랍인들이 아니었다. 그들이 고향을 잃게 된 것은 이 지역을 점령한 로마제국이 유대인을 추방하는 강경정책을 실시했기 때문이었다. 또한 유럽 대륙에서의 차별과 박해로 신음하다 돌아온 유대인들을 국가가 아닌 부족이나 민족 단위로 생활하던 팔레스타인 아랍인들은 반기지는 않더라도 도로 내쫓지는 않았다.

현재의 가자지구는 과거 팔레스타인에 자유롭게 흩어져 살던 아랍인들이 모여 사는 곳이다. 국제사회로부터 자치정부로 인정받았음에도 서방의 언론은 그들의 정부를 무장단체, 괴뢰정권이라고 부른다. 이스라엘은 육지의 장벽에 이어 이들의 해상침투를 막는다며 바다에까지 장벽을 설치해 '천장 뚫린 감옥', '세상에서 가장 큰 감옥'을 완성해냈다.

정치적 시오니즘에 대한 우려와 반대가 없었던 것은 아니다. 정치적 시오니즘은 반유대주의의 이면일 뿐이라는 통찰이 유대인 사이에서 애초부터 제기됐다. 헤르츨이 총회를 독일 뮌헨에서 열려고 했을 때 초청 대상자인 독일 랍비 90명 중 2명만 제외하고 모두가 총회 개최를 반대해서 대회장소를 스위스 바젤로 옮겨야 했을 정도다.

특히 빈의 수석랍비이자 저명한 유대사 학자인 모리츠 귀데만은 시오니즘을 신랄하게 비판했다. 그는 자신의 책 '민족적 유대교'에서 시오니즘이 민족주의적 이기주의의 발로라고 우려했다. 그는 어느 날 "대포와 총검을 장착한 유대교는 다윗과 골리앗의 역할을 뒤집어서 우스꽝스러운 모순을 자아낼 것"이라고 섬뜩하게 미래를 예언했다. 근대 유대인 사상가이자 독일 계몽주의 철학자 모제스 멘델스존도 일찌감치 '유대인은 보통 인류이기 때문에 자신들이 사는 곳을 사랑해야 한다'며 "성지가 곧 조국이 될 수 없다"고 말했다.

현실적인 반대도 제기됐다. 팔레스타인에 사는 기존 아랍 주민의 문제였다. 러시아 사회주의혁명당 간부인 일리야 루바노비치는 "아랍인도 정확히 똑같은 역사적 권리를 가졌고, 유대인이 국제적인 약탈자의 보호 아래 뒷거래와 부패한 외교 음모를 이용해서 평화로운 아랍인이 자신의 권리를 수호하게 한다면 불행한 일이 될 것이다"라고 예언했다.

이런 역사적·철학적 통찰과 반대에도 불구하고 오늘의 이스라엘은 주민 중 80%가 어떤 형태로든 사회적 지원이나 국제단체의 구호품에 의존한 채 살고 있는 가자지구의 팔레스타인 아랍인들을 포탄과 미사일을 앞세워 그곳에서마저 완전히 내쫓아버리려고 한다. 그들의 '하나님의 나라'에서는 팔레스타인 사람들은 죽어도 되는 사람들일까? 시대

레바논
골란고원
시리아
요르단강
지중해
서안지구
요르단
텔아비브 ●
예루살렘 ●
사해
가자지구
이스라엘
20km
집트

영화와 책으로 보는 따끈따끈한
문화가 소식

영화

연극

노량 : 죽음의 바다

김한민 감독의 이순신 3부작 중 마지막 작품인 〈노량 : 죽음의 바다〉가 12월 20일 개봉한다. 충무공 이순신 장군의 마지막 전투인 노량해전을 그린 작품으로, 배우 최민식과 박해일에 이어 김윤석이 이순신 장군의 역할을 이어받았다. 노량해전은 현재의 경남 남해군 노량리 앞바다에서 본국으로 퇴각하는 왜군을 추격해 섬멸한 전투다. 임진왜란을 종결한 전투이자 이순신 장군이 전사한 전투로도 유명하다. 이순신이라는 '민족영웅' 브랜드와 잘 구현한 대규모 전투장면으로 그동안 기록적인 흥행을 이어온 시리즈인 만큼 영화업계에서도 기대를 모으고 있다.

장르 역사, 전쟁　　**감독** 김한민
주요 출연진 김윤석, 백윤식 등
개봉일 2023.12.20

고도를 기다리며

1969년 노벨문학상을 수상한 아일랜드 작가 '사무엘 베케트'의 희곡 〈고도를 기다리며〉가 새로운 프로덕션으로 12월 관객을 찾는다. '부조리극'의 대명사라 해도 과언이 아닌 이 작품은 현대 희곡의 새로운 지평을 열었다고 해도 무방하다. 이어지지 않는 맥락 없는 대사를 통해 인간 존재의 무의미를 본격적으로 탐구하는 작품이다. 1953년 파리 바빌론 극장에서 초연한 이후 유명세를 얻어, 50여 개의 국가에서 번역돼 공연을 이어왔으며 현재까지 사랑받고 있다. 두 주인공이 앙상한 나무 아래에서 누구인지 모를 '고도'라는 인물을 기다리며 나누는 대화로 플롯이 짜여져 있다.

장소 국립극장 달오름극장
주요 출연진 신구, 박근형 등
날짜 2023.12.19~2024.02.18

2023 진주국제재즈페스티벌

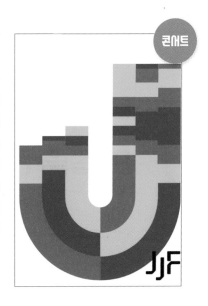

2018년부터 시작된 진주국제재즈페스티벌이 12월, 그 여섯 번째 막을 성황리에 올린다. 페스티벌은 재즈의 대중화를 목적으로 국내외 아티스트를 초청해 무대를 열고, 진주의 로컬브랜드와 협업을 통해 상생하는 프로젝트다. 청소년을 위한 글로벌 문화예술교육, 지역문화예술콘텐츠를 담은 재즈 갤러리, 지역 청년 커뮤니티 그룹과의 협업 프로그램을 마련하여 지역문화발전에 기여하고 있다. 다채로운 재즈 무대와 교육프로그램 외에도 유관기관과 아티스트, 기업 메세나가 함께하는 활동성과 공유 파티도 열린다. 이번 공연에서는 '카더가든', '국카스텐' 등 국내 유명 아티스트와 스위스 · 아일랜드 · 나이지리아 등 각국에서 날아온 아티스트들의 색다른 음악을 맛볼 수 있다.

장소 경남문화예술회관 대공연장 등   **날짜** 2023.12.05~2023.12.08

예루살렘의 역사

프랑스의 역사학자 벵상 르미르가 예루살렘을 중심으로 세계사를 짚어냈다. 현재 하마스와의 전쟁으로 주목받고 있는 이스라엘의 수도 예루살렘은 과거부터도 여러 국가 · 민족의 정복과 탈환의 역사 속에서 4,000년의 시간을 이어왔다. 저자는 이러한 역사적 사실을 바탕으로 예루살렘의 분쟁과 평화, 멸망과 부활 등 길고 긴 파노라마를 극적으로 엮어 낸다. 예루살렘은 유대교, 기독교, 이슬람교의 발원지이자 성지로서 세계가 빚어낸 굵직굵직한 사건의 중심지였다. 많은 민족이 예루살렘을 차지하기를 원했고, 이러한 정복의 욕망은 현재진행 중이다. 이 책은 저자가 들려주는 예루살렘 이야기를 그래픽노블로 옮겨 내 누구나 지루하지 않고 재미있게 접할 수 있다.

저자 벵상 르미르   **출판사** 서해문집

아침 그리고 저녁

2023년 노벨문학상을 수상한 '욘 포세'의 장편소설이다. 오늘날까지 전 세계를 대표하는 극작가로 평가받는 욘 포세는 이 작품에서 시적이고 유려한 문장으로 인간의 삶과 생존투쟁을 그려낸다. 노르웨이의 한 해안가 마을에서 시작되는 이 이야기는 한 사람의 인생을 조망하며, 그가 태어난 순간과 노인이 되어 홀로 자신의 존재를 곱씹는 심리를 촘촘하게 직조해낸다. 특이한 소재를 담지는 않았지만, 한 인간이 자신의 인생과 자신을 둘러싼 세계를 바라보는 시선을 아름답고 심오하게 그려냈다. 평범하기 그지없는 인물의 이야기를 다루고 있지만, 그의 생각과 시간을 채운 언어의 깊이는 가늠할 수 없이 깊다. 실대

저자 욘 포세   **출판사** 문학동네

내 인생을 바꾸는 모멘텀

박재희 교수의 마음을 다스리는 고전이야기

위기가 아니면 싸우지 마라!

비위부전(非危不戰) - 〈손자병법(孫子兵法)〉

인생을 살아가면서 가장 큰 고민 중에 하나는 감정에 대한 조절입니다. 감정을 조절하지 못해 작게는 주변사람의 마음에 상처를 주거나 크게는 무리하게 일을 결정하여 이러지도 저러지도 못 하는 경우도 있습니다. 특히 감정을 조절하지 못해 상대방과 갈등을 일으키고, 나아가서는 감정의 불화 때문에 치명적인 상처를 남기는 싸움을 하게 된다면 참으로 불행한 일이 아닐 수 없습니다.

'손자병법'은 '이익이 없거나 위험이 되지 않는데 전쟁을 하는 것은 큰 재앙을 가져올 수 있다'고 경고하면서 수차례 감정조절에 대해 말합니다. '군주는 분노하여 군대를 일으켜선 안 되고, 장군은 노여움 때문에 전쟁을 치러서는 안 될 것이다'라고 한 것이 그것이며, '분노는 시간이 지나면 기쁨으로 바뀔 수 있다. 노여움은 시간이 지나면 즐거움으로 바뀔 수 있다. 그러나 한 번 망한 나라는 다시 세울 수 없다. 한 번 죽은 병사들은 다시 살릴 수 없는 것이다. 따라서 현명한 군주는 삼가고 신중해야 한다'라고 한 것이 그것입니다.

非利不動 非危不戰 非得不用
비리부동 비위부전 비득불용

이익이 없다면 군대를 움직이지 마라!
위기상황이 아니면 싸우지 마라!
얻을 것이 없다면 군대를 동원하지 마라!

경쟁이 치열할수록 감정과 분노를 조절하고 철저한 이익과 득실을 따져서 대처해야 합니다. 지혜와 전략은 자신의 감정과 분노를 최대한 정제시켜 주는 도구인 셈입니다.

전쟁은 이기는 것이 중요한 것이 아니라 다치지 않는 것이 더욱 중요하다.

非	危	不	戰
아닐 비	위태할 위	아니 부	싸울 전

구밀복검(口蜜腹劍)

당나라 현종(玄宗) 때였습니다. 현종은 45년 동안 황제였는데, 치세 초기에는 정치를 잘한 인물로 칭송받던 인물이었습니다. 그러나 나이가 들면서 소위 여자에 빠져 허우적대기 시작했습니다. 그 중심에는 바로 귀비(貴妃) 양(楊)씨가 있었습니다.

양 귀비는 본래 현종의 아들 수왕(壽王) 이모(李瑁)의 비(妃)였습니다. 그런데 현종이 총애하던 후궁 무혜비가 죽자 우울해진 황제를 달래주기 위해 환관 고력사를 포함한 여러 대신들이 현종의 마음에 드는 여인을 찾아다녔는데, 그러던 중에 며느리인 수왕비가 아름답다는 이야기를 듣고는 황제가 온천궁에 나섰을 때 수왕비 양씨를 황제 앞에 소개해줬습니다. 결국 며느리 수왕비에게 반한 현종은 며느리를 취하기는 민망했는지 수왕비를 도교사원에 일시적으로 출가시켜 아들과의 인연을 끊어낸 다음 자신의 후궁, 귀비로 들였습니다. 시아버지가 아들의 아내를 빼앗아 취한 것이었습니다. 이때 양 귀비는 스물일곱 살이었고, 현종은 예순한 살이었습니다.

이때부터 황실은 양 귀비를 중심으로 돌아갔습니다. 양 귀비의 궁에는 뇌물로 넘쳐났고, 뇌물의 크기에 따라 관직이 오고갔습니다. 이임보(李林甫)도 그렇게 관직에 올랐고, 귀비에 들러붙어 현종의 환심을 사 재상까지 됐습니다. 심지어 그는 황제의 비위만 맞추면서 절개가 곧은 신하의 충언이나 백성들의 간언이 황제의 귀에 들어가지 못하게 하며 정사를 쥐락펴락했습니다.

그런 자도 한 번은 어사(御使)의 감찰에 비리가 걸렸습니다. 그러나 그는 어사에게 이렇게 말했습니다.

"황제께서는 명군(名君)이시오. 그러니 우리 신하들이 무슨 말을 아뢸 필요가 있겠소. 저 궁전 앞에 서 있는 말을 보시오. 어사도 저렇게 잠자코 계시오. 만일 쓸데없는 말을 하면 가만두지 않겠소."

제 잘못이 걸려 감사를 받는 중에도 오히려 어사를 겁박하기까지 했습니다. 상황이 이러니 설령 직언하고 싶다 한들 하려고 나서기가 쉽지 않았습니다.

그뿐이 아니었습니다. 그가 한밤에 서재에서 고민이 길어지면 다음 날 예외 없이 누군가가 생을 달리했습니다. 충신의 접근도 막고, 제 앞길에 방해된다 싶으면 살인도 거침없던 그는 그렇게 19년 동안 온갖 권세를 휘둘렀습니다. 그러나 양 귀비에 빠져 있던 현종은 끝내 눈치채지 못했습니다.

이런 일도 있었습니다. 제 마음에 안 드는 자(엄정지)를 지방 한직으로 쫓아버렸는데 현종이 다시 조정으로 불러들이려 하자 엄정지에게는 '병을 핑계로 수도에 올라 오라'고 사주한 후 현종에게는 "정말 아까운 사람인데 애석하게 되었습니다. 엄정지가 지금 중병으로 고생하고 있습니다. 그러니 어떻게 조정 대사를 볼 수 있겠습니까?"라고 보고해 엄정지의 등용을 무마시켰습니다. 이 때문에 세상은 그를 이렇게 비난했습니다.

"임보는 현명한 사람을 미워하고, 능력 있는 사람을 질투하고 억누르는 음험한 사람이다. 사람들이 그를 보고 '입에는 꿀이 있고 배에는 칼이 있다[口蜜腹劍]'고 말한다."

이임보의 죄가 세상에 폭로된 것은 그가 죽은 후였습니다. 이임보가 죽고 양 귀비의 일족인 양국충(楊國忠)이 재상이 돼서는 이임보의 죄목을 조목조목 고했던 것입니다. 이에 현종은 그의 생전 관직을 모두 박탈하고 부관참시(剖棺斬屍, 무덤에서 관을 꺼내 그 관을 부수고 시신을 참수하는 것)의 극형에 처했습니다.

총선이 5개월 앞으로 다가오자 온갖 달콤한 공약들이 넘쳐나고 있습니다. '메가시티 서울', '고도제한 완화' 등이 그런 것들입니다. 그러나 사탕을 무분별하게 먹으면 충치만 생길 뿐입니다. 꿀처럼 욕망을 부추기는 말 속에 숨어 있는 칼을 조심해야 할 때입니다. ■

口	蜜	腹	劍
입 구	꿀 밀	배 복	칼 검

완전 재미있는
낱말퀴즈

	1	2		8			
				9			
		3		4			
				5	6		
				7			

가로

❶ 10간과 12지를 결합하여 만든 60개의 간지
❸ 상온에서 전기전도율이 도체와 절연체의 중간 정도인 물질
❺ 결정적인 판단을 하거나 단정을 내릴 수 있는 능력
❼ 태양처럼 스스로 빛과 열을 내며 한자리에 그대로 머물러 있는 별
❾ 예상 밖의 결과가 빚은 모순이나 부조화

세로

❷ 여러 사람이 조금씩 힘을 합하면 한 사람을 돕기 쉬움을 이르는 말
❹ 계약이나 조약 따위를 공식적으로 맺음
❻ 어떤 일이 단 한 번만으로 그치는 성질
❽ 자기 자신에 대한 의식이나 관념

참여 방법 문제를 보고 가로세로 낱말퀴즈를 풀어보세요. 낱말퀴즈의 빈칸을 채운 사진과 함께 〈이슈&시사상식〉 199호에 대한 감상평을 이메일(issue@sdedu.co.kr)로 보내주세요. 선물이 팡팡 쏟아집니다!

❖ 아래 당첨선물 중 받고 싶으신 도서와 이름, 주소, 전화번호를 함께 남겨주세요.

〈이슈&시사상식〉 198호 정답

							9필
1훈	맹	2정	음		8노	력	
		당			스		
3당	4위	성			탈		
	계		6도		지		
	질		7외	래	어		
	5서	정	시				

참여해주신 모든 분들께
감사드립니다.
당첨되신 분께는
개별적으로 연락드립니다.

당첨선물

정답을 맞힌 독자분들 중 가장 인상적인 감상평을 남기신 분께는 〈발칙하고 유쾌한 별별 지식백과〉, 〈소워니놀이터의 띠부띠부 직업놀이〉, 〈지금 내게 필요한 멜로디〉, 〈미국에서 기죽지 않는 쓸만한 영어 : 일상생활 필수 생존회화〉 등 푸짐한 선물을 드립니다!

❖ 참여하실 때는 반드시 희망 도서를 하나 골라 기입해주세요.

최신이슈와 상식을 골고루!

 이＊희(서울시 마포구)

개인적으로 준비하고 있는 논술시험에 대비하기 위해 꾸준히 〈이슈&시사상식〉을 챙겨보는 편인데, 최근 화제가 된 이슈와 시사상식을 다루고 있어 최신상식을 두루 익히는 데 도움이 된다. 특히 우리 생활과 직결되는 굵직한 이슈를 일목요연하게 정리한 점이 돋보인다. 사회 전반적으로 일어나고 있는 일들을 객관적인 시선에서 바라보며 이해하기 쉽게 내용을 풀어냈으며, 이슈나 시사상식뿐만 아니라 논술 및 면접 대응법, 역사, 문화 등 다양한 분야에 대한 정보도 제공하고 있어서 시사에 관심이 있는 사람이라면 누구나 흥미를 느끼고 읽어볼 수 있는 책이다.

일상과 직결되는 이슈들

 서＊현(영주시 영주동)

일상생활에서 다른 사람과 대화를 할 때면, 자연스럽게 최근 논란이 되는 이슈에 관한 이야기를 나누게 된다. 특히 사람들이 가장 많은 관심을 두는 정치·사회 뉴스에 대해 의견을 나누곤 하는데, 〈이슈&시사상식〉에는 다양한 분야의 최신 시사이슈를 다루고 있을 뿐만 아니라 사건의 흐름과 주요 쟁점내용 등이 잘 정리되어 있어 관련 현안에 대한 정보를 총체적으로 이해할 수 있다. 또 환경과 안전 등 우리의 일상과도 직결되는 문제들이 많이 언급되는 만큼 앞으로도 시사이슈에 지속적인 관심을 갖고 지켜볼 필요가 있겠다는 생각이 든다.

가볍게 읽기 좋은 시사잡지

 이＊정(서울시 마포구)

기본적으로 취업준비생들을 타깃으로 출간되고 있는 책이지만 여러 시사이슈뿐만 아니라 건강, 문화, 역사, 인물 등 생활에 도움이 될 만한 내용도 함께 담겨 있어 가볍게 읽기 좋을 것 같다는 생각에 구독하게 됐다. 최근 화제가 된 이슈와 시사용어들이 분야별로 다양하게 수록되어 있는데, 논란이 된 이유와 사건의 진행상황, 기사가 작성된 시점에서 발견되는 문제점 등이 잘 정리되어 있어서 해당 이슈에 대한 정보나 지식이 부족해도 이해하는 데 큰 어려움이 없었다. 심심풀이로 읽어보면 좋은 생활상식 및 인문학 관련 코너도 있어서 관심사에 따라 골라 읽을 수 있다.

취준생들에게 강력 추천!

 김＊진(부천시 심곡동)

취업준비를 하면서 가장 힘든 부분이 논술시험과 면접인 것 같다. 필기시험은 이론을 외우고 기출문제들을 풀면서 공부하면 되는데, 논술이나 면접은 따로 교재를 구매하기도 애매한 부분이 있어서 온라인상에 공유되고 있는 예시답안이나 과거 응시생들의 후기를 주로 찾아보는 편이었다. 그러다 〈이슈&시사상식〉에 관련 분야의 전문가가 기고하는 글이 있다는 것을 알게 되어 그때부터 꾸준히 읽게 됐다. 현장에서 나올 가능성이 높은 질문을 예상하는 것뿐만 아니라 해당 질문에 적절한 예시답안까지 작성되어 있어서 면접과 논술시험을 준비하는 데 큰 도움이 됐다.

독자 여러분 함께해요!

〈이슈&시사상식〉은 독자 여러분의 리뷰를 기다리고 있습니다. 분야·주제 모두 묻지도 따지지도 않습니다. 보내주신 리뷰 중 채택된 리뷰는 다음 호에 수록됩니다.

참여방법 ▶ 이메일 issue@sdedu.co.kr
당첨선물 ▶ 정답을 맞힌 독자분들 중 가장 인상적인 감상평을 남기신 분께는 〈발칙하고 유쾌한 별별 지식백과〉, 〈소워니놀이터의 띠부띠부 직업놀이〉, 〈지금 내게 필요한 멜로디〉, 〈미국에서 기죽지 않는 쓸만한 영어 : 일상생활 필수 생존회화〉 등 푸짐한 선물을 드립니다!

❖ 참여하실 때는 반드시 <u>희망 도서</u>를 하나 골라 기입해주세요.

나눔시대

함께 배우고 성장하는 배움터! (주)시대고시기획 시대교육(주) 입니다.
앞으로도 희망을 나누는 기업으로서 더 큰 나눔을 실천하겠습니다.
나눔은 행복입니다.

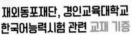

재외동포재단, 경인교육대학교
한국어능력시험 관련 **교재 기증**

장병 1인 1자격,
학점 취득 지원

전국 야학 지원
청소년, 어린이 장학금 지원

❝ 숨은 독자를 찾아라! ❞
〈이슈&시사상식〉을 함께 나누세요.

대학 후배들이 하루의 대부분을 보내고 있을
동아리 사무실에 〈이슈&시사상식〉을 선물하고
싶다는 선배의 사연

마을 도서관에 시사잡지가 비치된다면 그동안
아이들과 주부들이 주로 찾던 도서관을
온 가족이 함께 이용하게 될 것으로
기대한다는 희망까지…

〈이슈&시사상식〉, 전국 도서관
및 희망자 나눔 기증

양서가 주는 감동은 나눌수록 더욱 커집니다. 저희 〈이슈&시사상식〉도 힘을 보태겠습니다.
기증 신청 및 추천 사연을 보내주세요. 사연 심사 후 희망 기증처로 선정된 곳에 1년간 〈이슈&시사상식〉을 무료로 보내드립니다.

* 보내주실 곳 : 이메일(issue@sdedu.co.kr)
* 희망 기증처 최종 선정은 2024 나눔시대 선정위원이 맡게 됩니다. 선정 여부는 개별적으로 알려드립니다.

SD에듀
(주)시대고시기획

나는 이렇게 합격했다

여러분의 힘든 노력이 기억될 수 있도록
당신의 합격 스토리를 들려주세요.

합격생 인터뷰
상품권 증정

추첨을 통해
선물 증정

베스트 리뷰자 1등
갤럭시탭 S8 증정

베스트 리뷰자 2등
갤럭시 버즈2 증정

SD에듀 합격생이 전하는 합격 노하우

**"기초 없는 저도 합격했어요
여러분도 가능해요."**
검정고시 합격생 이*주

**"불안하시다고요?
시대에듀와 나 자신을 믿으세요."**
소방직 합격생 이*화

**"강의를 듣다 보니
자연스럽게 합격했어요."**
사회복지직 합격생 곽*수

**"선생님 감사합니다.
제 인생의 최고의 선생님입니다."**
G-TELP 합격생 김*진

**"시험에 꼭 필요한 것만 딱딱!
시대에듀 인강 추천합니다."**
물류관리사 합격생 이*환

**"시작과 끝은 시대에듀와 함께!
시대에듀를 선택한 건 최고의 선택"**
경비지도사 합격생 박*익

합격을 진심으로 축하드립니다!

합격수기 작성 / 인터뷰 신청

QR코드 스캔하고 ▷ ▷ ▶
이벤트 참여하여 푸짐한 경품받자!

합격의 공식
SD에듀

각종 자격증, 공무원, 취업, 학습, IT, 상식부터 외국어까지!

이 시대의 모든 "합격"을 책임지는

SD에듀!

"100만명 이상 수험생의 선택!"

독자의 선택으로 검증된 SD에듀의 명품 도서를 소개합니다.

"취득" 보장! 각종 '자격증' 취득 대비 도서

각 분야의 전문가들과 집필! 각종 기능사/기사/산업기사 및 국가자격/기술자격, 경제/금융/회계 분야 자격증 등 각종 자격증 '취득'을 보장하는 도서!

직업상담사 2급

사회조사분석사 2급

스포츠지도사 2급

사회복지사 1급

영양사

소방안전관리자 1급

화학분석기능사

전기기능사

드론 무인비행장치

운전면허

유통관리사 2급

텔레마케팅관리사

"**합격**" 보장! 각종 '시험' 합격 대비 도서

각 분야의 1등 강사진과 집필! 공무원 시험부터 NCS 및 각종 기업체 취업 시험, 중졸/고졸 검정고시와 같은 학습 관련 시험 및 매경테스트, 그리고 IT 관련 시험 및 TOPIK, G-TELP, ITT 등의 어학 시험 등 각종 시험에서의 '합격'을 보장하는 도서!

9급 공무원

경찰공무원

군무원

PSAT

지텔프(G-TELP)

NCS 기출문제

SOC 공기업

대기업 · 공기업 고졸채용

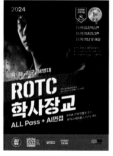

ROTC 학사장교

육군 부사관

한국사능력검정시험

영재성 검사

일본어 한자

토픽(TOPIK)

영어회화

엑셀

국내 10대 뉴스

만 나이 통일법 시행 … 일부 연 나이 적용

윤석열정부의 국정과제로 추진된 '만 나이 통일법'이 시행되면서 6월 28일부터 전 국민의 나이가 기존보다 한두 살 줄어들었다. 만 나이는 출생일을 기준으로 0살로 시작해 생일이 지날 때마다 한 살씩 더하는 나이계산법이다. 이에 따라 법률상 특별한 규정이 없는 한 행정·민사상 나이는 모두 만 나이가 적용된다. 다만 행정적 혼란과 형평성 등을 고려해 초등학교 입학연령과 청소년보호법 적용연령 기준, 병역의무 이행·공무원 임용시험 연령은 기존대로 연 나이가 적용된다.

전국 곳곳 대규모 전세사기 피해 호소

전국적으로 발생한 대규모 전세사기로 피해가 다수 발생한 가운데 피해자들이 정부에 실효성 있는 대책마련을 촉구하며 공동대응에 나섰다. 정부는 전세사기 피해자들을 지원하기 위해 6월부터 시행된 전세사기특별법을 토대로 금융지원을 확대하고, 경·공매 대행 서비스 등을 제공하고 있으나, 법안의 적용요건을 충족하지 못해 주요 정책의 혜택을 받지 못하는 피해자가 상당수인 것으로 나타났다. 이에 피해자들은 '선 구제 후 회수' 방안을 포함한 법 개정과 행정당국의 적극적인 지원을 요구했다.

학교폭력 근절 종합대책 발표 … 2026학년도부터 처분결과 반영

국가수사본부장에 임명됐다가 낙마한 정순신 변호사 아들의 학교폭력(학폭) 사건을 계기로 정부가 11년 만에 학폭 근절 종합대책을 대대적으로 손질했다. 이에 2026학년도 대학입시부터 학폭 가해학생에 대한 처분결과가 모든 전형에 의무적으로 반영되며, 중대한 학폭을 저지른 가해학생의 처분결과 학생부 보존기간은 졸업 후 최대 4년으로 연장된다. 아울러 학폭 발생 시 피해학생에 대한 보호체계를 강화하는 한편, 책임교사의 부담을 경감하기 위한 방안도 검토하기로 했다.

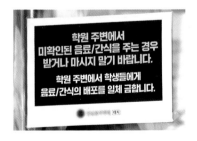

학원가에도 퍼진 마약범죄 … 신종범죄로 진화 양상

강남 학원가에서 '집중력 강화 음료' 시음행사 중이라며 필로폰 성분이 첨가된 음료를 학생들에게 마시게 한 후 금전을 요구한 사건이 발생했다. 경찰은 음료 제조·공급을 지시한 인물 상당수가 보이스피싱 조직과 연루된 것 등을 토대로 중국에 거점을 둔 보이스피싱 조직이 마약을 동원해 벌인 신종 피싱사기로 보고 범행에 가담한 이들을 검찰에 송치했다. 전문가들은 마약범죄가 다른 범죄와 결합해 신종범죄로 진화하는 현상이 증가할 것이라며 대책마련의 필요성을 강조했다.

일본 책임 빠진 강제동원해법 … 공탁 신청은 줄줄이 불수리

정부가 2018년 대법원으로부터 배상 확정판결을 받은 일제 강제동원 피해자들에게 국내 재단이 대신 판결금을 지급한다고 공식발표했다. 이에 피해자 측은 일본 전범기업의 배상 참여가 없는 '반쪽'짜리 해법이라며 강하게 반발했다. 정부는 '제3자 변제' 해법을 끝내 거부한 일부 피해자들의 배상금을 각 지방법원에 공탁하려고 했으나, 이를 접수한 지방법원들은 당사자들이 반대 의사를 명시적으로 밝혔다며 잇따라 '불수리' 또는 '반려'한 데 이어 해당 결정에 대한 이의신청까지 기각했다.

2023년 계묘년(癸卯年)…

일본, 후쿠시마 오염수 방류 개시

일본정부가 후쿠시마 원자력발전소(원전) 사고가 발생한 지 약 12년 반 만인 8월 24일 후쿠시마 제1원전 오염수의 해양방류를 개시했다. 이에 따라 제1원전 내 보관탱크에 있던 오염수는 다핵종제거설비인 '알프스(ALPS)'라는 처리공정을 거쳐 바닷물로 희석한 뒤 해양으로 방류됐다. 국내외 각계각층의 잇따른 우려와 논란 속에 시작된 오염수 방류는 원전 운영사인 도쿄전력이 세운 방류계획에 따라 2024년 4월까지 총 4회에 걸쳐 3만 1,200톤이 바다로 내보내질 예정이다.

중국, 부동산위기 초읽기

2021년 말 중국의 부동산 개발업체 헝다의 채무불이행(디폴트)으로 시작된 중국의 부동산위기가 다른 초대형 부동산업체들의 채무불이행으로까지 번졌다. 중국 주택공급의 약 40%를 책임지는 업체들이 줄줄이 파산위기에 몰리면서 중국의 부동산업계가 폭발할 수 있다는 전망이 제기됐다. 이는 2020년 시행된 당국의 잇단 부동산규제와 코로나19 사태가 맞물리면서 위기로 작용했고, 코로나19 봉쇄로 인한 경기침체로 실수요가 줄어들며 부동산가격 하락과 미분양주택 급증으로 이어진 것이 원인으로 꼽혔다.

브릭스 11개국으로 확대 … 미국 주도 경제질서에 도전

브라질, 러시아, 인도, 중국, 남아프리카공화국 등 신흥 경제 5개국이 뭉친 브릭스(BRICS) 회원국 정상들이 11개국으로 회원국을 확대한다고 발표했다. 중국의 주도로 브릭스에 새로 합류하게 된 국가는 사우디아라비아, 아르헨티나, 아랍에미리트(UAE), 에티오피아, 이란, 이집트. 이로써 거대한 세력을 형성하게 된 브릭스는 미국과 유엔 안전보장이사회, G7 등이 주도하는 현재의 국제질서를 신흥국·개도국의 목소리가 더 반영되도록 개편해야 한다고 목소리를 높였다.

프리고진, 무장반란 두 달 만에 비행기 사고로 사망

러시아 용병기업 바그너그룹의 수장 예브게니 프리고진이 무장반란을 일으킨 지 약 2개월 만에 비행기 추락사고로 사망했다. 당시 반란은 프리고진과 블라디미르 푸틴 러시아 대통령 간 합의가 이루어지면서 24시간 만에 극적으로 종결됐고, 반란에 가담한 이들 모두 무혐의 처리된 바 있다. 그러나 반란의 주동자인 프리고진의 신변이 위험할 것이라는 우려가 끊이지 않았고, 결국 반란 두 달 뒤 프리고진이 원인불명의 비행기 추락사고로 사망한 사실이 공식적으로 확인됐다.

'엔저', '버핏 효과' … 30년 만에 일본경제 호조

일본증시가 7월 3일 종가 기준 33년 새 최고치를 기록한 데 이어 상반기 경상수지가 흑자를 기록했다는 발표가 이어지면서 일본경제에 청신호가 켜졌다는 분석이 제기됐다. 엔화 약세(엔저) 현상과 글로벌 자금의 일본 이동, 기업가치 제고 노력 등이 복합적으로 작용하면서 일본증시가 회복세를 보인다는 것이다. 여기에 기시다 후미오 일본 총리가 적극 추진 중인 실질임금 인상 실현이 일본의 장기 디플레이션 탈출에 결정적인 역할을 할 것으로 전망됐다.

해외10대 뉴스

'학살정권' 시리아, 12년 만에 아랍연맹 복귀

국제사회에서 '학살자'로 지목된 바샤르 알아사드 대통령이 이끄는 시리아가 12년 만에 아랍연맹(AL)에 복귀했다. 이로써 2011년 당시 알아사드 대통령의 퇴진을 촉구하는 반정부 시위를 시리아정부가 강경진압한 이후 국제사회의 비판을 받아온 알아사드 대통령의 국제 외교무대 복귀가 공식화됐다. 이러한 결정에 대해 시리아를 지원해온 사우디아라비아와 러시아는 환영의 뜻을 밝힌 데 반해 미국과 카타르는 시리아정부와의 관계 정상화와 관련한 기존의 입장에 변화가 없다는 뜻을 내비쳤다.

WHO, 3년 4개월 만 코로나19 비상사태 해제

세계보건기구(WHO)가 사망률을 비롯해 입원·위중증 환자 수 감소, 감염 및 예방접종 등을 통해 높은 수준의 인구면역이 보유된 점 등을 고려해 코로나19의 국제적 공중보건 비상사태(PHEIC)를 해제한다고 발표했다. 이에 따라 2020년 1월 30일 선포 이후 3년 4개월간 유지됐던 코로나19에 대한 최고수준의 경계태세가 해제됐다. 다만 아직 국제적 공중보건 위험에서 완전히 벗어난 것은 아니므로 유효한 상시권고안을 마련해 회원국이 효과적인 위기대응을 할 수 있도록 했다.

탈 미국·탈 석유 … 사우디 외교 다각화

사우디아라비아가 중국이 제안한 석유대금의 위안화 결제에 긍정적 신호를 보낸 가운데 미국 등 서방의 제재를 받는 중동국가들과 관계회복에 나서며 오랜 우방국인 미국과 거리를 두고 있다. 조 바이든 미국 대통령이 2018년 사우디 반체제 인사 '자말 카슈끄지 살해사건'의 배후로 실권자인 무함마드 빈살만 왕세자를 지목한 데 이어 2021년 아프가니스탄에서 미군이 갑자기 철수하면서 동맹국으로서의 신뢰가 무너진 것이 사우디의 탈 미국화에 결정적인 영향을 준 것으로 분석됐다.

대규모 지진에 몸살 앓는 지구촌

현지시간 2월 6일 최대규모 7.8의 강진이 튀르키예와 시리아를 강타해 약 6만명에 달하는 사망자가 발생했다. 여기에 채 1년도 지나지 않아 9월 8일 모로코 마라케시사피에 규모 6.8의 지진이, 10월 7일에는 아프가니스탄 헤라트에 규모 6.3의 지진이 발생해 다수의 사상자와 이재민이 속출했다. 특히 이들 세 지역은 미비한 내진 설계와 더불어 상대적으로 진원이 얕은 곳에 위치한 탓에 지표면에 늘어선 건물들이 무너지면서 인명·경제 피해규모가 더 컸다는 공통점이 있다.

러시아-우크라이나 전쟁, 장기전 돌입

2022년 2월 발발한 전쟁이 2년 가까이 지속되면서 장기전에 돌입했다. 볼로디미르 젤렌스키 우크라이나 대통령은 전쟁에서 승리할 수 있다는 입장을 고수하며 미국을 비롯한 서방에 추가 지원을 해 줄 것을 호소했다. 그러나 앞서 서방으로부터 지원받은 주력전차와 무기들을 앞세우고도 6월 대반격에서 눈에 띄는 성과를 거두지 못한 데다 서방의 전쟁 피로감이 갈수록 커지고 있고, 하마스-이스라엘 전쟁으로 세계의 관심과 지원이 쏠리면서 우크라이나가 직면한 현실은 녹록지 않은 상황이다.

2023년 계묘년(癸卯年)…

교권침해 시달리는 교사들 … 보호장치 마련 촉구

'서이초 교사 사망사건' 이후 악성민원과 무분별한 아동학대 신고 등으로 교권침해를 당했던 교사들의 죽음이 잇따라 알려지면서 사회적 분노를 불러일으켰다. 동료 교사들은 학생 및 학부모로 인한 교권침해 문제에 소극적으로 대처해온 학교와 행정당국의 문제점을 꼬집으며 교권회복을 요구하는 집단행동을 펼쳤다. 이에 정당한 생활지도에 아동학대 면책권을 부여하는 방안 등을 담은 '교권회복 4법'이 국회를 통과했으나, 제도적 보완과 아동학대처벌법 개정도 필요하다는 의견이 제기됐다.

잇따른 이상동기범죄로 사회불안 고조

서울 신림역과 분당 서현역에서 흉기난동 사건이 2주 간격으로 발생하면서 이상동기범죄에 대한 시민들의 불안감이 커졌다. 여기에 유사한 유형의 사건이 연이어 발생하고, 온라인 상에는 살인을 예고하는 글이 잇따라 게재돼 혼란이 빚어졌다. 검찰은 불특정 다수를 대상으로 한 흉기난동 범죄를 '공중에 대한 테러 범죄'로 규정하며 엄정대응 조치를 약속했다. 전문가들은 정신건강 고위험군을 사전에 선별하고, 입원과 치료, 교정 등의 과정을 통해 이상동기범죄를 예방할 수 있는 장치를 마련해야 한다고 조언했다.

정부, 저출산문제 해결 위해 다자녀혜택·주거지원 확대

국내 인구감소 및 저출산문제가 심각한 사회문제로 떠오른 가운데 정부가 저출산문제 해결을 위한 지원대책을 발표했다. 다자녀 가구의 양육부담을 낮추기 위해 혜택 기준을 3자녀에서 2자녀로 완화하고, 일·육아 병행을 위해 육아휴직 급여기간을 12개월에서 18개월로 확대한다. 아울러 혼인여부와 무관하게 출산가구에 대해 주택 구매자금 대출 소득기준 완화 및 주택구입·전세자금 금리를 최저금리 수준으로 우대하고, 주택도 분양과 임대를 포함해 연간 7만호를 공급하겠다고 밝혔다.

수능 '킬러문항' 배제 … 선정기준 모호·변별력 확보 우려

6월 모의평가가 치러진 이후 교육당국이 수능 적정난이도 확보 및 공교육 정상화를 위해 초고난도 문항(킬러문항)을 배제하겠다고 발표했다. 교육계에서는 이러한 방침에 대해 대체로 찬성하는 분위기였으나, 늦은 발표시기와 킬러문항 선정기준의 모호성, 명확하지 않은 변별력 확보방안에 대해서는 의문을 표했다. 해당 발표 이후 처음 시행된 9월 모의평가에서 킬러문항이 사라지고 EBS와의 연계가 강화된 것으로 나타났으나, 난이도 분석에 대한 의견은 역시나 엇갈렸다.

유령영아 전수조사 실시 … 출생통보제·보호출산제 국회 통과

위기아동 실태조사 과정에서 일부 미신고 출생아동(유령영아)의 사망·유기 사실이 확인되면서 보건복지부가 전수조사에 착수했다. 그 결과 2015년 이후 출생신고가 되지 않은 아동이 2,154명에 달하는 것으로 집계됐다. '유령아동'은 각종 복지혜택에서 소외되고 아동학대 등 범죄에 노출될 위험이 커진다는 지적이 제기되면서 국회에서도 미신고 출생아동을 보호하기 위한 출생통보제와 보호출산제 관련 법안이 잇따라 통과돼 이르면 2024년부터 시행될 예정이다.